公証実務の
基礎知識

行政証明と参考様式集

長谷部 謙 [著]

日本加除出版株式会社

はじめに

　外国人登録法が廃止された（2012. 7. 9）。外国人登録証明書に代わって，在留カード又は特別永住者証明書が交付される。外国人住民票が作成され，外国人登録原票は法務省に返納されたため，登録原票記載事項証明書に代わり，住民票の記載事項証明書が交付される。

　外国人登録は，「宿泊届その他の件（1899. 7.15）」にまで遡る。それにより，「旅館主は宿泊者（日本人，外国人ともに）届を警察に提出する」・「外国人は同一市町村に90日以上居住する場合に居住届を警察に提出する」・「外国人は移転・改名・国籍変更の場合にそれを警察に届ける」ものとされた。警察には外国人登録簿が備えられ，戸籍吏との相互通報制度も整えられた。

　このように，外国人は取締り対象だったことから，要視察・要注意外国人に対する指紋押捺（おうなつ）が始まった（特別高等警察及外事警察指紋取扱手続ニ関スル件（1929内務次官通牒））。指紋押捺が外国人登録において廃止されたのは，2000年4月1日だったが，さらに，12年後の7月9日に外国人も日本人と同じく住民票に記録されるようになったのは，GDP世界2位に躍進した（2010）中国抜きには日本の経済が成り立たなくなったこと，近くて遠い隣人だった韓国が，芸能人の活躍により親近感が形成されたこと，そして，外国人登録法の施行により（1952. 4.28），外国人登録を実施してきた市区町村の親切な対応だった。

　日本の公務員のうち，最も好感度が高いのは，税務署職員とされる。その源泉は，税法に精通している余裕である。法令は複雑で膨大なことから，不勉強だとついつい見苦しい態度をとり，組織のイメージを傷付けることになる。市区町村の顔である窓口業務は，とても務まらない。証明書1枚は軽いが，それに絡む法令を住民のために役立てようとしてきた先人の知恵と歴史が詰まっている。

はじめに

　本書は,「行政証明の実務と参考様式集」の改訂を図ったものだったが,関連する法令が多いため,原点である憲法に返った結果,公証実務の基礎知識の体を成すに至った。溌らつとして住民応接という困難業務に奮闘している方々や日本に在留する外国人の方々にとって,法制ひいては日本の理解の一助になれば,望外の幸せである。財政・租税・社会保障を大学で教えているが,日本から日本の佳さが失われていると,期待外れの念で帰国した方も多い。中国・韓国・ベトナム・タイ・マレーシアと最前列に陣取って受講する留学生の方々が1人でも多く,日本のファンになって活躍されることを願って本書を書き進めた。

　本書を企画立案された大野巌氏（日本加除出版株式会社），実務を担ってきた一戸鉄広氏（青森市），孫田勤人事課長（小松島市），外事に造詣が深い木村博人教授（弘前大学医学部），日々の暮らしに係る法制の柵についてご教示いただいた西澤澄子民生委員（弘前市）と妻の長谷部昭子，並びに,牧陽子氏（日本加除出版株式会社）を始め資料の探索から校正まで労を厭われなかっ編集部の方々には,衷心から感謝している。また,これまで永年にわたって,市区町村に係る法制の実務・沿革を正確に遺してくれた先人の方々,その膨大な情報を1901年から蓄積し管理されている日本加除出版株式会社には,尊敬の念を禁じ得ないところである。

　　　　　　　　　　　　　　　　　　　2013年2月5日　著者記す

凡　例

1　参照した法令については，主に次のような表記方法を用いた。

〔略　語〕

　文中の参照法令は，主に次の略語を用いた。
- 日本国憲法　→　憲法
- 戸籍法　→　戸
- 住民基本台帳法　→　住基法
- 外国人登録法　→　外登法
- 出入国及び難民認定法　→　入管法
- 日本国との平和条約に基づき日本の国籍を離脱した者等の出入国管理に関する特例法　→　入管特例法

〔公布・改正〕

　各法令の公布年月日及び法令番号（最近改正含む。）は，主に次のような表記方法を用いた。

　　戸籍法（昭和22年12月22日法律第224号）
　　　　→　戸籍法（昭22.12.22法224）
　　改正住民基本台帳法（平成21.7.15法律第77号）
　　　　→　改正住基法（平21法77）

〔条文見出し〕

　各法令の条文見出しについては，公布当時に見出しが付されていない法令で，著者において付けた見出しには，〔　〕を付し，法令自体に付いている見出しは，〈　〉として区別した。

2 参照した先例・判例については,主に次のように表示した。

平成12年4月10日付け法務省民二第945号各法務局民事行政部長・地方法務局長あて法務省民事局第二課長依命通知
　　→　平12.4.10民二945通知

最高裁判所第三小法廷　昭和25年2月28日　判決　最高裁判所刑事判例集第4巻第2号268頁
　　→　最三小判昭25.2.28刑集4巻2号268頁

公証実務の基礎知識─行政証明と参考様式集

第1　国籍証明 ─────────────── 1
　　1　国籍に関する証明について（昭44．9．1民事甲1741通達）─ 8
　　2　地方公共団体における国籍証明の禁止 ─────── 12

第2　外国移住・国籍離脱の自由の不可侵 ─────── 17
　　1　海外渡航差許（慶応2年4月7日老中布告）────── 19
　　2　海外旅券規則（明治11年2月20日外務卿布達）──── 28
　　3　国籍選択届（国籍法14条2項，戸籍法104条の2）── 37

第3　外国人の在留資格による入国と在留管理 ───── 45
　　1　在留資格認定証明書（入管法7条の2）─────── 51
　　2　査証の免除 ────────────────── 61
　　3　特別永住者証明書（入管特例法7条1項）────── 64
　　4　在留カード（入管法19条の3）─────────── 76

第4　平成21年改正入管法・入管特例法
　　　（平21．7．15法79）の概要 ──────────── 83

第5　戸籍証明 ─────────────────── 91
　　1　戸籍（除籍）の謄本・抄本 ─────────── 97
　　2　戸籍（除籍）記載事項証明書 ───────── 101
　　3　全部・一部または個人の記録事項証明書 ──── 103
　　4　不在籍証明書 ─────────────── 114
　　5　独身証明書 ──────────────── 118

6	日本人が外国で婚姻する場合の要件具備証明書	123
7	渉外事件についての身分関係証明書，戸籍抄本の英訳証明書	128
8	除籍・改製原戸籍・再製原戸籍の廃棄通知書（廃棄証明書）	135
9	明治5年式戸籍（除籍）通知書	141
10	除籍等の焼失（滅失）告知書	148
11	本籍の名称変更に関する証明書	150
12	再製原戸籍記載事項証明書	153
13	仮戸籍記載事項証明書	159
14	戸籍法41条による証書の謄本が提出されたことの証明書	163
15	届出の受理・不受理証明書	181
16	戸籍届書預り証明書	185
17	戸籍受附帳記載事項証明書	187
18	戸籍受附帳に記載のないことの証明書	190
19	外国人に関する届書綴に届書が存在しないことの証明書	192
20	出生届出済証明	195
21	死亡証明書	199
22	労働基準法111条の証明書	206
23	出産育児一時金請求書の出生に関する証明	210
24	身分証明書	216
25	不受理申出書類記載事項証明書	223
26	死体（胎）埋火葬許可証交付済証明書	230

第6 住民票に基づく証明 — 233

1	住民票の写し	248
2	広域交付住民票	252
3	除住民票の写し	255
4	改製原住民票	257
5	戸籍の附票の写し	259
6	住民票記載事項証明書	266

7　居住証明書 ————————————————————————— 269
　　　8　転入届に添付される住所の異動に関する文書 ————————— 272
　　　9　不在住証明書 ————————————————————————— 280
　　10　住所の表示の変更証明書 ——————————————————— 282

第7　印鑑登録証明書 ————————————————————————— 287

　　　1　登録印鑑 ——————————————————————————— 287
　　　2　印鑑登録証・印鑑登録者識別カード，住民基本台帳カード —— 288
　　　3　電子署名による印鑑登録証明書の交付 ———————————— 288

第8　外国人登録原票の写し・登録原票記載事項証明書・登録証明書に基づく証明書の廃止 ————— 297

第9　旧外国人登録制度の概要 ——————————————————— 305

第10　納税証明書 ————————————————————————— 309

　　　1　国　　税 ——————————————————————————— 313
　　　2　市区町村税 ————————————————————————— 320

第11　内容証明 ——————————————————————————— 333

第12　公証人による公証 ————————————————————— 345

　　　1　公証人規則（明19. 8. 11法2） ——————————————— 346
　　　2　公正証書の作成 ——————————————————————— 347
　　　3　私署証書の認証 ——————————————————————— 349
　　　4　定款の認証と確定日付の付与 ———————————————— 355

第13　外務証明 ——————————————————————————— 359

　　　1　外務本省，大阪分室における証明 —————————————— 359

2　在外公館（外国にある日本国大使館，総領事館）における証明——368
    3　警察証明書（犯罪経歴証明書）————————————374

第14　東日本大震災（2011.3.11）関連証明書————383

第1 国籍証明

「日本国民たる要件は，法律でこれを定める」（日本国憲法10条）。この日本国民とは，「a Japanese national」，つまり，ある1人の日本国民を意味している。憲法前文の冒頭「日本国民（We, the Japanese People）は，正当に選挙された国会における代表者を通じて行動し，」における「日本国民」とは，個々人の日本国民の全体を指す総称であり，USA（アメリカ合衆国）憲法の冒頭「We, the people of the United States」は，「われら合衆国の人民は」と訳されている。

「法律」とは，国籍法である。国籍法は，日本国民（a Japanese national）たるに必要な条件（The conditions necessary for being）を，出生（2条），認知（3条），帰化（4条）から特別功労（9条）までに規定している。

○ 国籍法の国籍取得条項
（出生による国籍の取得）
第2条 子は，次の場合には，日本国民とする。
　一 出生の時に父又は母が日本国民であるとき。
　二 出生前に死亡した父が死亡の時に日本国民であつたとき。
　三 日本で生まれた場合において，父母がともに知れないとき，又は国籍を有しないとき。
（認知された子の国籍の取得）
第3条 父又は母が認知した子で20歳未満のもの（日本国民であつた者を除く。）は，認知をした父又は母が子の出生の時に日本国民であつた場合において，その父又は母が現に日本国民であるとき，又はその死亡の時に日本国民であつたときは，法務大臣に届け出ることによつて，日本の国籍を取得することができる。
2 前項の規定による届出をした者は，その届出の時に日本の国籍を取得する。
（帰 化）
第4条 日本国民でない者（以下「外国人」という。）は，帰化によつて，日本

の国籍を取得することができる。
2　帰化をするには，法務大臣の許可を得なければならない。
第5条　法務大臣は，次の条件を備える外国人でなければ，その帰化を許可することができない。
一　引き続き5年以上日本に住所を有すること。
二　20歳以上で本国法によつて行為能力を有すること。
三　素行が善良であること。
四　自己又は生計を一にする配偶者その他の親族の資産又は技能によつて生計を営むことができること。
五　国籍を有せず，又は日本の国籍の取得によつてその国籍を失うべきこと。
六　日本国憲法施行の日以後において，日本国憲法又はその下に成立した政府を暴力で破壊することを企て，若しくは主張し，又はこれを企て，若しくは主張する政党その他の団体を結成し，若しくはこれに加入したことがないこと。
2　法務大臣は，外国人がその意思にかかわらずその国籍を失うことができない場合において，日本国民との親族関係又は境遇につき特別の事情があると認めるときは，その者が前項第五号に掲げる条件を備えないときでも，帰化を許可することができる。
第6条　次の各号の一に該当する外国人で現に日本に住所を有するものについては，法務大臣は，その者が前条第1項第一号に掲げる条件を備えないときでも，帰化を許可することができる。
一　日本国民であつた者の子（養子を除く。）で引き続き3年以上日本に住所又は居所を有するもの
二　日本で生まれた者で引き続き3年以上日本に住所若しくは居所を有し，又はその父若しくは母（養父母を除く。）が日本で生まれたもの
三　引き続き10年以上日本に居所を有する者
第7条　日本国民の配偶者たる外国人で引き続き3年以上日本に住所又は居所を有し，かつ，現に日本に住所を有するものについては，法務大臣は，その者が第5条第1項第一号及び第二号の条件を備えないときでも，帰化を許可することができる。日本国民の配偶者たる外国人で婚姻の日から3年を経過し，かつ，引き続き1年以上日本に住所を有するものについても，同様とする。
第8条　次の各号の一に該当する外国人については，法務大臣は，その者が第5条第1項第一号，第二号及び第四号の条件を備えないときでも，帰化を許可することができる。

一　日本国民の子（養子を除く。）で日本に住所を有するもの
　二　日本国民の養子で引き続き１年以上日本に住所を有し，かつ，縁組の時本国法により未成年であつたもの
　三　日本の国籍を失つた者（日本に帰化した後日本の国籍を失つた者を除く。）で日本に住所を有するもの
　四　日本で生まれ，かつ，出生の時から国籍を有しない者でその時から引き続き３年以上日本に住所を有するもの
第9条　日本に特別の功労のある外国人については，法務大臣は，第５条第１項の規定にかかわらず，国会の承認を得て，その帰化を許可することができる。

第1 国籍証明

(参考)

帰化許可申請書（15歳以上）

帰化許可申請書

平成　　年　　月　　日

法務大臣　殿

日本国に帰化したいので、関係書類を添えて申請します。

帰化をしようとする者の写真（申請日の前6か月以内に撮影した5cm四方の単身、無帽、正面上半身のもの）
15歳未満の場合は、父母と一緒に撮影したもの

（平成　年　月　日撮影）

帰化をしようとする者	国　籍						
	出 生 地						
	住　所（居所）						
	（ふりがな）	（氏）		（名）		通称名	（氏）　　（名）
	氏　　名						
	生年月日	大・昭・平　　年　　月　　日生				父母との続柄	男女

	父		母	
父母の氏名	（氏）	（名）	（氏）	（名）

父母の本籍又は国籍	

	養　父		養　母	
養父母の氏名	（氏）	（名）	（氏）	（名）

養父母の本籍又は国籍	
帰化後の本籍	
帰化後の氏名	氏　　　　　　　　　　名
申請者又は法定代理人の署名押印	

上記署名は自筆したものであり、申請者は写真等と相違ないことを確認した。
受付担当官

電話連絡先	自宅	（　）	勤務先	（　）	携帯	（　）

（注）　申請者又は法定代理人の署名押印欄については、法務局・地方法務局の担当官の面前で署名する。
　　　　申請者が15歳未満の場合には、その法定代理人が署名押印する。

（参考）
帰化許可申請に必要な提出書類
○帰化許可申請書（写真貼付）
・親族の概要
　　日本では，戸籍・除籍・原戸籍の謄本により，親・子・兄弟姉妹の身分事項が公証される。しかし，例えば，中国では，身分関係の事由ごとに公証書により証明している。出生公証書・親属公証書・結婚公証書・未受刑事処分公証書（中国居住期間に前科のないことの証明）・申述書（母が夫と子を記載し，帰化に賛成であることを証明する。）・父母夫妻の死亡公証書と，それぞれの翻訳者名を記載した邦訳文である。
・帰化の動機書
　　15歳未満の申請者は提出不要
・履歴書
　　次のものを添付する。
　・自動車運転免許証（写し）
　・技能資格を証する書面
　　　　中学校以上の卒業者は**卒業証明書**
　　　　在学中の人は**在学証明書**と**成績証明書**
　　　　成績証明書がとれないときは**通知表の写し**
・**感謝状，表彰状の写し**（官庁または公共団体およびこれに準ずると認められる機関から授与されたもの）
・宣誓書
　　15歳未満の申請者は提出不要
・生計の概要
　　次の書類を添付する。
　・**預貯金残高証明書**または**預貯金通帳の写し**
　・土地，建物の所有者は**土地登記簿謄本**，**建物登記簿謄本**
・事業の概要
　　会社経営者，個人事業主，父母兄弟が経営している会社の取締役である

人
- **在勤および給与証明書**
- **自宅付近の略図**

　　過去3年以内に移転している場合はさらに**前自宅付近の略図**
- **勤務先付近の略図**

　　過去3年以内に転職している場合はさらに**前勤務先付近の略図**
- **事業所付近の略図**

　　会社経営者，個人事業主，父母兄弟が経営している会社の取締役である人

○国籍および身分を証明するための書類
- **国籍証明**

　　翻訳者名記載の**邦訳文**も提出
- **本国の戸籍謄本**（申請者本人の父母および配偶者の父母の記載のあるもの）

　　翻訳者名記載の**邦訳文**も提出

　　ちなみに，台湾の戸籍は，住民票と戸籍と履歴書とが一体化して便利であるが，住所の異動に伴って戸籍・履歴書も異動するので，過去に遡っての証明には苦労することになる。
- **旅券**（パスポート）**の写し**

　　スタンプおよび消印のあるページすべて
- **日本の戸籍謄本**

　　配偶者，婚約者が日本人，あるいは親兄弟の中に帰化をした人がいる申請者は当該日本人の戸籍謄本を，また，転籍している場合は**除籍謄本**も提出する。
- **各種証明書**

　　日本で出生，婚姻，離婚，養子縁組をした人や，父母兄弟が日本で死亡した場合などは次の証明書を提出する。

　　　出生届（写し）・**婚姻届**（写し）・**離婚届**（写し）・**死亡届**（写し）・**養子縁組届**（写し）・**養子離縁届**（写し）・**認知届**（写し）を提出。**親権者変**

更の確定証明書など
・住民票（写し）
・在留カード／特別永住者証明書
・日本の国籍を取得することによってその国（本国）の国籍を失うことの証明書

　　中国は**国籍証明書**，台湾は**内政部国籍（喪失）許可書**。申請時ではなく，法務局から指示があった場合には翻訳者名記載の**邦訳文**とともに提出（日本に帰化した場合に当然に国籍を失う場合は不要）

○資産・収入に関する証明書
・**給与所得の源泉徴収票**（前1年分）
　　親族が経営しているところに勤めている人は前3年分
・（住民税）**納税証明書**（前1年分）
　　非課税の場合は**非課税証明書**
・**源泉徴収原簿**（写し）および**納付書**（前1年分）
　　事業経営者および親族が経営しているところに勤めている人は納付書前3年分
・**所得税納税証明書（その1・納税額等証明用）**（前3年分），**所得税納税証明書（その2・所得金額用）**（前3年分），**所得税の確定申告書**（控えの写し）

○事業経営者がさらに必要な書類
・**法人登記事項証明書**
・**営業許可書**（写し）
・**許認可証明書**（事業免許）
・会社所有の**土地登記事項証明書**，**建物登記事項証明書**
・**法人住民税納税証明書**（前1年分）
・**法人事業税納税証明書**（前3年分）
・**決算報告書**（写し）（前3年分）
・**法人税納税証明書（その1）**（前1年分）

赤字の場合は前3年分
・法人税所得金額証明書（その2）（前3年分）
・法人源泉徴収原簿（写し）および納付書（前3年分）
・事業税納税証明書（前3年）

○診断書
　　　病気や，妊娠している場合

1 国籍に関する証明について（昭44．9．1民事甲1741通達）

　国籍証明は，次の通達により発給されている。

○　国籍に関する証明について（昭44．9．1民事甲1741通達）
　標記の件については，昭和25年12月15日付民事甲第3162号当職通達により取り扱つているところであるが，今後左記のとおり取扱いを改めることとしたから，これを了知のうえ，貴管下各支局及び市区町村に対し周知方取り計らわれたい。
　なお，今後は，帰化許可申請事件数（月報その1）の備考欄に，国籍証明及び国籍離脱その他国籍に関する相談事件数をも記載し，当職あて報告されたい。
　　　　　　　　　　　　　　記
　国籍に関する証明を求める者があつたときは，法務局，地方法務局において本人若しくはその法定代理人から左の書類を提出させるとともに，国籍の得喪に関する事情を調査し，その調査書を添えて本省に進達すること。
1　国籍証明申請書
2　戸籍謄本（本人について戸籍のないときは，父母の戸籍謄本及び出生国の権限ある官憲の発給し，若しくは証明した出生証書）
3　住所を証する書面（住民票の写し。日本国籍を喪失した者については，外国人登録済証明書）

法務省民事(五)発第1025号
　　昭和44年9月1日
　　　　　　法務省民事局第五課長　時　岡　　泰
　　　法　務　局　長

1 国籍に関する証明について（昭44．9．1民事甲1741通達）

地方法務局長

御 中

国籍に関する証明について（依命通知）

標記の件については，本日付民事甲第1741号をもつて民事局長から通達されたが，左記事項に留意のうえ，取り扱われるよう命により通知します。

なお，帰化以外の国籍に関する相談事件数の報告は，帰化許可申請事件数（月報その１）の「⑪備考欄」に，人員数を件数の単位として「国籍証明相談○○件」，「国籍離脱相談○○件」，「その他の相談○○件」と記載されるよう願います。

記

1 国籍証明申請書は，別紙様式㈠によること。
2 国籍に関する証明を求める者があつたときは，まず証明書の使用目的を聴取し，戸籍謄本等の他の資料をもつて国籍証明書に代え得る場合には，それらの資料を用いるよう指導すること。
3 証明書の発給部数は，原則として一部とするので，写しによる使用が可能な場合には，自己において写しを作成のうえ使用するよう指導すること。
4 申請書類を受け取つた場合には，受付日付印を押し，不足書類がないかどうか，書類の記載内容に疑義がないか等を調査すること。
5 国籍の得喪に関する事情の調査は，日本国籍取得の経緯及び出生時から申請に至るまでの間に，本人に日本国籍の喪失または離脱の事由がなかつたかどうか等を調査するためのものであるから，本人または近親者から日本国籍の得喪を証する書面の提出を求めるほか，学歴，職歴，身分歴及び渡航歴等の略歴を聴取のうえ，国籍の有無に関する所見を付記した調査書を作成すること。
6 本人または関係者について，戸籍法第113条，第114条及び第116条の規定による戸籍訂正がなされている場合において，当該事務の処理にその経緯が必要であると認められるときは，本人に審判書謄本または判決謄本の写しを提出させること。
7 申請書類の進達については，別紙様式㈡による送付書を添えて進達すること。
8 本省において発給する国籍証明書の様式は，別紙様式㈢，㈣，㈤のとおりである。

第1 国籍証明

別紙様式(一)

国 籍 証 明 申 請 書

	昭和　年　月　日
法務省民事局長　殿 　　申請人　（住所） 　　　　　（資格氏名）　　　　　　　　　　㊞	

①氏　　名	
②出生年月日	□昭和 □大正　　年　　月　　日 □明治
③本　　籍 （又は元本籍）	
④住　　所	
⑤証明の内容	□日本国籍を有すること　　□日本国に帰化したこと □日本国籍を有しないこと　□その他（　　　　　）
⑥証明を必要 　とする理由	
⑦添付書類	□戸籍謄本　　□外国人登録済証明書　□その他 □出生証明書　□審判書謄本写し　　　　（　　） □住民票写し　□判決謄本写し
⑧その他	

注　証明書を2部以上請求するときは，⑧欄に部数及び必要理由を記載すること。

10

1 国籍に関する証明について（昭44.9.1民事甲1741通達）

別紙様式㈡

日記第　　号
　昭和　　年　　月　　日
　　　　　　　　　　　　　　　　　　　　　○○法務局長
法務省民事局長殿
　国籍証明申請書類の進達について
　左記の者から提出された国籍証明書申請については，調査を完了したので1件書類を進達します。
　　　　　　　　　　　　記

別紙様式㈢

証第　　号
　　　　国 籍 証 明 書
本　籍
現住所
　　　　　　　　　　　氏　　名
　　　　　　　　　　　　　　　　　年　　月　　日生
右の者は，日本の国籍を有することを証明する。
　昭和　　年　　月　　日
　　　　　　　　　　　　　　　　　　　日本国法務省民事局

別紙様式㈣

証第　　号
　　　　帰 化 証 明 書
原国籍
出生地
住　所
　　　　　　　　　　　氏　　名（通称名　　　　　　　　）
　　　　　　　　　　　　　　　　　年　　月　　日生
右の者は，昭和　年　月　日日本国に帰化したことを証明する。
　昭和　年　月　日
　　　　　　　　　　　　　　　　　　　日本国法務省民事局

別紙様式㈤

証第　　号

国 籍 証 明 書

元本籍
現住所
　　　　　　　　　　　　　　氏　　　名
　　　　　　　　　　　　　　　　　　　　　　　年　　　月　　　日生

　右の者は，日本の国籍を有しないことを証明する。
　　　（昭和　　　年　　　月　　　日日本国籍離脱）
　　　（昭和　　　年　　　月　　　日日本国籍喪失）
昭和　　　年　　　月　　　日

　　　　　　　　　　　　　　　　　　　日本国法務省民事局

2　地方公共団体における国籍証明の禁止

　通達（昭23.6.22民事甲1969）により，地方公共団体は国籍証明を禁止されている。この通達における国籍法は，旧国籍法（昭32.4.1施行，昭25.7.1廃止）であり，その20条は，「自己ノ志望ニ依リテ外国ノ国籍ヲ取得シタル者ハ日本ノ国籍ヲ失フ」，21条は「日本ノ国籍ヲ失ヒタル者ノ妻及ヒ子カ其者ノ国籍ヲ取得シタルトキハ日本ノ国籍ヲ失フ」と規定していた。イギリス・アメリカ合衆国は，一度(ひとたび)臣民となった者は永久に臣民である（Once a subject, always a subject.）として，自国民が外国籍を取得しても自国籍を喪失しないが，自国民の外国籍からの離脱・外国人の外国籍からの離脱は天賦の人権としている。その中で日本は，大日本帝国の時代においても他国籍の志望による取得に伴う日本国籍の喪失を法定して，国籍の抵触（重国籍）を防止していた。
　なお，自己の志望には帰化が該当し，当然に取得する出生は該当しないものと解されている。

（参考）
○　**各都道府県知事宛民事局長通達**（昭23.6.22民事甲1969号通達）
　国籍法第20条ノ2の勅令指定国において出生した者で最近帰米する者が多くこ

れらの者が米国市民権及び旅券などを得るために国籍に関する証明を求める者が少なくない。かかる国籍に関する証明については既に一部地方庁において交付しおる向もあるように見受けられるが，国籍に関する証明は地方庁においては一切取り扱わないこととされたい。

なお，本件について既済及び処理中の事件あるときは，それらについて名簿を作成の上詳細に報告されたい。更にこの種国籍に関する証明を求める者があつたときは本人より直接当庁に対して照会するよう指示されたく，この旨御了知の上宜しく取り計らわれたい。

右通達する。

○ **市区町村長は日本国籍の有無に関する証明を発給すべきではない**（昭33．7．26民事甲1556回答）

大正9年1月8日アメリカ合衆国で出生した日本人男が昭和12年5月14日国籍離脱により国籍喪失，昭和18年10月6日付許可を得て国籍回復により一家創立後昭和24年3月19日婚姻により妻乙女を迎え長男，長女を有する事案に付き原告甲男被告国間に（原告が出生による日本国籍を現に引続き有することを確認する）との判決（東京地裁昭和33年行第12号，昭和33年6月27日確定，理由中に国籍喪失及び国籍回復は無効である旨記載あり）がなされ右判決書を添付して甲男の本籍地たる当管内肝属郡高山町長あて（事件本人は出生による日本国籍を現に引続き有する）ことの証明書の交付申請があつた。

これに関して
1．市町村長は右のような証明をすることは適当でない
2．該判決に基き甲男の国籍回復事項及び国籍喪失の記載を削除して同人を従前戸籍に回復し婚姻による新戸籍編製及び子の入籍の記載等は別途戸籍法第113条の規定により戸籍訂正手続する

右の通り解しますがなお疑義があり差かかつた事案につき至急何分の御指示を願います。

　　　　　回　　答

本月23日付電照の件は，いずれも貴見のとおり。なお，1については昭和23年6月22日付民事甲第1969号都道府県知事あて当職通達を参照されたい。

アメリカ合衆国憲法修正（1868）14条1節前段は，「合衆国に生まれ，または帰化し，その管轄権に服している全ての人は，合衆国およびそれぞれの

居住する州の市民である」と規定している。また，その帰化条件は「アメリカ合衆国の国境内および司法権の及ぶ範囲に，2年以上居住した自由な白人である外国人は，誰でも市民となることが許される」だった（1790.3.26帰化法）。これに「アフリカで生まれたか或いは祖先がアフリカ人である人々」を含む修正が加えられたが（1873），黄色人種は対象外だった。

したがって，在アメリカ合衆国日本人一世は，帰化不能な外国人だった。しかし，アメリカ合衆国で生まれた二世は生まれながらにしてアメリカ合衆国国民であり，同時に，父が日本人ならどこで生まれようとも日本国民でもあった。ただ，教育・土地所有などの公民権で二世は，アメリカ合衆国への忠誠を疑われる日系人として，つまりアメリカ合衆国法に従わない者として差別されていた。このため，日本政府はアメリカ合衆国に協調して，志望に限らず出生による外国籍の取得の場合も，日本国籍からの離脱を許可して，二世の帰属を日本からアメリカ合衆国に切り離した。

旧国籍法の一部改正により（大正5法27），法20条ノ2「外国ニ於テ生マレタルニ因リテ其国ノ国籍ヲ取得シタル日本人カ其国ニ住所ヲ有スルトキハ内務大臣ノ許可ヲ得テ（注：現在のイギリスのように，戦前の日本では，警察が出入国を取り締まっていた。）日本ノ国籍ノ離脱ヲ為スコトヲ得」（以下略）が新設された（アメリカ合衆国など生地主義国で生来的に二重国籍になった者の許可による離脱）。

さらに，20条ノ2は改正され（大正13法19），アメリカ合衆国などが勅令指定され，その国において生来的に二重国籍になった者は，許可を得るまでもなく，日本国籍を留保する意思を表示しなければ，自動的に日本国籍を喪失するものとされた（国籍留保制度の創設）。

旧国籍法
第20条ノ2（大正13法19改正）〔出生により勅令指定国の国籍を得た者に対する日本国籍の留保制度〕

　勅令ヲ以テ指定スル外国ニ於テ生マレタルニ因リテ其国ノ国籍ヲ取得シタル日本人ハ命令ノ定ムル所ニ依リ日本ノ国籍ヲ留保スルノ意思ヲ表示スルニ非サレハ其出生ノ時ニ遡リテ日本ノ国籍ヲ失フ

② 前項ノ規定ニ依リ日本ノ国籍ヲ留保シタル者又ハ前項ノ規定ニ依ル指定前其指定セラレタル外国ニ於テ生マレタルニ因リテ其国ノ国籍ヲ取得シタル日本人当該外国ノ国籍ヲ有シ且其国ニ住所ヲ有スルトキハ其志望ニ依リ日本ノ国籍ノ離脱ヲ為スコトヲ得

③ 前項ノ規定ニ依リ国籍ノ離脱ヲ為シタル者ハ日本ノ国籍ヲ失フ

　勅令指定国以外の生地主義を採る国で生まれ，その国の国籍を取得した日本国民には留保制度が適用されず，許可によって離脱できることになった。

第20条ノ3（大正13法19追加）〔出生により勅令指定国以外の国籍を得た者に対する日本国籍からの許可による離脱〕
　前条第1項ノ外国以外ノ外国ニ於テ生マレタルニ因リテ其国ノ国籍ヲ取得シタル日本人カ其国ニ住所ヲ有スルトキハ法務総裁ノ許可ヲ得テ日本ノ国籍ノ離脱ヲ為スコトヲ得

② 前条第3項ノ規定ハ前項ノ規定ニ依リ国籍ノ離脱ヲ為シタル者ニ之ヲ準用ス

（参考）
○　**国籍法20条ノ2第1項ノ規定ニ依リ外国ヲ指定スルノ件**（大正13勅令262号）
　　国籍法20条ノ2第1項ノ規定ニ依リ外国ヲ指定スルコト左ノ如シ
　　一　亜米利加合衆国（アメリカ）
　　二　亜爾然丁国（アルゼンチン）
　　三　伯剌西爾国（ブラジル）
　　四　加奈陀（カナダ）
　　五　智利国（チリ）
　　六　秘露国（ペルー）
　　七　墨西哥国（メキシコ）……昭和11勅令79追加

○　**旧国籍法施行規則**
第2条〔留保の届出期間〕
　　国籍法第20条ノ2第1項ノ規定ニ依リ国籍ヲ留保セントスルトキハ戸籍法第52条第1項又ハ第2項ノ規定ニ依リ出生ノ届出ヲ為ス者戸籍法第49条第1項ノ期間内（14日）ニ出生ノ届出ニ添ヘ其ノ旨ヲ届出ツヘシ
　　（②～③　省略）

第1　国籍証明

　ちなみに，帰米(きべい)とは，アメリカ合衆国で生まれ，教育を受けるため祖父母や親族が住む日本で学齢期を送った後に，アメリカ合衆国へ帰ることをいう。また，移民として受け入れる価値なしとアジア人に烙印を押していた1924年移民法が，1952年移民法により撤廃されたが，人種の代わりに移住目的を問責し得る，つまり自由を祖先の地によって制限し得る地域としてアジアが指定され，日本には185人の移民枠が割り当てられた。1952年の移民および帰化法は，アジア諸国にも移民枠を割り当て，帰化条件から人種を削除し，帰化不能一世に市民権を与えることになった（1965年まで4万6,000人）。1952年修正法案を提出したのは，ペンシルバニア州選出のフランシス・ウォルター下院議員だった。この法案は，上院でもネバダ州選出のパトリック・マッカラン上院議員が提出したことからウォルター＝マッカラン法と称され，大統領（トルーマン）は拒否権を発動したが，下院278対113，上院57対26で3分の2による再議決されたものである（1952）。出自地域による差別条項を削除して，アメリカ合衆国に必要な能力と既に居住する人々との関係を基盤にする新たな条項を設けたのは，1965年のことだった。

第2 外国移住・国籍離脱の自由の不可侵

「何人(なんびと)も，外国に移住し，又は国籍を離脱する自由を侵されない（日本国憲法22条2項)」。Freedom of all persons to move to a foreign country and to divest themselves of their nationality shall be inviolate.

何人(なんびと)とは，外国人（日本の国籍を有しない人をいう。）を除外しない全ての人を意味し，海外移住とは，海外に移り住むことで一時的な海外旅行を除外していない。大日本帝国憲法22条も「日本臣民ハ法律ノ範囲内ニ於テ居住及移転ノ自由ヲ有ス」と定め，この居住移転の自由には海外への移住を含むものと解されていた。

なお，外国移住・国籍離脱の自由を，法律に委任することなく，憲法で規定しているのは，日本国憲法だけである。また，外国人が日本に入国する自由は何ら規定されていないので，国際慣習法として日本も，外国人の入国・在留を自由裁量により決定している。

現行の入管法（出入国管理及び難民認定法（昭26.10.4政令319号・昭26.11.1施行)）は出入国管理令を改称したものだが（昭57.1.1），この法令番号の政令は，出入国管理令がポツダム政令として制定され，ポツダム政令は「日本国との平和条約」発効日（1952.4.28）に効力を失うものとされたが，「ポツダム宣言の受諾に伴い発する命令に関する件に基く外務省関係諸命令の措置に関する法律（昭27法126)」4条により，法律としての効力を有するものとされたため存続している（出入国管理は，昭20.9.30〜昭27.7.31外務省所管)。

この日本の入管法はポツダム政令だけに，外国人の入国・在留に係る活動を詳細に法定して管理するアメリカ合衆国移民法を下敷にしている。

アメリカ合衆国は，そもそもが異なる国籍を有する移民によって成立した国であることから，アメリカ合衆国憲法は，連邦議会に「合衆国を通して統

17

一的な帰化の規制を確立すること」の権限を付与している（アメリカ合衆国憲法1条8節4項）。この帰化の規制はアメリカ合衆国移民および国籍法（1952.6.27連邦法）により確立されており、この連邦法は、アメリカ合衆国国籍を有しない外国人（alien）、アメリカ合衆国国籍を有しないが無期限の在留資格を有する永住資格者（permanent resident）などとに在民を区別し、301条は、「(a) 合衆国において出生し、その管轄権に服する者を、出生による合衆国国民であって、市民とする」と定めている。

この合衆国国民（a citizen of the United States）は、国家への義務と権利を有する者の意味であり、アメリカ合衆国憲法修正（1868）14条1節は、「合衆国に生まれ、または帰化し、その管轄権に服している全ての人は、合衆国及びそれぞれの居住する州の市民である。いかなる州も合衆国市民の特権または免除を縮減する法律を制定し執行してはならない。いかなる州も、人から法のデュー・プロセスによらずして生命、自由もしくは財産を剥奪してはならない。またいかなる州も、その管轄権の中で何人にも法の平等な保護を否定してはならない」と規定している。due（当然なすべき）processは、国王に対するカトリックと貴族の特権が認められたマグナカルタ（Magna Carta）（1215）に由来している。

アメリカ合衆国は、1868年7月27日に（この日に公布した連邦法1条で）「国籍離脱の権利は、全ての人の生まれながらの権利であって、生命・自由・幸福追求の権利の享受に不可欠のものである」として、在民の外国籍の消滅を宣言した。しかし、アメリカ合衆国国籍からの離脱の自由は保障しなかった。

アメリカ合衆国司法省移民帰化局資料（1969.3.17）によると、日本からの移民は1861会計年度から記録され、1870会計年度まで186人に上っている。その1870年度の日系人は、アメリカ合衆国国勢調査によると男47人、女8人の計55人だった。カリフォルニア州エルドラド郡ゴールドヒルに「日本の娘おけいを偲んで1871年死　19歳」という墓碑銘があった。コロマ地区国勢調査簿に連邦副保安官が日本人22人の名前を記入しているが（1870.7.1）、おけいの名はなく、ドイツ商人ジョン・ヘンリー・シュネルの子供2人の子守りだったようである。シュネルは、会津若松城が官軍に鎮圧されるまで

(1868.9.22)，佐幕派として活躍し，落城後に同士を引き連れ，日本を無断出国して，この地に到着していた（1869.6.9）。シュネルが購入した若松茶および絹開拓村は，若松コロニーと呼ばれ，土地台帳に記載されていた。カリフォルニア州議会は「カリフォルニアのJ・H・シュネルは，そのティー・コロニーのために，カリフォルニアの公有地の一部の取得を申請し，購入することができる」と議決して支援した（1871）。ただ，シュネルは，おけいの死とともに，妻子を連れてコロニーから去り，残された22人のうち，墓碑銘で確認できたのは2人であり，うち1人は大工だった。

1 海外渡航差許(さしゆるし)（慶応2年4月7日老中布告）

　日本国民であることを公証し，その保護を外国諸官に要請するのが旅券である。

　本邦外の地域に赴く意図をもって出国する日本人は，有効な旅券を所持し，その者が出国する出入国港において，法務省令で定める手続により，入国審査官から出国の確認を受けなければならない（入管法60条1項）。旅券の発給，効力その他旅券に関し必要な事項は，旅券法で定められる（旅券法1条）。旅券は，海外旅券規則（明11.2.20外務卿布達1号）からの用語である。それまでは海外行免状，その前は印章という用語だった。

　安政元（1854）年3月3日に調印された（グレゴリオ暦では31日）日米和親条約1ヶ条は，「日本と合衆国とは，其(その)人民永世不朽の和親を取結ひ，場所人柄の差別これ無き事」と約定した。安政5（1858）年6月19日に調印された日米修好通商条約1条は，「向後日本大君(たいくん)と亜墨利加合衆国と世々(よよ)親睦たるべし日本政府はワシントンに居留する政事(せいじ)に預(あずか)る役人を任じまた合衆国の各港に居留する諸取締役の役人および貿易を処置する役人を任ずべし。その政事に預る役人および頭立(かしらだて)たる取締の役人は合衆国に到着の日よりその国の郡内を旅行すべし」と約定した。

　日米修好通商条約の批准書を交換するため，新見豊前守正興（1854.7.8新設の外国奉行兼神奈川奉行）ら77人は，アメリカ合衆国軍艦ポーハタン号で

安政7（1860）年1月18日，品川を出発し，ホノルル・サンフランシスコ・パナマを経由しロアノーク号・フィラデルフィア号を乗り継ぎワシントンでアメリカ合衆国大統領と会見し（閏3月28日），万延元（1860）年4月3日に批准書を交換した。帰りは，ナイアガラ号でロアンダ（コンゴ）・喜望峰・バタビア（ジャカルタ）・香港を経由して，万延元（1860）年9月29日に帰国した。この遣米使節別艦として幕府海軍の咸臨丸が，サンフランシスコまで随伴した。咸臨丸には提督（木村摂津守喜毅）の従者として福沢諭吉が乗船していた。

慶応2（1866）年4月7日，幕府は，学科修業・商業目的の海外渡航を許可する海外渡航差許を幕議決定し，老中布告した。

　　海外諸国ヘ向後学科修業又ハ商売ノ為相越度志願ノ者ハ願出次第御差許可相成候尤モ御礼ノ上御免ノ印章可相渡候間其者名前並ニ如何様ノ手続（手段）ヲ以テ何々ノ儀ニテ何レノ国ヘ罷越度キ旨等委細相認メ陪臣共ハ其主人百姓町人ハ其所ノ奉行御代官領主地頭ヨリ其筋ヘ（外国奉行・開港場の奉行）可申立候若シ御免ノ印章ナクシテ窃カニ相越候者之有候ハバ厳重可申付候間心得違無之様主人々々又ハ其所ノ奉行御代官領主地頭ヨリ入念可被申付候

次いで，慶応2（1866）年4月13日，幕府（外国奉行）は，アメリカ合衆国・オランダ・ロシア・イギリス・フランスの条約締結国とポルトガル・プロシヤ・スイスの計8か国の在日代表団に，海外渡航の免許の印章を渡しておくので，その所持人に対し保護扶助を厚く与えられるよう本国政府への伝告を申し入れた。

　　慶応2年4月13日
　　以書翰申入候　我国開港以来交際日々ニ厚キニヨリ　我国人共士商之差別ナク追々条約済各国ヘ差遣儀可有之　西洋各国ニオイテモ其人民ヲ他国ヘ差遣シ候節ハ　其政府之免状ヲ相渡候儀モ有之由ナレバ　即其定律ニ倣ヒ　我邦人トモ外国ヘ差遣シ候節ハ我政府ヨリ免許ノ印章相渡可申　右印章貴国政府ヘモ兼テ差送リ置可申候付　照合之上所持之印章相違無之候時ハ厚ク被取扱候様イタシ度　印章所持不致輩ハ我国人之取扱ハ被致間敷候　コレニヨリ右印章近々差進候間　貴政府ヘ被差送前書之趣モ可然伝告アラン事ヲ請フベキ

1　海外渡航差許（慶応2年4月7日老中布告）

旨事務執政（老中）ヨリ被命タリ　謹言

　JAPAN TIMES の和訳紙である日本新聞38号（慶応2年4月19日）は，寛永12（1635）年5月28日からの海外渡航の禁止が解除されたことを，次のように報道した。

　　江戸ニ於テ近頃御老中ヨリ布告アリシ書付ノ書ヲ得タルガ故ニ訳シテ左ニ附載ス。是ハ只今迄多ク出タル布令書ト違イ，最緊要ナルモノナレバ徒ニ看過スベカラズ。実ニ日本政法ノ一変革トモ云ウベキ也。此令ノ出シハ僅カニ数日前ナレド，外国行ノ厳禁ヲ除去ルベキ由ハ既ニ久シク風聞アリシ事也。是迄過去リシ諸件ノ事蹟ヲ以テ考フルニ此ノ如ク法令一定スル迄ノ間疑議惑見ガ為費消セシ時日ノ多カリシ事ハ推シテ知ルベシ。我等思ウニ御門（朝廷）ノ勅許アラザレバ必令ノ出ヅルベキナシ。爾来日本ノ開化益々進ミテ之ヲ止メントスルモ猶及バザルノ勢ニ至ルベシ。御老中布告ノ文ヲ訳ス。

　慶応2（1866）年5月13日，アメリカ合衆国・イギリス・フランス・オランダ4か国との12条からなる改税約書（神奈川開港5年の後，交易規則・関税を再議・改訂すべきと修好通商条約に添付された交易規則7則で取り決めていた。）の10条で，政府の印章を得て渡航できる対象に，船員と外国人に雇われた日本人が追加された。

　　（改税約書10条）
　　日本人身分ニ拘ラズ日本ノ開港場マタハ各外国ノ港々ヨリ日本ノ開港場マタハ各外国ノ港々ヘ赴クベキ日本人所持ノ船マタハ条約ズミ外国船ニテ荷物ヲ積ミ入ルルコト勝手タルベシ
　　カツスデニ日本慶応丙寅4月9日「西洋1866年第5月23日」日本政府ヨリ触レ書ヲモツテ布告セシゴトクソノ筋ヨリ政府ノ印章ヲ得レバ修業又ハ商売スルタメ各外国ニ赴クコトナラビニ日本ト親睦ナル各外国ノ船中ニオイテ諸般ノ職事ヲツトムルコト故障ナシ
　　外国人雇置ク日本人海外ヘ出ル時ハ開港場ノ奉行ヘ願出政府ノ印章ヲ得ルコト妨ゲナシ

21

改税約書10条末段の適用により、慶応2 (1866) 年9月21日、曲芸の鉄割福松一座12人がアメリカ合衆国人トーマス・スミス夫妻に雇われ、アラート号で横浜を出航した。サンフランシスコに入港し (10月24日)、オペラ・ハウスで興業し (11月1日・4日)、大入りのため、アカデミー・オブ・ミュージックに会場を移して興業した (5日から26日の千秋楽まで)。この一座の見世物のうち、桶（おけ）の芸について、現地紙アルタ・カリフォルニアは、次のように描写した。

　　テーブルの上に仰向けに寝た1人の日本人が両足を素早く動かしながら直径5フィートもある桶を回転させる。時に裏表に回したり、片足で回したりもする。そこへ、8歳位の少年が輪のように直立した桶の中に入り、沢山の小さな桶がその大桶の下に1回に1個ずつ、演じ手により積み重ねられていく。一方、少年はといえば目を見張るような姿勢をいろいろ取りながら桶のてっぺんに登りつめ、最後に桶がはじき飛ばされると、ちょうど演じ手の足の上に舞い降りる。そしてボールのように丸くなってくるくると何度も空中に投げ上げられるのである。樽の芸は2人の日本人が別々のテーブルに仰向けになって行う。2人は普通の大きさの樽を互いに投げては受け取ってみせる。

　「（相州横浜村）人の住まぬ湾の端の沼沢から、魔法使いの杖によって（注：1859年の開港に備えて幕府が横浜開港場を建設したこと）日本商人たちの住むかなり大きな雑踏する街ができてしまった」（初代イギリス公使オールコック『大君の都』）。生糸商89軒をはじめ、茶・呉服・薬種・酒・味噌・石炭などの店舗が並び、飛脚・両替・旅館はもちろん、運上所（税関）付近の外人商館や公使館・領事館に加え、港崎（みよさき）（横浜公園）には遊郭（岩亀楼）も整備された。
　この横浜セツルメンツ（居留地）の空地に設営されたテントで、西洋曲馬団が中天竺舶来軽業を公演した (1864.3.28初演)。外国人250人、日本人200人の観客の中には、アメリカ合衆国の公使、後日には神奈川奉行の姿もあった。馬は、中天竺とあるようにアラブ種で、楽士4人が演奏していた。この曲馬団を引き連れて来日したのは、イギリス生まれの曲芸師リズレー (Risley) だったが、江戸での公演が許可されなかったため、5月に興業を打

ち切った。リズレーは，日本人が牛乳を飲んでいないことに着目し，カリフォルニアに行き乳牛6頭と仔牛を買い付けて横浜で牛乳店を開業した。しかし，リズレーは，アメリカ合衆国生まれの息子とロンドンのストランド劇場に出演して（1843），勝ち得た名声（足はlegであるが，リズレーと言えば足芸を指すようになった。）を矜持にしていたため，足芸太夫元の浜碇定吉(35)一家の軽業を目の当たりにすると，たちまち店を人手に渡し，アメリカ合衆国領事館員エドワード・バンクスを通じて，日本の軽業一座の海外公演の許可を幕府に求めた。

セツルメンツの空倉庫を改造したロイヤル・オリンピック劇場ができ，1866年5月には，浜碇一家に加え曲独楽の松井菊次郎(30)一家，手品の隅田川浪五郎(37)一家が競演していた。

慶応2（1866）年9月12日，幕府細工所頭が御錺師に御印章彫刻を仰せつけ，9月25日までに彫り上げられた1寸2分（3.6cm）四方の唐銅印には，日本政府許航佗（他の意）邦記の9文字が彫刻された。9月29日，幕府は8か国の代表団に印章のひな型ができたので1枚を進呈し，照合のため本国政府に置かれるよう申し入れた。

　　以書翰申入候　我国人士商ノ別ナクシテ修業又ハ商業ノ為海外諸国エ罷越候トノ事　可相渡印章出来候間　則別紙壱枚差進候ニ付　照合ノ為兼テ貴本国政府エ被差置候様イタシ度神奈川長崎箱館ニオヒテ相渡候　付　各奉行所ニテ割印イタシ候積候此段申入候　拝具謹言
　　アメリカ合衆国　ブリタニヤ（イギリス）
　　フランス　和蘭　プロシヤ
　　スイス合衆国　ロシヤ
　　　七ヶ国代表職名氏名（略）へ
　　　　　　　　井上河内守（老中）
　　　　　　　　松平周防守（老中）
　　　　　　　　松平縫殿守（老中）

　この印章を海外へ罷越者へ渡す際に渡す掟書3か条が，老中から神奈川・長崎・箱館の3奉行に通知され（慶応2年10月2日），奉行・代官・領主・地頭を通じて国民にも触れられた。

　　十月二日海外エ罷越者エ御渡可相成掟書
一　願済ノ国々ノ外猥リニ他へ罷越滞留等致スベカラズ帰朝ノ期限ヲ延引スベカラザル事
二　外国ノ人別（国籍）ニ加リ候儀ハ勿論他国ノ宗門ニ入ルベカラザル事
三　御条約（改税約書）ノ趣ヲ守リ誠実ヲ以テ外人ト相交ベキ事

　慶応2（1866）年10月3日，大目付と目付に対し（幕令を全国に示達する職掌もあった。），学科修業または商業のための渡航の願い出について許可されることについて，人相書を書き記して印章を渡すことを国民に触れられたい趣が老中から伝達された。

　　大目付目付江
　海外諸国エ学科修業又ハ商業ノ為ニ相越度志願ノ者オ願出次方御差許可相成付　御免ノ印章相渡旨等先達テ相触候ニ付テハ　相渡候節当人人相書等書記シテ可相渡筈（道理）ニ付　別紙ノ趣書付相添其筋エ可申立候
　右ノ趣被相触候
　別紙
　　一　年齢　　何歳
　　一　身丈　　何尺
　　一　眼　　　大或ハ小

1　海外渡航差許（慶応2年4月7日老中布告）

一　鼻　　　高或ハ低
一　口　　　大或ハ小
一　面体（めんてい）　形状
一　黒痣（ほくろ）　面部ニ有ル者ハソノケ所ヲ載（のす）
一　瘢痕（はんこん）　同
一　何国ヘ罷越候（いずまかりこし）　年限

（海外渡航差許1号印章）

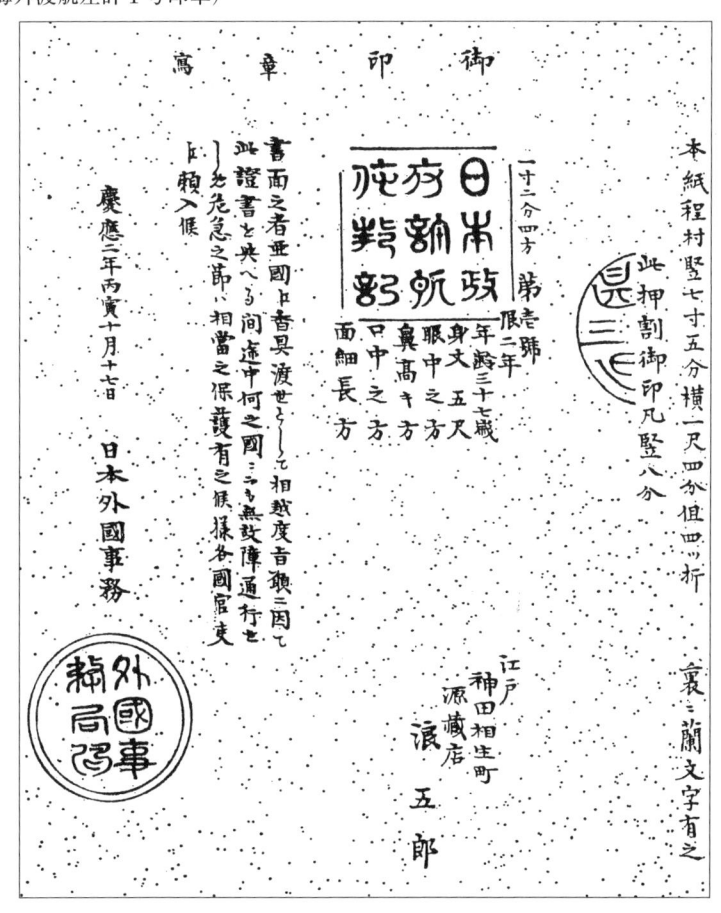

御　印　章　写

本紙程村竪七寸五分横一尺四分但四ツ折
此押割御印凡竪八分
裏ニ蘭文字有之

一寸二分四方　第壱号
年限二年
年齢三十七歳
身丈五尺
眼中之方
鼻高キ方
口中之方
面細長方

書面之者亜墨利加國エ商用ニ付渡世イタシ候ニ付
此證書ヲ与ヘ候間途中何之國ニ於テ無故障通行セ
シメ危急之節ハ相當之保護有之候様各國官吏ニ
此旨頼入候

慶應二年丙寅十月十七日　　日本外國事務

外國事務局印

江戸
神田相生町
源蔵店
浪五郎

資料出所　『続通信全覧』外務省外交史料館蔵

注）1．保護要請文は,「書面の者亜国（アメリカ合衆国）へ香具渡世として相越したき旨願によりてこの証書を与へる間途中いづれの国にても故障なく通行せしめ危急の節は相当の保護これあり候べき様各国官吏へ頼み入り候」である。
　　2．保護要請文のひな形は，次のとおりだった。
　　　　書面之者何国へ何修業何商業として相越度旨願に因り此の証書を与へ候間途中伊れ之国にても無故障通行せしめ危急之節は相当の保護有之候様各国官吏へ頼入候

　印章は，外国奉行が通し番号で88番まで，神奈川奉行が158番まで，箱館奉行が20番まで，長崎奉行が20番まで，計286番号分が国民に渡された（神奈川の37～68,84,107,151番は不明，箱館の2と19番は不明，外国奉行の67番は留学と藩用で重複,87番は不明）。このうち，外国奉行の許可1号は，神田相生町源助店（貸家）幻戯の浪五郎(37)だった（1866.10.19に松井源水・柳川一蝶斎なども幕府許可）。2号は，浪五郎の妻で幻戯（奇術）の小まん(35), 3号は，倅の松五郎(17)で縄渡り, 4号は，浪五郎の妹とう（年齢不詳）で三味線を弾いていた。

　浅草竜宝寺門前茂兵衛店の独楽廻し松井菊次郎(30)は, 6号で, 7号の娘つね(8)は，父が廻す直径3尺5寸の大独楽が2つに割れる時，中から飛び出す役目を演じていた。菊次郎一家には，松五郎(37)と2人の角兵衛獅子18歳の梅吉と10歳の藤松が同居人として加わっていた。なお，菊次郎は，ロンドンで病死し（1868.4.1），カール・マルクスも葬られている（1883）ハムステッド・ヒースの丘にあるハイゲート墓地で，戒名を刻んだ墓の下に眠っている。

　吉原京町2丁目吉兵衛店の足芸太夫元の浜碇定吉(35)は11号で, 18号までが浜碇一家であった。このうち，小石川留坂町権太郎倅林蔵(30)が笛吹，江戸妻恋町磯八店の繁松(38)が太鼓だった。以上の18人は，リズレーや雇用契約を結んだバンクスに連れられて，慶応2（1866）年10月29日，イギリス船アルチバルド号で横浜を出港した。初演は，サンフランシスコのアカデミー・オブ・ミュージック（12月2日）。国王（アンドリー・ジョンソン大統領）に招かれ御城内（ホワイトハウス）にまいり，「王様の座敷（赤の間，緑

の間，東の間など）にとふり，御目どふり（1867.4.15）にてあつ両（握手）致し，（パリでは）目出度く初日仕り候処，大入にて木戸をとめ，猶又この夜，日本殿様清水みんぶ様（徳川慶喜の弟14歳の昭武），このはりし（パリ）に長々きうそく（休息）あそばされ候いばこの夜（1867.7.30シルク・ナポレオン劇場。ナポレオン3世が威信を賭けたパリ万博に幕府も日本パビリオンを設営していた。また，江戸柳橋松葉屋の芸者さと・すみ・かねがコンパニオンだった。），御見物にいらせられ，御よろこびかぎりなく，花として弐分きん五十両くたされ候なり」(14号の江戸小石川白壁町九兵衛店の岩吉(47)が遺した高野広八日記から）。

その後，この一座は，オランダ・イギリス・スペイン・ポルトガルで興業し，ニューヨーク（一座の資金をバンクス持ち逃げ）・パナマ・サンフランシスコ経由で明治2(1869)年2月19日，日本横浜に帰着した（笛吹・太鼓・女性3人，高野広八など8人，残り9人は年4,500両で外人興業主とニューヨークにおいて雇用契約）。

　　高野広八日記（1869.2.21)
　　三月五日　あらしに御座候い共今日八つ時（午後三時）ニ日本よこ浜い（へ）つき候なり入要達（ニューヨーク）より四十九日めにて御座候なりこの時日本ニてハ二月十九日なり
　　まづ御番所様い罷り出で申し上げる右出火（日）之むきまた壱人びようし（病死）また九人異国いおきてまへりしだん（段）つぶさに申し上げ候なり
　　御番所様ニて申しわたされ候ハまづ異国いのこりたる物（者）の年又ハ人そふ（相），よくよくあらためかきしるし猶又是ハ徳川様より下しおかれたる御いんし（印章）よこ浜御番所様ニて取りおさめのこりし九人き国のせす（節）御いんし共に江戸おもて（注：町奉行所は市政裁判所に変わり，市政裁判所は，1868.8.17設置の東京府に吸収された。）におくるなりと申しわたされ猶又そのほうそのせつ才番（裁判）所い罷り出づべしと申しわたされ恐れいりてさがり当月廿一日の日東京いき（帰）国いたして目出度皆々よび入れゆはい（祝）致してよろこび候事なり
　　　　　巳
　　　　　　二月廿一日
　　　　　　　　　　　　　　　　筆とめ

ちなみに，一座18人は家主に伴われて出頭した南町奉行所で御印章と掟書を渡され，神奈川奉行の横浜役所による指示のもとに出港したが，その旨は北町奉行所に報告されていた（江戸町奉行は北町と南町の1か月交代制で，役宅が役所を兼ね，御番所と呼ばれていた。）。帰国時の横浜御番所様とは，神奈川県庁を指す（1868.6.17府から県）。明治と改元されたのは，慶応4（1868）年9月8日で，旧暦から，明治5（1872）年12月3日をグレゴリオ暦1873年1月1日にして廃止されたので，明治5年12月4日から31日までは欠日となった。

2 海外旅券規則（明治11年2月20日外務卿布達）

慶応3（1867）年12月9日，王政復古の大号令が発せられ，翌4年1月17日，外国事務総督が任命された。総督は幕府が締結した条約の遵守を在日代表団に通告した（1868.1.20）。幕府設置（1867.6.5）の外国事務総裁は廃止された（1868.2.29）。神奈川奉行所は横浜裁判所に接収され（1868.4.20），箱館奉行所は箱館裁判所に改称され（1868.4.12），その総督は箱館府と共に府知事と改称された（1868閏4.24）。長崎奉行所は，奉行が江戸に逃走し（1868.1.14），長崎会議所を経て（イギリス商人ドーウィンに召し連れられた丸山遊廓の羽山に，期限5か月の上海行き印章を発行した。），長崎裁判所に代えられた（1868.2.2）。

慶応4（1868）年4月10日，駐日ハワイ領事ヴァン・リードの周旋により，ロシア商社ロットメンとウキルマンを雇い主とする42人（うち女性2人）がスペイン領グアム島に向かった。神奈川奉行は許可していたが（1868.3.30），スペインは条約未締結国だったので，外国官（慶応4閏4.21太政官の下に設置）は，スペインと修好通商条約・航海条約を結んだ（明治元.9.28調印）。

慶応4（1868）年4月25日，ヴァン・リード小仕(こづかい)（雇い）として日本人150人，アメリカ合衆国人3人がハワイ王国（アメリカ合衆国のハワイ併合は1898）の砂糖きび畑耕作のため，イギリス船サイオト号で横浜を出港した。白米20俵・玄米500俵・みそ・しょうゆ・薪などを持参し，年限3か年とするその契約条件は，次のとおりだった。

1. 契約労働年限3ヶ年にて，ホノルル到着の日より36ヶ月を数ふ（注：1868. 5．1着ハワイ国王から塩引1樽もらう。）
2. 賃金は1カ月4ドル
3. 全部の労働者を25人宛（カムパニー）に分ち，各組に小頭2人づつを置く（小頭は賃金4ドルの外に1ドルを受く）
4. 全労働者の頭を1名設く（この頭には1カ年150弗の給料を与ふ）
5. 渡航船賃，来布後の住宅，食糧，治療費等は，すべて耕地会社より給与す（注：1835カウアイ島に製糖会社が設立される。）
6. 賃金支払方法，賃金は毎月1日，その半分を現金，半分を手形にて支払う。ただし労働者が希望ならば組長を通じて残余の半額を手形と引き換へ現金で受け取ることを得

〔ハワイ日本移民史〕

　この元年者と呼ばれた最初のハワイ移民は，幕府とハワイ王国との間に結ばれた日本・布哇臨時親善協定（1867）により渡航を許可されていた。しかし，外国事務局（1868．1．17外国事務掛，1868．2．3外国事務局）はこれを認めず，「外国行ノ者へ印章交付」を定めて（伺いの太政官決裁日は1868．4．23），日本政府許航他邦記と丸印に刻んで印章を改造し，人相・風体の書き記しも削除した。印章を渡す者は，開港場の裁判所になったが，保護要請文と掟書3カ条に変更はなかった（この「外国行ノ者へ印章交付」に「旧政府ニ於テ相渡候御印章雛形見合セ添置」として神奈川奉行発行の印章を添付している。）。

　　今般新政被成候ニ付テハ　御国人共外国行相願御許成成候モノ共ヘ相渡候御印章及掟書ノ儀　別紙案文ノ通相認　御判ハ雛形之通リ彫刻為致　夫々押居渡　方取扱候様可仕奉存候　此段相伺申候但伺之通被御渡候ハ兵庫・大阪・長崎ヘモ相達候様可仕候
　　　辰四月　日　外国官（伺い）
　　　　弁事（太政官総裁局文書管理）　御中

　慶応4（1868）年閏4月21日，太政官は，外国官知事の伺いにより，改めた印章を渡すので，本国政府へも通達されたい旨を神奈川裁判所から駐日代表団に啓上させた。次の書翰は，フランス宛のものである。条約済み国は，

第2　外国移住・国籍離脱の自由の不可侵

アメリカ合衆国・オランダ・ロシア・イギリス・フランス・ポルトガル・プロシヤ・スイス・ベルギー・イタリア・デンマークの11か国だった。

　　以書翰致啓上候　然ハ我国人共　学科修業又ハ商業ノ為海外諸国ヘ罷越候モノハ　旧政府ニ於テ相渡来候　印章之儀今般相改　以来別紙印章相渡候間　御心得右印鑑弐枚差進申候　右趣本国政府ヘ御通達相成候様致度存候　右可得御意如此御坐候　以上
　　辰閏四月廿一日　　　　肥前侍従（神奈川裁判所副総督）　花押（鍋島直大）
　　　　　　　　　　　　　東久世中将（神奈川裁判所総督）　花押
　　仏蘭西全権ミニストル
　　　　レオンロセス閣下

　明治元（1868）年12月15日，外国官は（外国事務掛は大阪に置かれ，1868. 2. 3外国事務科が外国事務局に改称され，1868閏4. 21外国事務局が外国官と改称され，1968 6. 3京都の太政官に移り，1868. 6. 3設置した東京支庁が，1869. 2. 14東京本官になった。）日本政府印章の6文字を彫刻した新たな円形の印章を定めた（この伺いは，太政官総裁局弁事に上申されていたが，この日まで決裁されないでいた。）。

　　日本政府ノ御印章彫刻ノ上御渡可相成　積　御掛合（折衝）ニオヨヒ置候処　右ハ別紙雛形ノ通御出来ノ上（結果）早々御引渡有之候様存候
　　但シ海外行ノ者ヘ御渡ニ相成候印章ハ御用（官用）ニ相成候品ニ御座候也
　　　元年十二月十五日　　　　　　　　　　外国官
　　　　　　　　　字体　篆文
　　　　　　　　　朱字
　　　　　　　　　印材　象牙又ハ水牛之内
　　但大キサハ円圣二寸二分御規則ニテ惣体ノ形容ハ美麗ニ入念出来候様致シ度候　印材入箱並肉壺朱肉トモ御差越可被成候事

　明治2（1869）年4月17日，改定された印鑑による「外国航海志願者ノ願出方」が，太政官により布告された。

明治二年四月十七日
条約締盟諸国ヘ旅行者ノ印鑑等ヲ改造シ其出願方ヲ定ム
布告
自今条約済ノ各国ヘ罷越度願出候者ハ御許容ノ上御改定ノ印章可相渡ニ付右志願者ノ者ハ其府藩県ヨリ東京外国官並大阪・長崎・箱館・兵庫・新潟・神奈川・外国掛役所ヘ可願出事

印章雛形　別紙ノ通リ

> 第何号
>
> 何ノ誰
> 姓
> 名　印
> 何歳
>
> 右ノ者此度海外旅行ノ儀願出候間差許申候付テハ通行無差支様御免許被下且差掛要用ノ儀ハ相當御扶助被下候様其筋ヘ依頼致シ候
>
> 日本外國官
> 知事
> 何ノ誰　花押
>
> 年号支干月日

明治2（1869）年6月，掟書3カ条が須知書9カ条に改められた。

規　　則（海外旅行者に交付する須知書）
一　各国御条約書中に有之候条々は、一々相心得可申候事
一　何事によらず、皇国の御為と可相成筋見聞之節は、精々心を用ゐ穿鑿を遂げ候上、（外国から）書面を以て外国官又は神奈川・大阪・兵庫・長崎・新潟・箱館之内、外国掛役所訴え飛脚便之節可申越、若又書通不便の節は帰国の上可申出事
一　銘々父母の邦をはなれ外国え罷越候儀に付、各覚悟可有之儀に候得共、一身の慎方は不及申、聊之事なり共御国の御外聞不相成様心懸け可申、且引当無之外国人より借財之儀決而不相成、万一旅費其外差支、無余儀外国に於て借財いたし候はゞ帰国の節迄に如何様にもいたし償戻、決而不義理之事仕間敷、若又引負等いたし其儘逃帰り、追而相顕るゝに於ては、当人は勿論主家一類迄、其時誼により急度御咎之上、償戻之事可被仰渡事
一　海外旅行中　御国人に出会候はゞ、仮令不相知ものに候とも互に親み、其もの不心之事有之候はゞ異見さし加へ、或は病気等艱苦の体見捨兼候はゞ、可成丈扶助いたし遣可申候事
一　外国人に対し恨を含候事有之候とも可成堪忍いたし、不得止節は其土地の役所へ訴立、静かに筋合糺しもらひ可申、何程忿怒に堪へざる事也とて、決而外国人を殺害いたし、又は為疵負杯之挙動致間敷事
一　申渡之御印章は大切に取扱、帰国の上可奉返納、尤当役所に不限、前書何れ之港にても帰着の都合次第、相納候て不苦候事
一　他国の人別（国籍）に加り候事、並宗門相改候儀堅く御制禁之事
一　年限之儀は別段御定無之候得共、凡十ヶ年は御許容可被下候事
一　年限相立、無事帰国之上は、旅行中之始末委細に可申上候事
　明治二年巳月（六月）　　　　日　　　　役所

　次いで、明治3（1870）年1月19日、外国航海志願者ノ願出方（明2.4.17）の手続きを明文化する外国航海出願之規則が布告され、帯刀者以上は外務省で（明2.7.8外国官が外務省に改称）、その他の者には開港場の裁判所で、いずれも府藩県を経由して同じ様式で発行するものとされた。

外国航海ノ儀出願ノ規則向後左ノ通リ
一　帯刀者以上ノ者ハ所管轄府藩県ヘ願出　府藩県ニ於テ篤ト御糺ノ上外務省ヘ相伺彌不都合ノ廉無之候ハゞ御印章御渡開港場ヨリ乗船御許容可相成候事

二　其余ノ者ハ管轄府藩県ニテ相糺不都合ノ廉(かど)モ無之候ハヽ其旨書面ニ認(したため)当人へ相渡開港場裁判所ヘ右書面持参願出可申　同所ニ於テ当人糺方是迄ノ通相心得彌以(あまねくもって)不都合ノ儀モ無之候ハヽ同所ヨリ直ニ御印章相渡追(どおり)テ外務省ヘ相届可申事

右ノ外総テ先般御布告（明治二年四月十七日布告）ノ通ニ有之間(あいだ)（ので）府藩県トモ其旨相心得事

庚午（三年）正月十九日　太政官

明治4（1871）年7月4日，日本ハワイ修好通商条約が結ばれた。ちなみに，元年者の3年の期限が切れるため帰国したのは40人に過ぎなかった（明3.3.7）。国王カメハメハ5世が日本移民を厚遇したため，残りはハワイに定住したのである。ただ，日本政府は，明治18年までハワイ移民を許可しなかった（明18.1.27第1回の官約移民944人が横浜を出港してハワイへ）。

明治4（1871）年7月29日，天津で日清修好条規18条・通商章程33条・海関税則が調印された。幕府は，長崎に唐人町を設けて日清の民間貿易を行わせ，幕末における印章は，長崎奉行と上海道台（知事）との交渉に任せていた。ところが，日本は台湾に出兵した（兵3,658人，1874.5.22上陸）。さらに，台湾に航行する軍事輸送船の便宜と保護を図るため，日本船舶の公証とその保護手続きを，外務省から開港場のある開拓使（明2.7.18設置），大阪府・神奈川・兵庫・長崎・新潟県に移管した。

航海公証規則十一ヵ条（明治七年八月二十七日太政官布告八八号）
第一条　航海公証ハ日本国所轄船ノ外国地方又ハ太洋ニ於テ日本船タルヲ証セシメ並ニ保護ヲ得セシムルモノナリ
第二条　外国ヘ航セント欲スル日本国船ハ　日本形西洋形トモ船主又ハ船長最寄リノ開港場管轄庁ヘ船籍証明書ヲ添ヘ出願シ公証ヲ受クベシ
第三条　各開港場管轄庁或ハ外国在留日本公使又ハ領事ハ　凡(すべ)テノ見積リ一個年或ハ半個年分公証ヲ外務省ヨリ受取置キ　外国ヘ航セント欲スル船主又ハ船長ヨリ公証願出ル時ハ　船籍証明書ノ目的トシテ之ヲ渡(わた)スベシ但船籍証明書ハ閲覧ノ上本人ヘ差戻スベシ
第四条　船長若シ事故アリテ公証ノ逸失スルコトアラバ　国内ハ再ビ開港場管

轄庁ヘ　外国ハ其国或ハ最寄ノ国ニ在留スル日本公使又ハ領事ヘ再ビ第二条ニ照準シ出願シテ之ヲ受クベシ
第五条　各開港場管轄庁或ハ外国在留日本公使又ハ領事ハ　船長ヨリ公証逸失ノ次第ヲ陳告シテ更ニ公証受ケ度旨願出ル時ハ第三条ニ照準シ之ヲ渡スベシ
第六条　公証ヲ受ケタル者ハ其手数料トシテ金壱円ヲ納ムベシ
第七条　船長ハ各開港場管轄庁或ハ外国在留日本公使又ハ領事ヨリ受タル公証ヲ其帰着スル所ノ開港場管轄庁ヘ三〇日以内ニ返納スベシ
第八条　各開港場管轄庁ハ船長ヨリ返納スル公証ヲ毎年十二月外務省ヘ納ムベシ

(以下略)

　明治9（1876）年2月26日，江華府で，大日本国大朝鮮国修好条規12款(かん)が結ばれた。釜山・仁川・元山の開港と，その開港地に日本の管理官が駐在し，しかも治外法権という不平等条約だった。この修好条規に加え，日鮮修好条規附録並貿易規則も調印され，対馬住民以外にも朝鮮との開港地における自由貿易を許可することになった。この渡航手続きについて，太政官は次のとおり布告した（1876.10.14太政官布告128）。

　従前朝鮮国貿易ノ儀ハ対馬人民ニ限リ取引イタサセ候処(ところ)（対馬藩が釜山に倭館を設けて貿易していた。）本年三月第三十四号布告修好条規及今般第一二七号布告修好条規附録並貿易規則ノ趣旨ニ遵ヒ(したが)　一般ノ人民同国釜山港ヘ渡航セント欲スル者ハ　差許サレ候条海外行免状又ハ航海公証(かいがいゆきつかい)ヲ使　府県庁ハ其支庁ヨリ申受渡航可致候(もうしうけとこういたすべく)尤モ旅行先ヨリ急ニ渡航セント欲スル者ハ本人ヨリ其貫籍（戸籍）ヲ明白ニ書記(かきしる)シ旅行先地方ノ庁ヘ願出許可ヲ受ヘク候　此旨布告候事
　但釜山港ノ外開港ノ場所ハ追テ確定ノ上（明13元山，明16仁川）尚可布告事

　明治11（1878）年2月20日，旅券という言葉が初めて登場する海外旅券規則7条と旅券願書式・旅券文言(もんごん)ひな形が外務卿から布達された。

第壱號
従来当省ヨリ発行候海外行免状之儀海外旅券ト改称別紙規則相定候條此旨布達候事
　明治十一年二月廿日　外務卿寺島宗則

海外旅券規則
旅券ハ日本国民タルヲ証明スルノ具ニテ海外各国ニアリテ要用少ナカラサルヲ以テ外務省ヨリ之ヲ発行ス規則左ノ如シ

　第一条
旅券ヲ請フ者ハ別紙雛形ノ書面ヲ以テ外務省又ハ開港場管庁ヘ願出之ヲ受取ルヘシ
右郵便ヲ以テスルモ苦シカラス旅券ヲ受取ラハ直チニ其示シアル所ヘ当人姓名ヲ自記スヘシ
　第二条
旅券ヲ受取ルモノハ手数料トシテ金五十銭ヲ納ムヘシ但シ旅券ハ一人一枚ニ限ルヘシ若シ五歳以下ノ小児其父母同道ナル時ハ其父母ノ旅券ニ附記スルヲ以テ足レリトス
　第三条
内地ニ於テ右旅券ヲ受取ル間合之ナキカ又ハ海外ニ於テ遺失シタルカノ時ハ其国在留ノ日本公使館又ハ領事館ヘ其趣ヲ記載セル書面ヲ出シ自身出頭シテ願ヒ受クヘシ但其手数料トシテ金弐円ヲ納ムヘシ
　第四条
公用ヲ以テ旅行シ官費ヲ以テ留学スル者ハ内地ニアリテハ其官庁ヨリ直ニ外務省ニ掛合海外ニ在リテハ前条ノ趣ニ従ヒ旅券ヲ受取ルヘシ但シ手数料ハ納ムルニ及ハス
　第五条
旅券ハ其赴クヘキ国ノ公使又ハ領事ノ証明ヲ得ル儀其国ニヨリ要用少ナカラス其節ハ其館ニ就テ直チニ之ヲ請フヘシ但其定規ニ随ヒ手数料ヲ払フヘキモノトス
　第六条
海外ニアリテ所持ノ旅券我領事館ノ証明ヲ要用トスル事アリ其節ハ之ヲ請ヒ得ヘシ但領事館ナキ地ニ於テハ公使館ニ到リテ之ヲ請フヘシ
　第七条
旅券ハ帰朝ノ後三十日以内ニ其最初受取リタル官庁ヘ之ヲ返納スヘシ郵船等ノ海員常ニ旅券ヲ要スル者ハ此限ニ在ラス但シ海外ニアリテ我公使又ハ領事官ヨリ受取リタル者ハ外務省ニ返納スルヲ以テ足レリトス

旅券願書式

私儀何々ノ為某国ヘ罷越或ハ往来致度ニツキ旅券御渡方奉願候也
　　明治　　　年　　　月　　　日
　　　　　　　　　何 府 県 下
　　　　　　　　　　第 何 大 区 何 小 区
　　　　　　　　　　　　何国何郡何村町何番地又ハ寄留
　　　　　　　　　　　　　士 族 属 職 業
　　　　　　　　　　　　　　　　何 姓 名 印
　　　　　　　　　　　　　　　　　年何年何ヶ月

外務省又ハ何府県御中

右之通相違無之候也
　　　　　　　　　　　　　　　　　　　　戸 長 姓 名 印
前書之通証明候也
　　　　　　　　　　　　　　　　　　府 知 事 県 令 姓 名 印
　　　上封

旅券願	何府県下
外務省或ハ某府県	何国何郡何駅村何町
御中	何 誰

旅券文言

官印
右ニ赴クニ付通路故障ナク旅行セシメ且必要ノ保護扶助ヲ与ヘラレンコトヲ其筋ノ諸官ニ希望ス
　　　　年　　　月　　　日
　　　　　　　　　　　　　　　　日本皇帝陛下官位姓名自記

　　　　　　　　　　　　　　　　　　所持人姓名自記
右ハ官員及官費留学生ニ与フル式タリ
　　　　　　　　　　　　　　　　籍
　　　　　　　　　　　　　当 人 姓 名
　　　　　　　　　　　　　　　　齢
右ノ者故障ナク通行セシメ且必要ノ保護扶助ヲ与ヘラレン事ヲ其筋ノ諸官ニ希望ス

　　　　年　　月　　日

　　　　　　　　　　　　　　　　　　　　日本帝国官位姓名自記
　　　　　　　　　　　　　　　　　　　　　所持人手記

右ハ華士族平民ニ与フル者ナリ共ニ英仏独魯清文ヲ訳付ス

　なお，ハワイへの官約移民は26回にわたり，移民保護規則が制定された明治27（1894）年までに2万9,069人を数えた。この数は，増税と紙幣消却による松方正義デフレ財政で（明14～明17），米価が半値になり，農民が窮乏したことを示している。明治24年（1891）には，日本吉佐（よしさ）移民会社が設立され，移民取扱人（移民を募集し，または渡航を周旋する営業を為す者）と移民（労働目的で清韓以外の外国に渡航する者およびその家族）を許可制にする移民保護法が定められた（1896. 6. 1施行。海外移住・国籍離脱の自由を保障する憲法22条の施行により1947. 5. 3実効性喪失）。旅券法の施行に伴い廃止されたが（1951.12. 1旅券法施行），外国旅券規則（1935. 9. 1施行）4条には「移民保護法ノ規定ニ依リ移民取扱人ノ取扱ニ係ル移民ヨリ差出ス旅券下付願書ニハ移民取扱人之（これ）ニ連署スベシ」と規定されていた。

　アメリカ合衆国に併合されてハワイ王国が滅び（1898），契約移民は禁止された（1900）。また，日本移民が増えて雇用を奪われたカリフォルニア州で排日運動が激化した結果，日米移民紳士協約が結ばれ（1908. 2.18），写真結婚の花嫁がハワイに呼寄（よびよせ）移民するなどを例外にして移民の枠が狭められ，制限のない一般の移民は禁止された。さらに，割当て移民法（排日移民法）が定められ（1924. 5.26），アメリカ合衆国への日本人移民は割当て枠がなく，完全に禁止された。

3　国籍選択届（国籍法14条2項，戸籍法104条の2）

　何人も国籍を離脱する自由を侵されず（日本国憲法22条2項），外国の国籍を有する日本国民は，法務大臣に届け出ることによって，日本の国籍を離脱することができる（国籍法13条1項）。この届出をした人は，その届出の時に

日本の国籍を失う（同条2項）。また，外国籍を有しない日本国民であっても，自己の志望によって外国の国籍を取得したときは，日本の国籍を失う（国籍法11条1項）。憲法に規定されるまでもなく，日本は無国籍になる場合を除いて，国籍離脱を許し，自国籍を喪失させる国であり続けている。

　江戸幕府は，外国の人別（国籍）の取得を許さなかった。しかし，明治政府は，「外国人民ト婚姻差許条規（明6.3.14太政官布告103)」により，日本人の妻または婿養子になった者への日本国籍付与，外国人の妻になった日本人の日本国籍喪失を許した。

　大日本帝国憲法18条（日本臣民タルノ要件ハ法律ノ定ムル所ニ依ル）に基づいて国籍法が公布され（明32.3.16法66。4.1施行），その18条から26条に国籍喪失の要件が定められていた。

（旧国籍法の国籍喪失条項）

第18条　日本人カ外国人ノ妻ト為リ夫ノ国籍ヲ取得シタルトキハ日本ノ国籍ヲ失フ

第19条　婚姻又ハ養子縁組ニ因リテ日本ノ国籍ヲ取得シタル者ハ離婚又ハ離縁ノ場合ニ於テ其外国ノ国籍ヲ有スヘキトキニ限リ日本ノ国籍ヲ失フ

第20条　自己ノ志望ニ依リテ外国ノ国籍ヲ取得シタル者ハ日本ノ国籍ヲ失フ

第20条ノ2　勅令ヲ以テ指定スル外国ニ於テ生マレタルニ因リテ其国ノ国籍ヲ取得シタル日本人ハ命令ノ定ムル所ニ依リ日本ノ国籍ヲ留保スルノ意思ヲ表示スルニ非サレハ其出生ノ時ニ遡リテ日本ノ国籍ヲ失フ

　②　前項ノ規定ニ依リ日本ノ国籍ヲ留保シタル者又ハ前項ノ規定ニ依ル指定前其指定セラレタル外国ニ於テ生マレタルニ因リテ其国ノ国籍ヲ取得シタル日本人当該外国ノ国籍ヲ有シ且其国ニ住所ヲ有スルトキハ其志望ニ依リ日本ノ国籍ノ離脱ヲ為スコトヲ得

　③　前項ノ規定ニ依リ国籍ノ離脱ヲ為シタル者ハ日本ノ国籍ヲ失フ

第20条ノ3　前条第1項ノ外国以外ノ外国ニ於テ生マレタルニ因リテ其国ノ国籍ヲ取得シタル日本人カ其国ニ住所ヲ有スルトキハ法務総裁ノ許可ヲ得テ日本国籍ノ離脱ヲ為スコトヲ得

　②　前条3項ノ規定ハ前項ノ規定ニ依リ国籍離脱ヲ為シタル者ニ之ヲ準用ス

第21条　日本ノ国籍ヲ失ヒタル者ノ妻及ヒ子カ其者ノ国籍ヲ取得シタルトキハ日

本ノ国籍ヲ失フ
- **第22条** 前条ノ規定ハ離婚又ハ離縁ニ因リテ日本ノ国籍ヲ失ヒタル者ノ妻及ヒ子ニハ之ヲ適用セス但妻カ夫ノ離縁ノ場合ニ於テ離婚ヲ為サス又ハ子カ父ニ随ヒテ其家ヲ去リタルトキハ此限ニ在ラス
- **第23条** 日本人タル子カ認知ニ因リテ外国ノ国籍ヲ取得シタルトキハ日本ノ国籍ヲ失フ但日本人ノ妻，入夫又ハ養子ト為リタル者ハ此限ニ在ラス
- **第24条** 満17年以上ノ男子ハ第19条，第20条及前3条ノ規定ニ拘ハラス既ニ陸海軍ノ現役ニ服シタルトキ又ハ之ニ服スル義務ナキトキニ非サレハ日本ノ国籍ヲ失ハス
  - ② 現ニ文武ノ官職ヲ帯フル者ハ前8条ノ規定ニ拘ハラス其官職ヲ失ヒタル後ニ非サレハ日本ノ国籍ヲ失ハス
- **第25条** 婚姻ニ因リテ日本ノ国籍ヲ失ヒタル者カ婚姻解消ノ後日本ニ住所ヲ有スルトキハ法務総裁ノ許可ヲ得テ日本ノ国籍ヲ回復スルコトヲ得
- **第26条** 第20条乃至第21条ノ規定ニ依リテ日本ノ国籍ヲ失ヒタル者カ日本ニ住所ヲ有スルトキハ法務総裁ノ許可ヲ得テ日本ノ国籍ヲ回復スルコトヲ得但第16条（注：帰化人，帰化人ノ子ニシテ日本ノ国籍ヲ取得シタル者及ヒ日本人ノ養子又ハ入夫ト為リタル者）ニ掲ケタル者カ日本ノ国籍ヲ失ヒタル場合ハ此限ニ在ラス

　旧国籍法は，国籍法の施行（昭25.7.1）により廃止され，家族を単位にする身分行為を事由とする（旧国籍法18条・19条・21条・22条・23条・25条）国籍喪失は，国籍法に承継されなかった。このため，国籍の取得は，出生（2条），帰化（3条），特別功労（7条）となり，喪失は8条（日本国民は，自己の志望によつて外国の国籍を取得したときは，日本の国籍を失う。），9条（外国で生れたことによつてその国の国籍を取得した日本国民は，戸籍法の定めるところにより日本の国籍を留保する意思を表示しなければ，その出生の時にさかのぼつて日本の国籍を失う。）に規定された（昭59.5.25法45による改正前のもの）。

　日本国憲法22条2項（何人も，外国に移住し，又は国籍を離脱する自由を侵されない。）は，国籍法10条1項（外国の国籍を有する日本国民は，日本の国籍を離脱することができる。）に，それによる喪失を同条3項（国籍を離脱した者は，日本の国籍を失う。）に置いた（昭59法45により，10条1項は，「法務大臣に届け出ることによつて」が加えられて13条1項に置かれ，10条3項は削除された。）。

国籍法の昭59一部改正法（昭59. 5. 25法45）が施行された（昭60. 1. 1）。2条〈出生による国籍の取得〉1号の「出生の時に父が日本国民であるとき」が「出生の時に父又は母が日本国民であるとき」に改められた。同条3号も「父が知れない場合又は国籍を有しない場合において，母が日本国民であるとき」が削られて「日本で生まれた場合において，父母がともに知れないとき，又は国籍を有しないとき」に改められた。同時に，準正による国籍の取得が3条に新設された。3条1項は，「父母の婚姻（注：入籍のみ該当）及びその認知により嫡出子たる身分を取得した子で20歳未満のもの（日本国民であつた者を除く。）は，認知をした父又は母が子の出生の時に日本国民であつた場合において，その父又は母が現に日本国民であるとき，又はその死亡の時に日本国民であつたときは，法務大臣に届け出ることによつて，日本の国籍を取得できる。」と規定された。

　フィリピン共和国憲法（1987. 2. 2施行）第4節〈市民権〉1条2号により，フィリピン市民を父または母とする者は，フィリピン市民である。また，アメリカ合衆国移民および国籍法（1952制定）301条(a)(1)により，合衆国において出生し，その管轄権に服する者は，合衆国国民であって，かつ，市民とされる。したがって，日本人およびフィリピン人を父または母として，アメリカ合衆国で出生した子は，アメリカ合衆国，日本，フィリピンの国籍を取得することになる。このため，昭59法45は，9条を12条にし，生地主義の「外国で生れたことによつてその国の国籍を取得した日本国民」を血統主義に生地主義を合わせた「出生により外国の国籍を取得した日本国民で国外で生まれたもの」に改めて，アメリカ合衆国で生まれたことによってアメリカ合衆国国籍を取得した者だけでなく，父か母がフィリピン人でアメリカ合衆国を含む国外で生まれた者も，不留保による国籍喪失の対象に加えた。同時に（昭60. 1. 1施行），戸籍法104条1項の届出期限の出生の日から14日以内が3か月以内に延ばされた（届出先は在外領事官等または本籍地の市区町村長であるが，届出書の様式は法定されていないため，出生届の「その他」の欄に留保の旨を記載する取扱いとなっている。）。

　国籍の選択制度も新設され，国籍法14条に規定された（昭60. 1. 1施行）。

外国の国籍を有する日本国民は，外国および日本の国籍を有することとなった時が20歳に達する以前であるときは22歳に達するまでに，その時が20歳に達した後であるときは，その時から2年以内に，いずれかの国籍を選択しなければならない（国籍法14条1項）。日本の国籍の選択は，外国の国籍を離脱することによるほかは，戸籍法の定めるところにより，日本の国籍を選択し，かつ，外国の国籍を放棄する旨の宣言をすることによってする（国籍法14条2項）。戸籍法は，104条の2に国籍選択の宣言の届出を規定し，104条の3には，市区町村長に，国籍選択未了者の法務局への通知を課している。

先にも示したとおり，不留保による国籍の喪失を規定した国籍法9条は，12条となって，「出生により外国の国籍を取得した日本国民で国外で生まれたものは，戸籍法の定めるところにより日本の国籍を留保する意思を表示しなければ，その出生の時にさかのぼつて日本の国籍を失う。」と改められた（昭60．1．1施行）。この12条による場合の国籍不留保のほかに，自己の志望による外国国籍の取得（国籍法11条1項）・重国籍の日本国民の外国法令による外国国籍の選択（昭59法45により新設された11条2項。日本と同時に採用したイタリアが廃止したため，日本が唯一の施行国になった。）・国籍法14条〈国籍の選択〉の選択の催告を受けた人が1か月以内に日本国籍を選択しなかった場合（国籍法15条3項本文）・重国籍の日本国民の，法務大臣への届出による日本国籍からの離脱（国籍法13条1項）が，日本国籍の喪失事由になっている。

なお，国籍法3条は，平20．12．12法88の施行により（平21．1．1）見出し〈準正による国籍の取得〉が〈認知された子の国籍の取得〉に改められ，1項の「父母の婚姻及びその認知により嫡出子たる身分を取得した」も「父又は母が認知した」に改められた。この改正により，父母の婚姻要件が削除されて，婚姻していない親から生まれた子であっても，認知されることによって，国籍取得の対象になった（改正前は婚姻していない日本人と外国人の子が日本人夫から生後認知されても本条は適用されなかった。）。

このように，日本は重国籍を認めず，外国籍を取得すると日本国籍を失うことになる。ところが，アメリカ合衆国では，二重国籍を，2か国での国民の権利を得て責任を負うことになる「法律で認められた権利」とし（アメリ

41

カ合衆国で出生した日米二重国籍者が，戦時中に来日して戸籍に登記されたことがアメリカ合衆国国籍の放棄とみなされるか否かが争われた1952アメリカ合衆国最高裁判決），外国籍に帰化した場合などアメリカ合衆国移民および国籍法349条〈国籍放棄〉に列記されている行為に該当したとしても，それが自発的な意思によるものとの証明がされない限り，アメリカ合衆国国籍を喪失させることは違憲としている。

ちなみに，国籍を放棄する自発的な意思の立証責任は連邦政府にある。

The Immigration and Nationality Act（US Code. Title8）349条

(a) 出生・帰化によることを問わずアメリカ合衆国国籍を持つ者は，アメリカ合衆国国籍を放棄する意思の下に，下記に該当する行為を行った場合，アメリカ合衆国国籍を喪失する。

1．外国籍に帰化した場合
2．外国政府，又はその外国の政府関係機関に対し宣誓をした場合
3．外国政府軍に入隊し，任務に従事した場合であって，下記に該当する場合
　(A) アメリカ合衆国に敵対する外国政府軍である場合，又は
　(B) 外国政府の軍人として従軍した場合
4．(A) 外国の国籍を有する場合，外国の政府の雇用を受けた場合，又は
　(B) 外国の政府の職位を受けるにあたり，その外国政府に対する忠誠の宣誓を行うことが求められる場合
5．アメリカ合衆国国外で，アメリカ合衆国国大使・アメリカ合衆国国領事の面前において正式にアメリカ合衆国国籍を離脱した場合
6．アメリカ合衆国国内でアメリカ合衆国国籍を正式に離脱した場合（厳格に，法に規定されている条件に限定される。）
7．反逆罪で有罪判決を受けた場合

3 国籍選択届（国籍法14条2項，戸籍法104条の2）

○ 届書類標準様式に関する昭59.11.1法務省民事局民二第5502通達による国籍選択届

国 籍 選 択 届	受理 平成　年　月　日 第　　　　　　号	発送 平成　年　月　日
平成　年　月　日届出	送付 平成　年　月　日 第　　　　　　号	長印
長殿	書類調査　戸籍記載　記載調査	

（よみかた） 国籍選択をする人の氏名	氏　　　　　名	年　月　日生
住　　　　所 （住民登録をしているところ）		番地 番　　号
	世帯主の氏名	
本　　　　籍		番地 番
	筆頭者の氏名	
現に有する外国の国籍		
国籍選択宣言	日本の国籍を選択し，外国の国籍を放棄します	
そ の 他		
届出人署名押印	印	

届　　出　　人

（国籍選択宣言をする人が十五歳未満のときに書いてください。届出人となる未成年後見人が3人以上のときは，ここに書くことができない未成年後見人について，その他欄又は別紙（様式任意。届出人全員の契印が必要）に書いてください。）

資　　　格	□親権者（□父　□養父）□未成年後見人	□親権者（□母　□養母）□未成年後見人
住　　　所	番地 番　　号	番地 番　　号
本　　　籍	番地　筆頭者 番　　の氏名	番地　筆頭者 番　　の氏名
署名押印	印	印
生年月日	年　　月　　日	年　　月　　日

43

第3 外国人の在留資格による入国と在留管理

　外国人とは，日本の国籍を有しない者をいう（入管法2条2号）。その在留資格は，入管法2条の2〈在留資格及び在留期間〉第2項により，別表第1（報道や投資・経営，留学・短期滞在など活動による分類），別表第2（永住者や日本人の配偶者など身分・地位による分類）に掲げられている。在留期間は，入管法2条の2第3項により，入管法施行規則（昭56.10.28省令54。昭57.1.1施行）3条〈在留期間〉で，その規則別表第2に掲げられている。

　入管法別表第1は，外交・公用・教授・芸術・宗教・報道の一の表から法務大臣が指定する五の表の特定活動まで，本邦において行おうとする活動によって在留資格を23種類に区分している。入管法別表第2は，身分・地位による在留資格であり，永住者（法務大臣が永住を認める者。ただし，入管法7条1項2号により新規入国の際には付与されない。），日本人の配偶者等（日本人の配偶者・特別養子または日本人の子として出生した者。したがって，普通養子は該当しない。），永住者の配偶者等（永住者・特別永住者の配偶者または永住者・特別永住者の子として本邦で出生しその後引き続き本邦に在留している者），定住者（法務大臣が特別な理由を考慮し一定の在留期間を指定して居住を認める者）の4種類に区分されている。これら27種類のどれかに該当しなければ，外国人は，上陸し在留できない（技術を必要としない単純労働を目的にする在留資格はなく，移住目的も該当する在留資格はない。）。

　入管法7条〈入国審査官の上陸審査〉1項2号により，別表第1の活動（技能実習の2号を除き，特定活動はその二のうち，「出入国管理及び難民認定法第7条第1項第2号の規定に基づき同法別表第1の五の表の下欄（ニに係る部分に限る。）に掲げる活動を定める件（平2.5.24告示131。6.1施行）」で定める活動に限る。）又は別表第2の身分・地位（永住者の地位を除き，定住者のうち定住者告示（平2.5.24告示132。6.1施行）で定めるものに限る。）に適合す

45

る者としての活動のいずれかに該当し，かつ，別表第1の二・四の表・五の表のロの活動にあっては，基準省令（平2．5．24省令16。6．1施行）に適合することが審査される。

　入管法別表第1の二の表，四の表，五の表（法務大臣が指定する特定活動ロ：情報処理機関の派遣労働者に限る。）に該当するものとして上陸するためには，日本の産業および国民生活への影響を勘案して定められた基準省令（「出入国管理及び難民認定法第7条第1項第2号の基準を定める省令（平2．5．24省令16。6．1施行）」）に適合することも，上陸許可の要件とされている（入管法7条1項2号）。

入管法7条1項2号
　申請に係る本邦において行おうとする活動が虚偽のものでなく，別表第1の下欄に掲げる活動（二の表の技能実習の項の下欄第2号に掲げる活動を除き，五の表の下欄（ニに係る部分に限る。）に掲げる活動については，法務大臣があらかじめ告示をもつて定める活動に限る。）又は別表第2の下欄に掲げる身分若しくは地位（永住者の項の下欄に掲げる地位を除き，定住者の項の下欄に掲げる地位については法務大臣があらかじめ告示をもつて定めるものに限る。）を有する者としての活動のいずれかに該当し，かつ，別表第1の二の表及び四の表の下欄並びに五の表の下欄（ロに係る部分に限る。）に掲げる活動を行おうとする者については我が国の産業及び国民生活に与える影響その他の事情を勘案して法務省令で定める基準に適合すること。

　また，上陸審査の際，技能実習（二の表の本邦において行うことができる活動の1号・2号のうちの1号に限定），特定活動（五の表のイ〜ニのうちのニのうち，法務大臣があらかじめ告示する活動に限定），定住者（法務大臣があらかじめ告示する地位に限定）は，在留資格の下欄に掲げる活動または地位に該当しても，表の（　）内の限定されたこと以外を目的に上陸申請すると上陸は許可されない。

　入管法別表第2に掲げられた4種類の在留資格は，身分または地位に該当すれば足り，該当基準の省令は定められていない。ただし，新規入国の場合，

外国人の在留資格と在留期間

1 活動に基づく在留資格（法別表第1）

(1) 在留資格に対応する就労活動ができるもの（就労資格）

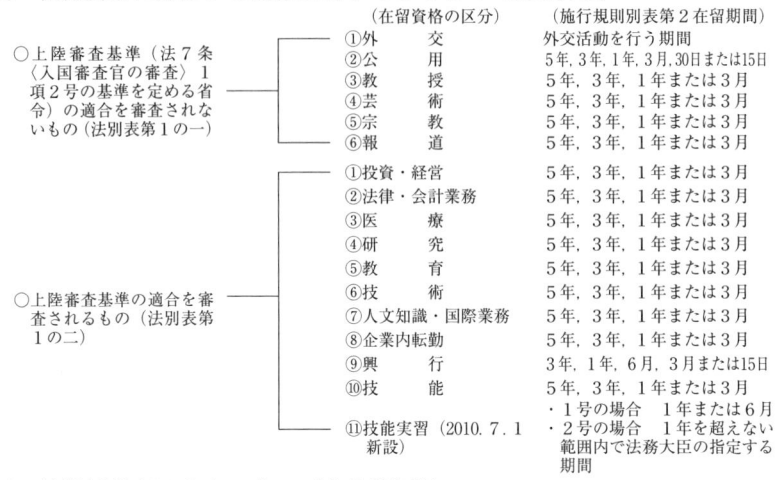

（在留資格の区分）　（施行規則別表第2在留期間）

○上陸審査基準（法7条〈入国審査官の審査〉1項2号の基準を定める省令）の適合を審査されないもの（法別表第1の一）
- ①外　　交　　外交活動を行う期間
- ②公　　用　　5年，3年，1年，3月，30日または15日
- ③教　　授　　5年，3年，1年または3月
- ④芸　　術　　5年，3年，1年または3月
- ⑤宗　　教　　5年，3年，1年または3月
- ⑥報　　道　　5年，3年，1年または3月

○上陸審査基準の適合を審査されるもの（法別表第1の二）
- ①投資・経営　5年，3年，1年または3月
- ②法律・会計業務　5年，3年，1年または3月
- ③医　　療　　5年，3年，1年または3月
- ④研　　究　　5年，3年，1年または3月
- ⑤教　　育　　5年，3年，1年または3月
- ⑥技　　術　　5年，3年，1年または3月
- ⑦人文知識・国際業務　5年，3年，1年または3月
- ⑧企業内転勤　5年，3年，1年または3月
- ⑨興　　行　　3年，1年，6月，3月または15日
- ⑩技　　能　　5年，3年，1年または3月
- ⑪技能実習（2010.7.1新設）
  - ・1号の場合　1年または6月
  - ・2号の場合　1年を超えない範囲内で法務大臣の指定する期間

(2) 就労活動ができないもの（非就労資格）

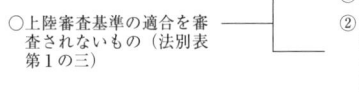

○上陸審査基準の適合を審査されないもの（法別表第1の三）
- ①収入を伴わない文化活動　3年，1年，6月または3月
- ②短期滞在（観光，保養，スポーツ，親族の訪問やこれらに類似する活動）　90日もしくは30日または15日以内の日を単位とする期間

○上陸審査基準の適合を審査されるもの（法別表第1の四）
- ①留学（就学は，2010.7.1留学に吸収）　4年3月，4年，3年3月，3年，2年3月，2年，1年3月，1年，6月または3月
- ②研　　修　　1年，6月または3月
- ③家族滞在　5年，4年3月，4年，3年3月，3年，2年3月，2年，1年3月，1年，6月または3月

(3) 法務大臣が特に指定するもの（法別表第1の五）

―――― 特定活動
- 指定される活動により異なる。
- ・イ・ロの場合　5年
- ・ハの場合　5年，4年，3年，2年，1年または3月
- ・法7条1項2号の告示　5年，3年，1年，6月または3月
- ・フィリピン・インドネシア・ベトナム人の看護または介護活動の場合　3年または1年
- ・上記以外　5年を超えない範囲内で法務大臣が指定する期間

2 身分・地位に基づく在留資格（法別表第2）（就労の制限なし）

- ①永　住　者　　無期限
- ②日本人の配偶者等　5年，3年，1年または6月
- ③永住者の配偶者等　5年，3年，1年または6月
- ④定　住　者　　5年，3年，1年または6月，5年を超えない範囲内で法務大臣が指定する期間

定住者告示（「出入国管理及び難民認定法第7条第1項2号の規定に基づき同法別表第2の定住者の項の下欄に掲げる地位を定める件（平2．5．24告示132）」）に該当しなければ，定住者の資格は付与されない（入管法7条1項2号）。なお，この告示に定める地位以外の地位であっても，在留資格の変更の許可（入管法20条，20条の2，67条），在留特別許可（入管法50条1項）などにおいて，法務大臣は，定住者の在留資格を付与できる。

在留資格を持たなくても，次の場合は，在留が認められる。

① 仮上陸の許可（入管法13条1項）
② 退去命令を受けた者が船舶等の運航の場合その他その者の責めに帰することができない事由により，一定の期間内に限り一定の指定された施設にとどまることを許された場合（入管法13条の2第1項）
③ 特例上陸の許可（日本に寄港した船舶の乗客が観光のため一時上陸しようとする場合や，日本を目的地としない外国人が日本で航空機を乗り換えるため一時的に上陸しようとする場合。入管法14条〈寄港地上陸〉1項または15条〈通過上陸〉1項により，査証なしで上陸を特例として入国審査官が許可できる。）
④ 日本の国籍を離脱した者または日本で生まれた者が，60日以内の期間，日本に残留する場合（入管法22条の2第1項）
⑤ 仮滞在の許可（入管法61条の2の4）

在留期間は更新でき（入管法21条1項），在留資格（在留期間を伴う。）は変更できる（入管法20条1項）。これらの手続は，省令（入管法施行規則）に定められており，法務省入国管理局は，「在留資格の変更，在留期間の更新許可のガイドライン」を公表している。

入管法19条〈活動の範囲〉2項は，「（別表第1の）表の下欄に掲げる活動の遂行を阻害しない範囲内で当該活動に属しない収入を伴う事業を運営する活動又は報酬を受ける活動を行うことを希望する旨の申請があつた場合において，相当と認めるときは，これを（法務大臣が）許可することができる。」と，資格外活動の許可を規定している。資格外活動が許可されると，「資格外活動許可書」が交付される。

(参考)

別記第29号様式（入管法施行規則19条関係）

日本国政府法務省

資 格 外 活 動 許 可 書

許可番号　　　　　号

1　国籍・地域＿＿＿＿＿＿　　2　氏　名＿＿＿＿＿＿＿＿＿＿
3　性別　　男・女　　　4　生年月日＿＿＿＿　年　　　月　　　日
5　住居地＿＿＿＿＿＿＿＿＿＿＿＿＿＿＿＿＿＿＿＿＿＿＿＿
6　旅券番号＿＿＿＿＿＿＿
7　上陸（在留）許可年月日＿＿＿＿　年　　　月　　　日
8　現に有する在留資格＿＿＿　在留期間＿＿＿　在留期間満了日＿＿　年　月　日
9　在留カード番号＿＿＿＿＿＿
10　現在の在留活動の内容（受入れ機関がある場合にはその名称）
＿＿＿＿＿＿＿＿＿＿＿＿＿＿＿＿＿＿＿＿＿＿＿＿＿＿＿＿＿＿

11　新たに許可された活動の内容

12　許可の期限＿＿＿＿＿　年　　　月　　　日まで

　出入国管理及び難民認定法第19条第2項の規定に基づき，上記の活動に従事することを許可します。
　ただし，上記の活動を行う際は，本許可書を携帯しなければなりません。

年　　月　　日
入　国　管　理　局　長

49

(参考)

別記第29号の6様式（入管法施行規則19条の4関係）

日本国政府法務省

番　号＿＿＿＿＿＿＿＿

就　労　資　格　証　明　書

氏　　名

国籍・地域

　　　　　　　　　　　　　　　　年　　　月　　　日生（男・女）

　　旅券番号

　　在留カード番号/特別永住者証明書番号

　　在留資格（在留期間）　　　　　　（　　　　　）

　上記の者は，本邦において下記の活動を行うことが認められていることを証明します。

記

◎　活動の内容

◎　就労することができる期限

　　　　　年　　　月　　　日　まで

　　　　　　　　　　　　　　　　　　　　　年　　月　　日
　　　　　　　　　　　　　　　　　　　　　入　国　管　理　局　長

（注）　本証明書の所持人の確認は，旅券または在留カード/特別永住者証明書により行ってください。

1 在留資格認定証明書（入管法7条の2）

　外国人が日本に入国し（領域に入り），上陸するためには，次の要件に適合することが必要とされる。
　　イ　有効な旅券を所持していること（入管法6条1項本文）
　　ロ　その旅券に日本の領事官等の査証を受けていること（入管法6条1項本文）
　　ハ　上陸目的に虚偽がなく，上陸目的が在留資格のいずれかに該当すること（入管法7条1項2号）
　　ニ　上陸の申請に係る在留期間が法務省令の規定に適合すること（入管法7条1項3号）
　　ホ　上陸拒否事由に該当しないこと（入管法5条）
　　ヘ　上陸申請時に指紋・顔写真の個人識別情報を提出すること（入管法6条3項）
　この場合，旅券には難民旅行証明書を含み，これには査証を必要としない（入管法6条1項）。査証は，外交・公用・就業・一般・通過・短期滞在・特定の7種類に区分され，それぞれに入国目的が特定されている。このため，例えば，短期滞在の査証を受けている外国人が留学目的で上陸申請しても許可されない（査証は外務省，上陸許可は法務省）。査証の発給を受けるには，旅券・申請書・顔写真のほかに入国目的を説明し証明する資料（日本人の配偶者の資格なら戸籍謄本または婚姻届の受理証明書）を海外の日本領事官等に提出しなければならない。ただ，入国目的（査証の種類）により，領事官等の判断によって査証を発給する（旅券に証印すること）ものと，本省経伺（けいし）という外務省に書類を送付し外務大臣の判断を求めて発給するものとがある。後者の場合，入国・滞在の可否を法務省に求める結果，月日を費やすため，法務大臣は，査証の申請の前に，入国目的が在留資格に該当し，基準省令に適合していることを認定した証明書を交付できる（入管法7条の2第1項）。
　これが，在留資格認定証明書である。外国人が，短期滞在以外の（入管法7条の2第1項本文で除かれている）在留資格で入国しようとする場合（移民

目的は在留資格にないので，証明書は交付されない。），本人（在日中に在留資格認定証明書の発給を受けて出国し，改めて査証を取り直して入国しようとする場合であり，外国からは申請できない。）または代理人（入管法施行規則6条の2に基づく別表第4に規定される在日の配偶者など親族・受入れ機関や企業など）が，居住地や所在地を管轄する地方入国管理局に交付申請する（入管法7条の2第1項・2項）。

交付申請には，交付申請書・顔写真・身元保証書（保証人は在日であれば国籍を問わず）のほか，申請する在留資格に応じて，入管法施行規則別表第3に規定された資料を提出しなければならない。別表第3の資料のほかに，申請に係る外国人の事情によっては，基準省令（「出入国管理及び難民認定法第7条第1項第2号の基準を定める省令」）の基準欄の事項を証明する資料を求められる。これにより，申請に係る在留資格が，その在留資格に含まれる活動または地位・身分に適合するか否かが認定されるのである。

交付された在留資格認定証明書（交付日から3か月が有効期間）は外国にいる外国人あてに送られ，これを添付して日本の在外領事官等に査証を申請することになる。その外国人は，上陸の際，査証印の押された旅券と在留資格認定証明書を提示して，上陸審査を受け，それは，事前に法務大臣が在留資格の該当性，基準省令の適合性を審査し認定した証明書なので，容易に上陸の許可が得られることになる。

ちなみに，在留資格証明書とは，特別の事情があって旅券の有効期間の延長が受けられない場合などに入国審査官が交付するもので，これに在留期間の更新の許可の証印が押されることになる。渡航証明書とは，旅券を所持できない無国籍者や未承認国の外国人に対し，日本の領事官等が日本入国のために発給するものである。

1　在留資格認定証明書（入管法7条の2）

（参考）
別記第6号の3様式（入管法施行規則6条の2関係）

（表）

申請人等作成用1　　　　　　　　　　　　　　　　　　　　　　　　日本国政府法務省

在 留 資 格 認 定 証 明 書 交 付 申 請 書

入国管理局長　殿

　出入国管理及び難民認定法第7条の2の規定に基づき、次のとおり同法第7条第1項第2号に掲げる条件に適合している旨の証明書の交付を申請します。

写　真

1　国籍・地域 _____　2　生年月日　　年　　月　　日

3　氏　名 _____

4　性　別　男・女　　5　出生地 _____　6　配偶者の有無　有・無

7　職　業 _____　8　本国における居住地 _____

9　日本における連絡先 _____
　　電話番号 _____　　　携帯電話番号 _____

10　旅券　（1）番号 _____　（2）有効期限　　年　　月　　日

11　入国目的（次のいずれか該当するものを選んでください。）
　　□I「教授」　□I「教育」　□J「芸術」　□J「文化活動」　□K「宗教」
　　□L「報道」　□L「企業内転勤」　　　　　　　　　　　　□M「投資・経営」
　　□N「研究（転勤）」　□N「研究」　□N「技術」　□N「人文知識・国際業務」
　　□N「技能」　□N「特定活動（イ・ロ）」　□O「興行」
　　□P「留学」　　　　　　　　　　　　　□Q「研修」　□Y「技能実習（1号）」
　　□R「家族滞在」　□R「特定活動（ハ）」　□R「特定活動（EPA家族）」
　　□T「日本人の配偶者等」　□T「永住者の配偶者等」　□T「定住者」　□U「その他」

12　入国予定年月日　　年　　月　　日　　13　上陸予定港 _____

14　滞在予定期間 _____　　15　同伴者の有無　　有・無

16　査証申請予定地 _____

17　過去の出入国歴　　有・無
　　（上記で『有』を選択した場合）
　　回数　　回　　直近の出入国歴　　年　月　日　から　　年　月　日

18　犯罪を理由とする処分を受けたことの有無（日本国外におけるものを含む。）
　　有（具体的内容 _____ ）・無

19　退去強制又は出国命令による出国の有無　　有・無
　　（上記で『有』を選択した場合）　回数　　回　　直近の送還歴　　年　月　日

20　在日親族（父・母・配偶者・子・兄弟姉妹など）及び同居者

続　柄	氏　　　名	生年月日	国籍・地域	同居予定	勤務先・通学先	在留カード番号 特別永住者証明書番号
				はい・いいえ		
				はい・いいえ		
				はい・いいえ		
				はい・いいえ		

（注）裏面参照の上，申請に必要な書類を作成して下さい。

53

申請人等作成用2　　P(「留学」)

21 通学先
　(1)名　称　_____

　(2)所在地　_____　　(3)電話番号　_____

22 修学年数（小学校〜最終学歴）　_____ 年

23 最終学歴（又は在学中の学校）
　(1)在籍状況　　□ 卒業　　　□ 在学中　　　□ 休学中　　　□ 中退

　　　□ 大学院（博士）　□ 大学院（修士）　□ 大学　　□ 短期大学　　□ 専門学校

　　　□ 高等学校　　□ 中学校　　□ その他（　　　　　　　　　　　　　）
　(2)学校名　_____　(3)卒業又は卒業見込み年月日　____年____月____日

24 日本語能力（専修学校又は各種学校において日本語教育以外の教育を受ける場合に記入）
　　□ 試験による証明
　　　(1)試験名　　　　　　　　　　　　　(2)級又は点数
　　　_____　　_____

　　□ 日本語教育を受けた教育機関及び期間
　　　機関名　_____

　　　期間：　　____年____月　から　____年____月　まで

　　　その他：
　　　_____

25 日本語学習歴（高等学校において教育を受ける場合に記入）

　　日本語の教育又は日本語による教育を受けた教育機関及び期間

　　　機関名　_____

　　　期間：　　____年____月　から　____年____月　まで

26 滞在費の支弁方法等
　(1)支弁方法及び月平均支弁額
　　□ 本人負担　_____ 円　　□ 外国からの送金　_____ 円

　　□ 外国からの携行　_____ 円

　　　（携行者　_____　携行時期　_____）

　　□ 在日経費支弁者負担　_____ 円　　□ 奨学金　_____ 円

　　□ その他　_____ 円

　(2)経費支弁者
　　　①氏　名　_____

　　　②住　所　_____　電話番号　_____

　　　③職業（勤務先の名称）　_____　電話番号　_____

　　　④年　収　_____ 円

申請人等作成用3　　P(「留学」)

(3) 申請人との関係（上記(1)で外国からの送金，外国からの携行又は在日経費支弁者負担を選択した場合に記入）

□夫　　□妻　　□父　　□母　　□祖父　　□祖母　　□養父　　□養母

□兄弟姉妹　　□叔父(伯父)・叔母(伯母)　　□受入教育機関　　□友人・知人

□友人・知人の親族　　□取引関係者・現地企業等職員

□取引関係者・現地企業等職員の親族　　□その他（　　　　　　）

(4) 奨学金支給機関（上記(1)で奨学金を選択した場合に記入）

□外国政府　　□日本国政府　　□地方自治体

□公益社団法人又は公益財団法人（　　　　　　）□その他（　　　　　　）

27　卒業後の予定

□帰国　　　　　　　　　　□日本での進学

□日本での就職　　　　　　□その他（　　　　　　　　　　　　　　　）

28　申請人，法定代理人，法第7条の2第2項に規定する代理人

(1) 氏　名 ＿＿＿＿＿＿＿＿＿＿＿＿　(2) 本人との関係 ＿＿＿＿＿＿＿＿＿

(3) 住　所 ＿＿＿＿＿＿＿＿＿＿＿＿＿＿＿＿＿＿＿＿＿＿＿＿＿＿＿＿

電話番号 ＿＿＿＿＿＿＿＿＿＿＿＿　携帯電話番号 ＿＿＿＿＿＿＿＿＿＿

以上の記載内容は事実と相違ありません。
申請人（代理人）の署名／申請書作成年月日

年　　　月　　　日

注意
申請書作成後申請までに記載内容に変更が生じた場合，申請人（代理人）が変更箇所を訂正し，署名すること。

※　取次者

(1) 氏　名 ＿＿＿＿＿＿＿＿＿＿　(2) 住　所 ＿＿＿＿＿＿＿＿＿＿＿＿＿

(3) 所属機関等　　　　　　　　　　　　　　　電話番号 ＿＿＿＿＿＿＿＿＿

(裏)

備　考

　申請人等作成用2から4，所属機関等作成用等1から4は，入国目的に従って，次の様式を使用してください。

	入　国　目　的	例	使用する申請書						
			申請人等作成用				所属機関等作成用等			
			1	2	3	4	1	2	3	4
1	大学等における研究の指導又は教育等	大学教授	○	I	—	—	I	—	—	—
	中学校，高等学校等における語学教育等	中学校の語学教師								
2	収入を伴う芸術上の活動	作曲家，写真家	○	J	—	—	J	—	—	—
	収入を伴わない学術・芸術上の活動又は日本特有の文化・技芸の研究・修得	茶道，柔道を修得しようとする者								
3	外国の宗教団体から派遣されて行う布教活動	司教，宣教師	○	K	—	—	K	—	—	—
4	外国の報道機関との契約に基づく報道上の活動	新聞記者，報道カメラマン	○	L	—	—	L	—	—	—
	日本にある事業所に期間を定めて転勤して研究活動に従事すること	外資系企業の研究者								
	日本にある事業所に期間を定めて転勤して専門的技術等を必要とする業務に従事すること	外資系企業の駐在員								
5	投資している事業の経営又は管理	外資系企業の社長，取締役	○	M	—	—	M	—	—	—
6	契約に基づき収入を伴う研究を行う活動	政府関係機関，企業の研究者	○	N	—	—	N	N	—	—
	自然科学の分野の専門的技術又は知識を必要とする業務に従事すること	機械工学等の技術者								
	人文科学等の分野の専門知識等を必要とする業務に従事すること	通訳，デザイナー								
	熟練した技能を要する業務に従事すること	外国料理の調理師，スポーツ指導者								
	特定の研究活動，研究事業活動，情報処理活動	指定された機関の研究者・情報処理技術者								
7	興行	歌手，モデル	○	O	O	O	—	—	—	—
8	技能実習	技能実習生	○	Y	—	—	Y	Y	Y	Y
9	勉学	留学生	○	P	P	—	P	P	—	—
10	研修	実務研修を行わない研修生，公的研修を行う研修生	○	Q	—	—	Q	Q	Q	—

11	商用・就職を目的とする者，文化活動又は留学の在留資格を有する者の扶養を受けること		○	R	—	—	R	—	—	—
	特定の研究活動等を行う者の扶養を受けること									
	EPA看護師又は介護福祉士としての活動を行う者の扶養を受けること									
12	日本人，永住者等との婚姻関係，親子関係等に基づく本邦での居住	日本人の配偶者	○	T	T	—	—	—	—	—
13	上記以外の目的	外交，公用，弁護士，公認会計士，医師，家事使用人，ワーキング・ホリデー，アマチュアスポーツ選手，インターンシップ，EPA看護師，介護福祉士	○	U	U	—	U	U	—	—

　在留資格認定証明書交付申請書の11の入国目的をみると，例えば，P「留学」は，入管法別表第1の四の表に掲げられる在留資格であり，入管法19条〈活動の範囲〉1項2号により収入を伴う事業を運営をする活動または報酬を受ける活動を行ってはならず，入管法7条1項2号により，基準省令に適合することが認定要件になっている。

（参考）
別表第1の四の表のうちの留学に係る在留資格認定基準
別表第1の四の表（留学，研修，家族滞在）
　本邦において行うことができる活動について基準省令が定められ，上陸にあたっては同基準省令に定める基準に適合することを要する。
　各在留資格に定める「本邦において行うことができる活動」以外の収益活動を行う場合には，資格外活動の許可を受けなければならない。ただし，「研修」については，研修に専念させるため，資格外活動は許可しない取扱いとされている。
　在留資格「留学」
　　可能な活動　本邦の大学，高等専門学校，高等学校（中等教育学校の後期課程を含む。）もしくは特別支援学校の高等部，専修学校もしくは各種学校または設備および編制に関してこれらに準ずる機関において教育を受ける活動

基準省令
一　申請人が次のいずれかに該当していること。
　　イ　申請人が本邦の大学若しくはこれに準ずる機関，専修学校の専門課程，外国において12年の学校教育を修了した者に対して本邦の大学に入学するための教育を行う機関又は高等専門学校に入学して教育を受けること（専ら夜間通学して又は通信により教育を受ける場合を除く。）。
　　ロ　申請人が本邦の大学に入学して，当該大学の夜間において授業を行う大学院の研究科（当該大学が当該研究科において教育を受ける外国人の出席状況及び法第19条第1項の規定の遵守状況を十分に管理する体制を整備している場合に限る。）において専ら夜間通学して教育を受けること。
　　ハ　申請人が本邦の高等学校（定時制を除き，中等教育学校の後期課程を含む。以下この項において同じ。）若しくは特別支援学校の高等部，専修学校の高等課程若しくは一般課程又は各種学校若しくは設備及び編制に関してこれに準ずる教育機関に入学して教育を受けること（専ら夜間通学して又は通信により教育を受ける場合を除く。）。
二　申請人がその本邦に在留する期間中の生活に要する費用を支弁する十分な資産，奨学金その他の手段を有すること。ただし，申請人以外の者が申請人の生活費用を支弁する場合は，この限りでない。
三　申請人が専ら聴講による教育を受ける研究生又は聴講生として教育を受ける場合は，第一号イ又はロに該当し，当該教育を受ける教育機関が行う入学選考に基づいて入学の許可を受け，かつ，当該教育機関において1週間につき10時間以上聴講をすること。
四　申請人が高等学校において教育を受けようとする場合は，年齢が20歳以下であり，かつ，教育機関において1年以上の日本語の教育又は日本語による教育を受けていること。ただし，我が国の国若しくは地方公共団体の機関，独立行政法人，国立大学法人，学校法人，公益社団法人又は公益財団法人の策定した学生交換計画その他これに準ずる国際交流計画に基づき生徒として受け入れられて教育を受けようとする場合は，この限りでない。
五　申請人が専修学校又は各種学校において教育を受けようとする場合（専ら日本語の教育を受けようとする場合を除く。）は，次のいずれにも該当していること。ただし，申請人が外国から相当数の外国人を入学させて初等教育又は中等教育を外国語により施すことを目的として設立された教育機関において教育を受ける活動に従事する場合は，イに該当することを要しない。
　　イ　申請人が外国人に対する日本語教育を行う教育機関（以下「日本語教育機

関」という。）で法務大臣が告示をもって定めるものにおいて6か月以上の日本語の教育を受けた者，専修学校若しくは各種学校において教育を受けるに足りる日本語能力を試験により証明された者又は学校教育法第1条に規定する学校（幼稚園を除く。）において1年以上の教育を受けた者であること。
　　ロ　申請人が教育を受けようとする教育機関に外国人学生の生活の指導を担当する常勤の職員が置かれていること。
六　申請人が専修学校，各種学校又は設備及び編制に関して各種学校に準ずる教育機関において専ら日本語の教育を受けようとする場合は，当該教育機関が法務大臣が告示をもって定める日本語教育機関であること。
七　申請人が外国において12年の学校教育を修了した者に対して本邦の大学に入学するための教育を行う機関において教育を受けようとする場合は，当該機関が法務大臣が告示をもって定めるものであること。
八　申請人が設備及び編制に関して各種学校に準ずる教育機関において教育を受けようとする場合（専ら日本語の教育を受けようとする場合を除く。）は，当該教育機関が法務大臣が告示をもって定めるものであること。

別記第6号の4様式（入管法施行規則6条の2関係）

(表)

在 留 資 格 認 定 証 明 書

日本国政府法務省

番号No.

氏　名		性別　男　女	写真
国籍・地域	生年月日	年　月　日	
日本での職業及び勤務（通学）先等			

　　上記の者は，次の在留資格に関して出入国管理及び難民認定法第7条第1項第2号に掲げる上陸のための条件に適合していることを証明します。

在留資格

　　　　　　　　　　　　　　　　　　　　　　　年　　月　　日
　　　　　　　　　　　　　　　　　　　　入　国　管　理　局　長

(注意)
1　本証明書は，上陸の許可そのものではなく，本証明書を所持していても，在外公館において査証を取得していなければ上陸を許可されません。
2　本証明書は，上記の年月日から3月以内に査証と共に入国審査官に提出して上陸の申請を行わないときは，効力を失います。
3　本証明書は，上陸の許可を保証するものではなく，他の上陸のための条件に適合しない場合又は事情の変更があった場合は上陸を許可されないことがあります。

2 査証の免除

　本邦に上陸しようとする外国人（乗員を除く。）は，有効な旅券で日本国領事官等（大使，公使または領事）の査証を受けたものを所持しなければならない（入管法6条1項本文）。ただし，国際約束もしくは日本国政府が外国政府に対して行った通告より日本国領事官等の査証を必要としないこととされている外国人の旅券，入管法26条1項の規定〈再入国の許可〉により再入国の許可を受けている者（26条の2第1項の規定〈みなし再入国許可〉により再入国の許可を受けたものとみなされる者を含む。）の旅券または同法61条の2の12第1項の規定〈難民旅行証明書〉により難民旅行証明書の交付を受けている者のその証明書には，日本国領事官等の査証を要しない（入管法6条〈上陸の申請〉1項ただし書）。

　つまり，日本に上陸しようとする（上陸とは領土内に足を踏み入れること，入国は領海または領空に入ることをいう。）外国人は，その外国政府が発行するパスポートを取得し，そのパスポートに，その外国に在る日本国領事官等からビザ（査証）を受けて入国を許可されたことを証明するスタンプ（証印）を押してもらわなければならない。ただし，日本と外国との間で互いに査証免除の協定が締結されている場合には，査証を受ける必要がない。例えば，「日本国政府とグレート・ブリテン及び北部アイルランド連合王国政府との間の旅券査証の相互免除に関する取極（昭37.11.24外務省告示231，1962.12.2発効）」は，「有効な日本国旅券を所持する日本国民は，事前に査証を取得することを必要とすることなく，いずれの場所からも，グレート・ブリテン及び北部アイルランド連合王国，チャネル諸島及びマン島に自由に旅行することができる」，「有効な旅券を所持する英連邦市民は，事前に査証を取得することを必要とすることなく，継続して6箇月をこえない滞在のため，いずれの場所からも，日本国に自由に旅行することができる。もっとも，それらの者の日本国への入国の目的が，就職し，自由職業若しくは他の生業を営み又は報酬を得る目的で芸能（スポーツを含む）に従事することにあるときは，それらの者は，事前に査証を取得することを要求される。」と取り決めてい

る。

　このように，観光など短期間の滞在で，かつ，報酬を受ける活動に従事しないことが，査証免除の基本条件となっている。ただ，協定や取決めといった国際約束または各国政府の外国政府に対する通告などにより，査証免除の対象・範囲は一様でなく，同じ外国人であっても国籍によって自由度が異なっている。

　なお，国際約束・通告の当事国にならない台湾は，特別立法により日本は査証を免除している。その特例法とは，「出入国管理及び難民認定法第2条第5号ロの旅券を所持する外国人の上陸申請の特例に関する法律」である。また，台湾の護照（旅券）は，平成10（1998）年の入管法改正により，入管法2条〈定義〉5号〈旅券〉にロの文書（政令で定める地域の権限のある機関の発行したイに掲げる文書（注：承認国と日本が発行した文書）に相当する文書）が加えられ，平10年政令第178号で台湾が指定されたことから，有効な旅券として取り扱われている。未承認国の朝鮮民主主義人民共和国の旅券は，入管法2条5号のイ・ロに該当しないため，渡航証明書が発給されない限り，その国民は日本に入国できない。

○　**昭和63年外務省告示565号（日本国政府とアメリカ合衆国政府との間の一部査証の相互免除に関する口上書）**（昭63.11.14外務省告示565号）
　　昭和63年10月18日に東京で，一部査証の相互免除に関する次の口上書の交換がアメリカ合衆国政府との間に行われ，同口上書にいう措置は，昭和63年12月15日から実施される。
　　　（日本国外務省から在京米国大使館あての口上書）
　　　　　　口　上　書
　　外務省は，在本邦アメリカ合衆国大使館に敬意を表するとともに，10月18日付同大使館発外務省宛口上書第744号に言及し，日本国政府が日本国に入国することを希望するアメリカ合衆国国民に対する査証の免除に関し，1988年12月15日から次の措置をとる用意を有することを同大使館に通報する光栄を有する。
　(1)　有効なアメリカ合衆国旅券を所持するアメリカ合衆国国民であつて，継続して90日をこえない期間滞在する意図をもつて日本国への入国を希望するものは，査証を取得することなく，日本国に入国することができる。

(2) (1)の規定に基づく査証の要件の免除は，アメリカ合衆国国民であつて，報道機関の活動に従事する目的をもつて日本国に入国することを希望するもの，又はアメリカ合衆国国民であつて，就職し，永住し，自由職業若しくは他の生業を営み，若しくは報酬を得る目的で芸能（スポーツを含む）に従事する意図をもつて日本国に入国することを希望するものについては，適用しない。

(3) (1)の規定に基づく査証の要件の免除は，日本国に入国するアメリカ合衆国国民に対し，外国人の入国，滞在，居住，出国及びその他管理に関する日本国の法令に服する義務を免除するものではない。

(4) 日本国政府は，好ましくないと認めるアメリカ合衆国国民に対し，日本国に入国し又は滞在することを拒否する権利を留保する。

(5) 日本国政府は，公の政策上の理由により前記の規定の全部又は一部を一時的に停止することができる。このような停止は，外交上の経路を通じてアメリカ合衆国政府に直ちに通告する。

(6) 日本国政府は，合衆国移民・国籍法第217条により認められた査証免除パイロット・プログラムに関連し，アメリカ合衆国政府が同プログラムに基づく日本国国民に対する査証免除措置を終了させるときには，相互主義に基づき，前記の諸規定を終了させることができる。

　　1988年10月18日に東京で

　　（在京米国大使館から日本国外務省あての口上書）

（訳文）

　　　　口　上　書

　アメリカ合衆国大使館は，外務省に敬意を表するとともに，移民・国籍法第217条により認められた非移民査証免除パイロット・プログラムが，日本国民であつて日本国旅券を所持する者に対し，1988年12月15日より適用される旨同省に通報する光栄を有する。同プログラムは，日本国政府が同様の査証免除を行うことを条件として，日本国民であつて次に該当する者に対し，自発的に適用される。

A　90日をこえない期間，商用又は娯楽を目的とする一時的訪問者として入国を希望する者

B　必要とされる所定の書式に記入した者

C　関係法令に従つて審査され及び入国を許可される者

D　次に掲げる譲渡不可の往復運送切符を所有する者

　(1)　少なくとも１年の期間，有効であるもの

　(2)　発行された国又は当該外国人の国籍国若しくは居住国以外において償還

不可であるもの
　(3)　関係当局との間の取決めを締結している運送業者により発行されたものであつて，旅行者の訪問を終了時に，当該外国人を合衆国の外に運送することを保証するもの
　E　合衆国の福祉，衛生，安全，又は公安に対する脅威とならないと決定された者
　F　以前にこのプログラムに基づき無査証で入国を許可された者の場合には，非移民旅行者としての以前の入国許可条件を満たしている者
　このパイロット・プログラムは，1991年9月30日まで効力を有する。アメリカ合衆国政府は同プログラムの終了又は新たなプログラムによる引継ぎがなされるときの2箇月前に，その旨を書面により通告するものとする。
　このプログラムの適用上，合衆国とは合衆国本土，アラスカ，ハワイ，プエルトリコ，グアム及びヴァージン諸島をいう。
　アメリカ合衆国大使館は，以上を申し進めるに際し，ここに重ねて外務省に向かつて敬意を表する。
　1988年10月18日に東京で

3　特別永住者証明書（入管特例法7条1項）

　韓国併合から（1910．8．29併合の詔勅で韓国を朝鮮に改称），韓国人は大日本帝国臣民になった。ただ，日本を占領したGHQは，日本に在留する韓国人を非日本人・解放国民とし，外国人登録令も（昭22．5．2勅令207，即日施行），在日韓国人および台湾人を外国人とみなすこととし，外国人登録証の国籍欄には，朝鮮などと出身地が記入された。
　日本国籍を失い，外国人として在留するものにされたため，「ポツダム宣言の受諾に伴い発する命令に関する件に基く外務省関係諸命令の措置に関する法律（昭和27年法律126号）」により，その2条6項（入管特例法附則10条で削除）該当者（在日韓国・朝鮮人および台湾人）は，「別に法律で定めるところによりその者の在留資格及び在留期間が決定されるまでの間，引き続き在留資格を有することなく本邦に在留することができる。」とされた。
　大韓民国（1948．8．15）と朝鮮民主主義人民共和国（1948．9．9）が樹立さ

れ，連合国と日本国の間の戦争状態の存在の結果として今なお未決である問題を解決するため，「日本国との平和条約及び関係文書（1952．4．28条約5号 同日午後10時30分発効）」を締結した。

この平和条約2章〈領域〉2条〈請求権の放棄〉ａ項で，「日本国は，朝鮮の独立を承認して，済州島，巨文島及び欝陵島を含む朝鮮に対するすべての権利，権原及び請求権を放棄する。」，同じく，ｂ項では，「日本国は，台湾及び澎湖諸島に対するすべての権利，権原及び請求権を放棄する。」と，植民地にしていた朝鮮と台湾に対する日本国の権限を放棄した。このため，朝鮮人や台湾人が仮に外国人なら外国人とみなす権限も無くなり，本人の意思とは係わりなく日本国籍から離脱することになった。

○ 平和条約の発効に伴う朝鮮人，台湾人等に関する国籍及び戸籍事務の処理
（昭和27年4月19日付民事甲第438号通達）

近く平和条約（以下単に条約という。）の発効に伴い，国籍及び戸籍事務に関しては，左記によって処理されることとなるので，これを御了知の上，その取扱に遺憾のないよう貴管下各支局及び市区町村に周知方取り計らわれたい。

記

第一，朝鮮及び台湾関係
　㈠　朝鮮及び台湾は，条約の発効の日から日本国の領土から分離することとなるので，これに伴い，朝鮮人及び台湾人は，内地に在住している者を含めてすべて日本の国籍を喪失する。
　㈡　もと朝鮮人又は台湾人であつた者でも，条約の発効前に内地人との婚姻，縁組等の身分行為により内地の戸籍に入籍すべき事由の生じたものは，内地人であつて，条約発効後も何らの手続を要することなく，引き続き日本の国籍を保有する。
　㈢　もと内地人であつた者でも，条約の発効前に朝鮮人又は台湾人との婚姻，養子縁組等の身分行為により内地の戸籍から除籍せらるべき事由の生じたものは，朝鮮人又は台湾人であつて，条約発効とともに日本の国籍を喪失する。
　　なお，右の者については，その者が除かれた戸籍又は除籍に国籍喪失の記載をする必要はない。

㈣　条約発効後は，縁組，婚姻，離縁，離婚等の身分行為によつて直ちに内地人が内地戸籍から朝鮮若しくは台湾の戸籍に入り，又は朝鮮人及び台湾人が右の届出によつて直ちに同地の戸籍から内地戸籍に入ることができた従前の取扱は認められないこととなる。

㈤　条約発効後に，朝鮮人及び台湾人が日本の国籍を取得するには，一般の外国人と同様，もつぱら国籍法の規定による帰化の手続によることを要する。

　なお，右帰化の場合，朝鮮人及び台湾人（㈢において述べた元内地人を除く。）は，国籍法第5条第2号の「日本国民であつた者」及び第6条第4号の「日本の国籍を失つた者」に該当しない。

第二，樺太及び千島関係

　樺太及び千島も，条約発効とともに日本国の領土から分離されることとなるが，これらの地域に本籍を有する者は条約の発効によつて日本の国籍を喪失しないことは勿論である。

　ただこれらの者は，条約発効後は同地域が日本国の領土外となる結果本籍を有しない者となるので戸籍法による就籍の手続をする必要がある。

第三，北緯29度以南の南西諸島，小笠原諸島，硫黄列島及び南鳥島関係

　標記の諸島の地域に本籍を有する者は，条約の発効後も日本国籍を喪失するのでないことはもとより，同地域に引き続き本籍を有することができる。

　右諸島のうち，沖縄その他北緯29度以南の南西諸島に本籍を有する者の戸籍事務は，条約発効後も従前通り福岡法務局の支局である沖縄奄美大島関係戸籍事務所で取り扱われ，また，小笠原諸島，硫黄列島及び南鳥島に本籍を有する者の戸籍事務については，条約発効の日から東京法務局の出張所として小笠原関係戸籍事務所が設置され，同事務所において取り扱われることとなる（本月14日附民事甲第416号本官通達参照。）。

　次いで，国交を回復した日韓基本条約（1965.12.18発効）に基づく，「日本国に居住する大韓民国国民の法的地位及び待遇に関する日本国と大韓民国との間の協定（1966.1.17発効）」（日韓法的地位協定）の実施に伴う日韓特別法（入管特例法附則6条で廃止された昭和40年法律146）は，1945年8月15日以前から申請の時まで引き続き日本国に居住している者およびその直系卑属として1945年8月16日以後この協定の効力発生の日から5年以内に日本国に出生し，その後，申請の時まで引き続き日本国に居住している者については，申請に

より永住権が付与されると定めた。ちなみに，日韓特別法は，「日本国に居住する大韓民国国民の法的地位及び待遇に関する日本国と大韓民国との間の協定の実施に伴う出入国管理特別法」の略称であり，本法により永住権が付与された者を協定永住者と呼んだ。

さらに，入管法の昭和56年改正法附則9条（入管特例法により削除）により，旧昭和27年法律126号2条6項該当者とその子について，1982年から5年間に限り，申請により無条件で永住が許可された（特例永住者という。）。この特例永住者や協定永住者を特別永住者として一本化したのが，入管特例法である（1991.1.1施行）。本法は，日韓法的地位協定に基づく協議の結果に関する覚書（1991.1.10）に基づいている。なお，中国大陸出身者は，台湾出身者や朝鮮半島出身者と異なり，入管特例法は適用されない。

○ 入管特例法2条
（定　義）
第2条　この法律において「平和条約国籍離脱者」とは，日本国との平和条約の規定に基づき同条約の最初の効力発生の日（以下「平和条約発効日」という。）において日本の国籍を離脱した者で，次の各号の一に該当するものをいう。
　一　昭和20年9月2日以前から引き続き本邦に在留する者
　二　昭和20年9月3日から平和条約発効日までの間に本邦で出生し，その後引き続き本邦に在留する者であって，その実親である父又は母が，昭和20年9月2日以前から当該出生の時（当該出生前に死亡したときは，当該死亡の時）まで引き続き本邦に在留し，かつ，次のイ又はロに該当する者であったもの
　　イ　日本国との平和条約の規定に基づき平和条約発効日において日本の国籍を離脱した者
　　ロ　平和条約発効日までに死亡し又は当該出生の時後平和条約発効日までに日本の国籍を喪失した者であって，当該死亡又は喪失がなかったとしたならば日本国との平和条約の規定に基づき平和条約発効日において日本の国籍を離脱したこととなるもの
2　この法律において「平和条約国籍離脱者の子孫」とは，平和条約国籍離脱者の直系卑属として本邦で出生しその後引き続き本邦に在留する者で，次の各号の一に該当するものをいう。
　一　平和条約国籍離脱者の子

二　前号に掲げる者のほか，当該在留する者から当該平和条約国籍離脱者の孫にさかのぼるすべての世代の者（当該在留する者が当該平和条約国籍離脱者の孫であるときは，当該孫。以下この号において同じ。）について，その父又は母が，平和条約国籍離脱者の直系卑属として本邦で出生し，その後当該世代の者の出生の時（当該出生前に死亡したときは，当該死亡の時）まで引き続き本邦に在留していた者であったもの

　平和条約国籍離脱者とその子孫の人々に対する特例を定めた入管特例法（「日本国との平和条約に基づき日本の国籍を離脱した者等の出入国管理に関する特例法（平3．5．10法71，11．1施行）」）は，3条の法定特別永住者に加え（外国人として）出生（在留資格を失う）その他の事由により在留資格の無いままに在留することになる平和条約国籍離脱者の子孫で，法務大臣から特別永住を許可された人（入管特例法4条1項）も特別永住者に該当させている（同条2項は事由発生日から60日以内に許可の申請をしたときは，許可すると規定している。）。

○　入管特例法
（法定特別永住者）
第3条　平和条約国籍離脱者又は平和条約国籍離脱者の子孫でこの法律の施行の際次の各号の一に該当しているものは，この法律に定める特別永住者として，本邦で永住することができる。
一　次のいずれかに該当する者
　イ　附則第10条の規定による改正前のポツダム宣言の受諾に伴い発する命令に関する件に基く外務省関係諸命令の措置に関する法律（昭和27年法律第126号）（以下「旧昭和27年法律第126号」という。）第2条第6項の規定により在留する者
　ロ　附則第6条の規定による廃止前の日本国に居住する大韓民国国民の法的地位及び待遇に関する日本国と大韓民国との間の協定の実施に伴う出入国管理特別法（昭和40年法律第146号）（以下「旧日韓特別法」という。）に基づく永住の許可を受けている者
　ハ　附則第7条の規定による改正前の入管法（以下「旧入管法」という。）別表第2の上欄の永住者の在留資格をもって在留する者

二　旧入管法　別表第2の上欄の平和条約関連国籍離脱者の子の在留資格をもって在留する者

　入管特例法において，平和条約国籍離脱者とは，①1945年9月2日（アメリカ合衆国軍艦ミズーリ号上で降伏文書に調印）以前から引き続き本邦に在留する朝鮮半島・台湾出身者で，平和条約発行の日（1952.4.28）において日本の国籍を離脱したもの（入管特例法2条1項1号），②1945年9月3日から1952年4月28日までの間に①の子として本邦で出生し，その後も引き続き本邦に在留する者で，平和条約発効の日に日本国籍を離脱したもの（入管特例法2条1項2号）をいう。

　なお，平和条約国籍離脱者の子孫とは，①平和条約国籍離脱者の子として1952年4月28日以降，本邦で出生し，その後引き続き本邦に在留する者（入管特例法2条2項1号），②平和条約国籍離脱者の直系卑属として本邦で出生した孫以降の世代の者で，出生後引き続き本邦に在留するもの（入管特例法2条2項2号）をいう。

　入管特例法施行の日（平3.11.1）以降に日本で出生した平和条約国籍離脱者の子孫は，出生の日から60日以内に法務省令で定めるところにより居住地の市区町村長を通じて法務大臣に特別永住の許可を申請すれば，許可・不許可の判断をすることなく羈束的に法務大臣は永住を許可する（入管特例法4条2項）。市区町村長は，申請に係る居住地に居住しているかどうか，提出書類の成立が真正であるかどうかを審査した上，これらの書類を法務大臣に送付しなければならない（入管特例法4条3項・4項）。これによる特別永住許可書は，法務大臣から市区町村長を経由して交付される（入管特例法6条1項）。また，入管法別表第2の在留資格で（永住者を除く）在留する平和条約国籍離脱者またはその子孫は，法務大臣の許可により，特別永住者として永住でき（入管特例法5条1項），この許可の申請は，法務大臣に特別永住許可申請書（入管特例法施行規則別記第2号様式）を提出して行う（入管特例法5条3項）。この場合，特別永住許可書は，法務大臣が入国審査官に交付させる（入管特例法6条2項）。

○　入管特例法
（特別永住許可）
第4条　平和条約国籍離脱者の子孫で出生その他の事由により入管法第3章に規定する上陸の手続を経ることなく本法に在留することとなるものは，法務大臣の許可を受けて，この法律に定める特別永住者として，本法で永住することができる。
2　法務大臣は，前項に規定する者が，当該出生その他の事由が生じた日から60日以内に同項の許可の申請をしたときは，これを許可するものとする。
3　第1項の許可の申請は，居住地の市町村（東京都の特別区の存する区域及び地方自治法（昭和22年法律第67号）第252条の19第1項の指定都市にあっては，区。以下同じ。）の事務所に自ら出頭し，当該市町村の長に，法務省令で定めるところにより，特別永住許可申請書その他の書類及び写真を提出して行わなければならない。ただし，16歳に満たない者については，写真を提出することを要しない。
4　16歳に満たない者についての第1項の許可の申請は，親権を行う者又は未成年後見人が代わってしなければならない。
5　第3項の場合において，申請をしようとする者が疾病その他身体の故障により出頭することができないときは，法務省令で定めるところにより，代理人を出頭させることができる。
6　市町村の長は，第3項の書類及び写真の提出があったときは，第1項の許可を受けようとする者が申請に係る居住地に居住しているかどうか，及び提出された書類の成立が真正であるかどうかを審査した上，これらの書類（法務省令で定める書類を除く。）及び写真を，法務大臣に送付しなければならない。

○　入管特例法施行規則（平成3年10月14日法務省令第27号）
（法第4条の許可の申請書類等）
第4条　日本国との平和条約に基づき日本の国籍を離脱した者等の出入国管理に関する特例法（平成3年法律第71号。以下「法」という。）第4条第3項に規定する申請は，次に掲げる書類を提出して行わなければならない。
一　別記第1号様式による特別永住許可申請書1通
二　写真（申請の日前3月以内に撮影されたもので別表第1に定める要件を満たしたものとし，かつ，裏面に氏名を記入したものとする。次条第1項，第7条第1項，第8条第1項，第9条第1項並びに第10条第1項及び第2項において同じ。）1葉

三　本邦で出生したことを証する書類
四　出生以外の事由により本邦に在留することとなった者にあっては，当該事由を証する書類
五　平和条約国籍離脱者の子孫であることを証する書類
2　16歳に満たない者について前項の申請をする場合は，写真の提出を要しない。

○　**別記第１号様式（入管特例法施行規則１条関係）**

日本国政府法務省

特 別 永 住 許 可 申 請 書　　　写　　真

法 務 大 臣 殿

1　国籍・地域 _____
2　氏　名 _____
3　性別　男・女　4　生年月日 _____ 年 ___ 月 ___ 日
5　出生地 _____
6　居住地 _____
7　電話番号 _____
8　父及び母の身分事項

続　　　柄	父	母
氏　　　名		
生 年 月 日	年　月　日	年　月　日
国 籍 ・ 地 域		
特別永住者証明書番号又は在留カード番号		
在 留 の 資 格		

申請人署名 _____

申請年月日
　　年　　月　　日

市区町村審査欄	受理年月日　受理番号	年　月　日	第　　　　号
	申　請　事　由	1　出生　2　日本国籍離脱・喪失 3　その他（　　　　　　　　　　）	
	代理申請事由	1　16歳未満　2　その他（　　　　　）	
		市区町村長名及び職印	

○ 別記第4号様式（入管特例法施行規則4条関係）

(表)

特別永住者証明書	
日本国政府	番号
氏名	
生年月日　年　月　日　　性別	
国籍・地域	写　真
住居地	
この証明書は　　年　月　日まで有効　です。	法務大臣 ㊞

(裏)

住居地記載欄	
届出年月日	住居地
交付年月日	年　月　日

（注）　縦54.0ミリメートル，横85.6ミリメートルとする。

入管法・入管特例法の一部を改正する法律（平21.7.15法79，平24.7.9施行）4条により外国人登録法が廃止され（平24.7.9），外国人登録証明書は廃止された。特別永住者には特別永住者証明書，中長期在留者には在留カードが交付されることになった。外国人登録証明書を交付されていた（平24.7.9前）特別永住者は，その外国人登録証明書が特別永住者証明書とみなされ（平21.7.15法79附則28条1項），その有効期間は，原則，旧外国人登録法に基づく次回の切替えの申請の始期までとなる（同附則28条2項）。もちろん，自らの希望により特別永住者証明書は交付され（入管特例法7条1項），入管特例法で義務づけられた届出・申請の際にも，外国人登録証明書は特別永住者証明書に切り替えられる。

平21.7.15法79により，入管特例法に，7条〈特別永住者証明書の交付〉・8条〈記載事項等〉・9条〈有効期間〉・10条〈住居地の届出〉・11条〈住居地以外の記載事項の変更届出〉・12条〈有効期間の更新〉・13条〈紛失等による再交付〉・14条〈汚損等による再交付〉・15条〈失効〉・16条〈返納〉・17条〈受領および提示の義務〉・18条〈本人の出頭義務，16歳未満の親権者または未成年後見人の代行義務〉・19条〈その他の出頭義務と代行義務〉の13条並びに26条から34条までに〈罰則〉と〈過料〉の規定が追加された。

法務大臣は，入管特例法4条1項の許可をしたときは（4条1項の許可は，出生その他の事由が発生した日から60日以内に申請したときに（4条2項），これを法務大臣が許可する場合，特別永住許可書を交付することによって（6条1項）行われる。），居住地の市区町村長を経由して特別永住者証明書を交付する（7条2項）。交付されていた特別永住許可書は，この特別永住者証明書の交付により切り替えられることになる。

特別永住者証明書の有効期間の更新は，有効期間の満了日までに（満了日が16歳の誕生日とされているときは，6か月前まで，又は交付後の7回目の誕生日まで），市区町村長を経由して法務大臣に申請する（入管特例法12条1項）。住居地の記載のない特別永住者証明書の交付を受けた者は，住居地を定めた日から（入管特例法10条1項），又は住居地を変更したときは（同条2項），新住居地に移転した日から，いずれも14日以内に新たな住居地の市区町村長を経

由して法務大臣に届け出なければならない。

　これらの場合，住基法30条の46〈住所を定めた場合の転入届の特例〉の届出は，入管特例法10条1項による届出とみなされ（入管特例法10条4項），住基法22条〈転入届〉・23条〈転居届〉又は30条の46の届出（入管特例法10条1項に規定する特別永住者を除く。）は，入管特例法10条2項による届出とみなされる（入管特例法10条5項）。みなす規定が適用されるには，特別永住者証明書を提出しての届出でなければならない。

　住居地以外の記載事項に変更が生じたときは，14日以内に，市区町村長を経由して，法務大臣に届け出なければならず（入管特例法11条1項），この届出を受けた法務大臣は，市区町村長を経由して新たな特別永住者証明書を交付する（入管特例法11条2項）。

（参考）法務省出入国管理局広報資料

「特別永住者証明書」が交付されます

・「外国人登録証明書」が廃止され，「特別永住者証明書」が交付されます。
　＊原則として，交付される場所は従来どおり市区町村の窓口です。
　※市区町村の窓口へ住居地に関する届出にお越しの際は，必ず特別永住者証明書を持参してください。

・特別永住者証明書の交付対象となる方は，改正された住民基本台帳法に基づき，お住まいの市区町村で住民票が作成されますので，これまでの登録原票記載事項証明書に代わる証明書として，市区町村の窓口で住民票の写しを受けることができるようになります。

再入国許可の制度が変わります

○「みなし再入国許可」が導入されます

　有効な旅券及び特別永住者証明書を所持する特別永住者の方が，出国の際に，出国後2年以内に再入国する意図を表明する場合は，原則として再入国許可を受ける必要がなくなります（この制度を「みなし再入国許可」といいます。）。
　※みなし再入国許可により出国した場合，その有効期間を海外で延長することはできません。出国後2年以内に再入国しないと特別永住者の地位が失われることになりますので，注意してください。

○再入国許可の有効期間の上限が「6年」になります

　施行日後（2012年7月9日以降）に許可される再入国許可は，有効期間の上限が「4年」から「6年」に伸長されます。

3　特別永住者証明書（入管特例法7条1項）

「特別永住者証明書」は，このようなカードです

（表面）

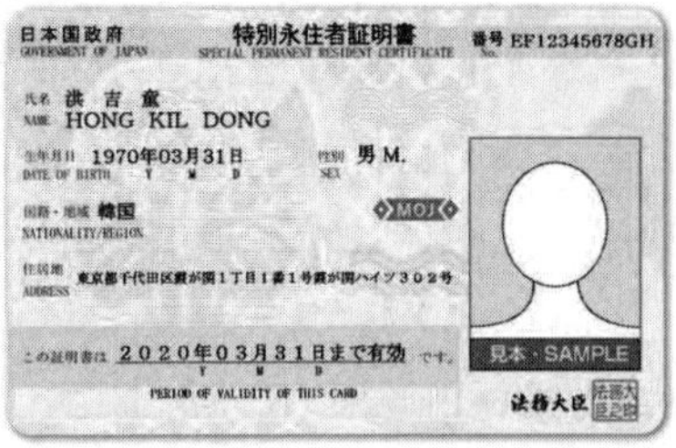

（裏面）

住居地を変更したときに，変更後の新しい住居地が記載される欄です。

＊氏名については，アルファベット表記を原則としていますが，漢字（正字）表記を併記することができます。その場合，漢字表記に変更が生じた場合にも変更届出が必要となりますのでご注意ください。

＊外国人登録証明書に記載されていた「通称名」については，特別永住者証明書には記載されません。

特別永住者証明書の交付を伴う各種申請・届出には，次の規格の写真が必要となります

1　申請人本人のみが撮影されたもの
2　縁を除いた部分の寸法が，右記図画面の各寸法を満たしたもの（顔の寸法は，頭頂部（髪を含む。）からあご先まで）
3　無帽で正面を向いたもの
4　背景（影を含む。）がないもの
5　鮮明であるもの
6　提出の日前3か月以内に撮影されたもの

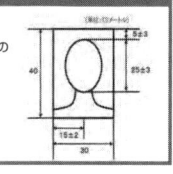

特別永住者証明書には『有効期間』があります

特別永住者証明書の有効期間は，次のとおりです。

<u>16歳以上の方</u>　　各種申請・届出後7回目の誕生日まで
　　　　　　　　　　（特別永住者証明書の更新をする場合には，更新前の有効期間満了日後の7回目の誕生日まで）
<u>16歳未満の方</u>　　16歳の誕生日まで

Q&A

Q. 新しい制度が導入されたら，すぐに外国人登録証明書を特別永住者証明書に換えなければなりませんか？

A.　現在お持ちの外国人登録証明書は，新しい制度導入後も，一定期間は，その外国人登録証明書を特別永住者証明書とみなすこととなりますので，すぐに換える必要はありません。
　ただし，特別永住者証明書には「有効期間」があり，特別永住者証明書とみなされる外国人登録証明書についても有効期限までに市区町村の窓口で有効期間更新申請を行う必要があります。その有効期限については，原則として，旧外国人登録法に基づく次回確認（切替）申請期間（以下「確認期間」といいます。）の始期であるその方の誕生日までとなります（例えば，確認期間が「2019年4月1日から30日以内」の方であれば，「2019年4月1日」までが有効期限となります。）。
　また，確認期間が改正法の施行期日（2012年7月9日）から3年以内に到来する方については，施行期日から3年以内に換えていただければ大丈夫です。

4 在留カード（入管法19条の3）

　平成21（2009）年7月15日，「出入国管理及び難民認定法及び日本国との平和条約に基づき日本の国籍を離脱した者等の出入国管理に関する特例法の一部を改正する等の法律（平21．7．15法79）」と「住民基本台帳法の一部を改正する法律（平21．7．15法77）」が公布され，平成24（2012）年7月9から全面施行された。

　外国人登録法（昭27．4．28法125即日施行）は廃止され（入管法および入管特例法の平21法79改正法4条により，平24．7．9廃止），市区町村長が交付していた外国人登録証明書（外国人登録法5条1項）は，法務大臣が中長期在留者に交付する在留カード（新設された入管法19条の3）と特別永住者証明書に切り替えられた。この中長期在留者は，入管法19条の3〈中長期在留者〉に，次のように規定された。

改正法（平21．7．15法79）により新設された入管法19条の3
第19条の3〈中長期在留者〉
　　法務大臣は，本邦に在留資格をもつて在留する外国人のうち，次に掲げる者以外の者（以下「中長期在留者」という。）に対し，在留カードを交付するものとする。
　一　3月以下の在留期間が決定された者
　二　短期滞在の在留資格が決定された者
　三　外交又は公用の在留資格が決定された者
　四　前三号に準ずる者として法務省令で定めるもの

　住基法（「住民基本台帳法（昭42．7．25法81号，11．10施行）」）39条〈適用除外〉は，「日本の国籍を有しない者その他政令で定める者（注：戸籍法の適用を受けない者）については適用しない」と定めていた（平24．7．9前）。平21法77改正住基法により，同条は，「日本の国籍を有しない者のうち第30条の45の表の上欄に掲げる者（注：中長期在留者・特別永住者・一時庇護許可者・仮滞在許可者・出生による経過滞在者・国籍喪失による経過滞在者）以外のものその他

政令で定める者（注：戸籍法の適用を受けない者）については適用しない」に改められた。

　この場合，特別永住者は，入管法の在留資格によって在留しているのではなく，入管特例法による永住資格者であるため，在留カードではなく，特別永住者証明書が交付される（入管特例法7条）。また，外国人登録が義務だったため，外国人登録証明書が交付されていた在留資格のない外国人は，在留カードの交付対象になっていない。

　在留カードには，記載事項の全部または一部を記録したICチップが搭載され（入管法19条の4第5項），このICチップに指紋情報（入管法6条3項により入国審査官へ提供する個人識別情報のうちの指紋）は記録されないようである。在留カードは，常時，携帯義務を課せられているが（入管法23条1項），特別永住者証明書に，携帯義務はない。

　外国人は，住民基本台帳法の適用が除外されていたが，「住民基本台帳法の一部を改正する法律（平21.7.15法77）」の施行により（平24.7.9），中長期在留者（在留カードの交付の対象者），特別永住者，一時庇護許可者（入管法18条の2第1項により入国審査官が許可し，同条3項により一時庇護許可書を交付される難民など）または仮滞在許可者（難民認定の申請をした外国人で在留資格を取得していない者に対し，難民認定手続が終了するまで，入管法61条の2の4第1項により仮上陸の許可が与えられ，同条2項により，仮滞在期間・住所・制限された行動範囲と活動・呼出しに対する出頭義務などの条件が定められた仮滞在許可書が交付される。），国籍離脱または出生による経過滞在者（国籍を離脱して外国人になり，または外国人として出生した者など日本国内で外国人になった者は，在留資格がないことになるが，それらの場合でも，入管法22条の2第1項により，その事由が生じた日から60日を限り，引き続き在留資格を有することなく本邦に在留することができる。60日を超えて在留しようとする者は，同条2項により30日以内に法務大臣に在留資格の取得を申請しなければならない。）を対象に外国人住民票が作成される（住基法30条の45）。

　外国人登録がされている中長期在留者は，外国人登録原票に基づいて仮住民票が作成・通知されていた。この仮住民票は，改正入管法の施行時に（平

24.7.9）住民票に切り替わったので，改めて住民登録の手続をする必要はない（住基法平21.7.15改正法附則3～4条）。ただし，仮住民票の通知がなかった場合には，在留カードもしくは在留カードとみなされた外国人登録証明書を持参して市区町村長に届け出なければならないとされていた（同法附則3条・5条）。

住居に変更が生じた場合は，日本人と同じく，転居（同一市区町村内）・転出・転入を市区町村長に届け出なければならない。

ちなみに，平21.7.15法79改正法4条により，外国人登録法は廃止されたが（平24.7.9），同改正法附則15条および28条により，外国人登録証明書を交付されている者は，その後も（平24.7.9～）在留カード又は特別永住者証明書とみなされている。

また，外国人登録法は，居住・身分関係を明確にして外国人を公正に管理することを目的に，入国手続を経た外国人に市区町村で外国人登録原票・指紋原紙・外国人登録証明書に左人差し指の指紋押捺をさせて同一性を確認していた。外国人登録原票の写しは，法務局に送付された。指紋押捺（日本に1年以上在留する16歳以上）は5年ごとだったが，昭62.9.26法102改正により（昭63.6.1施行），初回のみの1回制指紋押捺となり，全廃されたのは，平11.8.18法134改正法が施行された平成12年4月1日だった。

4　在留カード（入管法19条の3）

(参考)
○記載事項一覧

外国人登録原票 (旧外登法4条1項)	外国人登録証明書 (旧外登法5条1項)
① 登録番号	左の事項を記載○
② 登録の年月日	○
③ 氏　　名	○
④ 生年月日	○
⑤ 男女の別	○
⑥ 国　　籍	○
⑦ 国籍地の住所または居所	○
⑧ 出生地	○
⑨ 職　　業	○
⑩ 旅券番号	○
⑪ 旅券発行の年月日	○
⑫ 上陸許可の年月日	○
⑬ 在留資格	○
⑭ 在留期間	○
⑮ 居住地	○
⑯ 世帯主の氏名	○
⑰ 世帯主との続柄	○
⑱ 申請人が世帯主である場合，世帯員の氏名・生年月日・国籍・続柄	×
⑲ 本邦にある父母および配偶者の氏名，生年月日・国籍	×
⑳ 勤務所または事務所の名称・所在地	○

在留カード
(入管法19条の4第1項)

① 氏　　名
② 生年月日
③ 男女の別
④ 国籍の属する国または入管法2条5号ロに規定する地域（注）
⑤ 住居地（本邦における主たる住居の所在地）
⑥ 在留資格，在留期間，在留期間の満了の日
⑦ 許可の種類・年月日
⑧ 在留カード番号，交付年月日，有効期間の満了の日
⑨ 就労制限の有無
⑩ 入管法19条〈別表第1の活動の範囲〉2項（資格外活動）の許可を受けているときはその旨
⑪ 顔写真（入管法19条の4第3項）

（注）　入管法2条5号ロに規定する地域とは，台湾並びにヨルダン川西岸地区およびガザ地区をいう（入管法施行令1条）。(以下同じ。)

外国人住民票 (住基法7条・30条の45)	
①	氏　　名
②	生年月日
③	男女の別
④	世帯主はその旨，世帯主でない者は世帯主の氏名および続柄
⑤	国籍の属する国または入管法2条5号ロに規定する地域（注）
⑥	外国人住民となった年月日
⑦	住所および一の市区町村内において新たに住所を変更した者は，その住所を定めた年月日
⑧	新たに市区町村に住所を定めた者は，その届出の年月日および従前の住所
⑨	国民健康保険・後期高齢者医療・介護保険・国民年金の被保険者事項
⑩	児童手当受給者の受給資格
⑪	住民票コード
中長期在留者	中長期在留者である旨 在留資格 在留期間 在留期間満了の日 在留カード番号
特別永住者	特別永住者である旨 特別永住者証明書の番号
在留許可者・一時庇護許可・仮滞	一時庇護許可者または仮滞在許可者である旨 上陸期間または仮滞在期間
出生または国籍喪失による超過滞在者	出生または国籍喪失による超過滞在者である旨

特別永住者証明書 (入管特例法8条1項)	
①	氏　　名
②	生年月日
③	男女の別
④	国籍の属する国または入管法2条5号ロに規定する地域（注）
⑤	住居地（日本に主たる住居の所在地がない時を除く。）
⑥	証明書番号，交付年月日，有効期間満了の日
⑦	顔写真（入管特例法8条3項）

（注）その他通称を用いている場合には，通称並びに通称の記載および削除に関する事項（住民基本台帳事務処理要領第二1(2)記載事項ナおよびニ。

○ **別記第29号の7様式（入管法施行規則19条の6関係）**

(表)

	在留カード	
日本国政府		番号

氏名

生年月日　　　年　　月　　日　　性別　　国籍・地域

住居地

在留資格

　　　　　　　就労制限の有無

在留期間（満了日）
　　　　　　　年　　月（　　年　　月　　日）　　　　写　真

許可の種類

許可年月日　　年　月　日　交付年月日　　年　　月　日

この証明書は　　　年　　月　　日まで有効です。　　法　務　大　臣　㊞

(裏)

住居地記載欄	
届出年月日	住居地

資格外活動許可欄	在留期間更新等許可申請欄

(注)　縦54.0ミリメートル，横85.6ミリメートルとする。

第4 平成21年改正入管法・入管特例法（平21.7.15法79）の概要

(1) 公布日（平21.7.15）施行

「拷問及び他の残虐な，非人道的な又は品位を傷つける取扱い又は刑罰に関する条約（平11.7.29発効）」3条1項に規定する国への送還しない規定（入管法53条3項2号）

(2) 平22.1.1施行

① 乗員上陸の許可を受けた者の乗員手帳等の携帯，提示義務を定める規定（入管法23条）及び罰則（入管法76条）

(3) 平22.7.1施行

① 在留資格「技能実習」を新設し，「就学」を削って「留学」に一本化する規定（入管法別表第1の二の表・四の表）

② 上陸の拒否の特例を定める規定（入管法5条の2）

③ 「技能実習」の在留資格の変更の特則を定める規定（入管法20条・20条の2）

④ 在留資格の変更，在留期間の更新の変更をした者の在留期間の特則を定める規定（入管法21条4項，26条5項）

⑤ 退去強制事由に不法就労させた者等を加え（入管法24条3号の4），また，資格外活動により禁錮以上の刑に処せられた者を加える規定（入管法24条4号ヘ）

⑥ 入国者収容所等視察委員会を置く規定（入管法61条の7の2～6）

(4) 平22.12.23施行

「強制失踪からのすべての者の保護に関する国際条約（平22.12.23発効）」16条1項に規定する国へ送還しない規定（入管法53条3項3号）。本規定は送還禁止規定として明文化されたが，その施行の日は，条約が日本におい

て効力を生じた日，すなわち平成22年12月23日である。
(5) 平24.1.13施行

　　在留カード・特別永住者証明書の交付に係る経過措置規定（入管法平成21年改正法附則13条，14条，27条，35条，42条）
(6) 平24.7.9施行

　① 外国人登録法（外国人登録令（昭22.5.2施行）を廃止し，昭27.4.28法125即日施行）の廃止

　② 中長期在留者への在留カードの交付（入管法19条の3），その記載事項（19条の4），有効期間（19条の5），新規上陸に伴う在留カードの交付（19条の6），新規上陸後の住居地の市区町村長経由・法務大臣への届出（19条の7），在留資格変更等に伴う市区町村長経由・法務大臣への届出（19条の8），住居地の変更の市区町村長経由・法務大臣への届出（19条の9），住居地以外の記載事項の変更の法務大臣への届出（19条の10），在留カードの有効期間の更新（19条の11），紛失等による在留カードの再交付（19条の12），汚損等による在留カードの再交付（19条の13），在留カードの失効（19条の14），在留カードの返納（19条の15），所属機関等に関する届出（19条の16），所属機関による届出（19条の17），中長期在留者に関する情報の継続的な法務大臣の把握（19条の18），事実の調査（19条の19）に係る規定

　③ 特別永住者への市区町村長経由・法務大臣の特別永住者証明書交付（入管特例法7条），特別永住者証明書の記載事項等（8条），特別永住者証明書の有効期間（9条），住居地の市区町村長経由・法務大臣への届出（10条），住居地以外の記載事項の変更の市区町村長経由・法務大臣への届出（11条），有効期間の更新の市区町村長経由・法務大臣への申請（12条），紛失等による特別永住者証明書の市区町村長経由・法務大臣の再交付（13条），汚損等による特別永住者証明書の市区町村長経由・法務大臣の再交付（14条），特別永住者証明書の失効（15条），特別永住者証明書の返納（16条），特別永住者証明書の受領および提示等（17条），本人の出頭義務と代理人による申請等（18条），本人の出頭義務と代理

人による届出等（19条）に係る規定
④　在留期間の上限を3年から5年に伸長する規定（入管法2条の2）
⑤　「日本人の配偶者等」および「永住者の配偶者等」の在留資格で在留する配偶者が，別居や離婚調停にあっても，直ちに在留資格を取り消されることはなかった（入管法改正前22条の4第1項）。しかし，改正入管法では（入管法22条の4第1項7号），家庭内暴力などの場合を除いて，6か月以上配偶者としての活動を行わないと，在留資格が取り消され得ることになった。これは，「日本人との間に婚姻関係が法律上存続している外国人であっても，その婚姻関係が社会生活上の実質的基礎を失っている場合には，その者の活動は日本人の配偶者の身分を有する者としての活動に該当するということはできない」という最高裁判決（平14.10.17民集56巻8号1823頁）に基づくものである。
⑥　中長期在留者が住居地に関する届出を怠ったり，または虚偽の届出を行った場合の取消し（入管法22条の4第1項8号〜10号）
⑦　「みなし再入国許可」制度の新設（入管法26条の2）
⑧　中長期在留者を受け入れている機関の法務大臣に対する受入れ状況の届出（入管法19条の17）
⑨　在留カード・特別永住者証明書の交付，届出などに係る罰則の整備（入管法71条の2〜77条の2，入管特例法26条〜34条）

第4　平成21年改正入管法・入管特例法（平21.7.15法79）の概要

（参考）法務省入国管理局広報資料（平成24年7月9日施行）

「新しい在留管理制度」の対象となる人たちは？

　新しい在留管理制度の対象となるのは、入管法上の在留資格をもって我が国に中長期間在留する外国人（以下「中長期在留者」といいます。）で、具体的には次の①～⑥のいずれにもあてはまらない人です。

① 「3月」以下の在留期間が決定された人
② 「短期滞在」の在留資格が決定された人
③ 「外交」又は「公用」の在留資格が決定された人
④ ①から③の外国人に準じるものとして法務省令で定める人 (注1)
⑤ 特別永住者
⑥ 在留資格を有しない人 (注2)

　この制度の対象となる中長期在留者は、例えば、日本人と結婚している方や日系人の方（在留資格が「日本人の配偶者等」や「定住者」）、企業等にお勤めの方（在留資格が「技術」や「人文知識・国際業務」など）、技能実習生、留学生や永住者の方であり、観光目的で我が国に短期間滞在する方は対象となりません。

(注1) 法務省令には、「特定活動」の在留資格が決定された、亜東関係協会の本邦の事務所若しくは駐日パレスチナ総代表部の職員又はその家族の方が定められています。

(注2) 外国人登録制度においては、不法滞在者についても登録の対象となっていましたが、新しい在留管理制度においては対象とはなりません。不法滞在の状態にある外国人の方は、速やかに最寄りの入国管理官署に出頭して手続を受けてください。なお、詳しくは、入国管理局ホームページに掲載している「出頭申告のご案内～不法滞在で悩んでいる外国人の方へ～」
（http://www.moj.go.jp/nyuukokukanri/kouhou/nyukan_nyukan87.html）
を御覧ください。

第4　平成21年改正入管法・入管特例法（平21.7.15法79）の概要

ポイント1　「在留カード」が交付されます

■「在留カード」はどういうカード？

在留カードは，中長期在留者に対し，上陸許可や，在留資格の変更許可，在留期間の更新許可などの在留に係る許可に伴って交付されるものです。

※ 在留カードには偽変造防止のためのＩＣチップが搭載されており，カード面に記載された事項の全部又は一部が記録されます。

（カード表面）

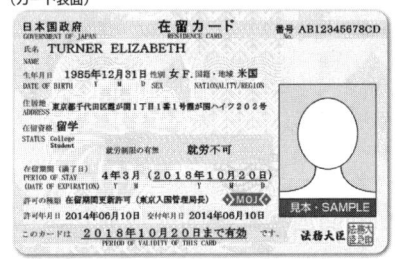

在留カードの交付を伴う各種申請・届出には次の規格の写真が必要となります。

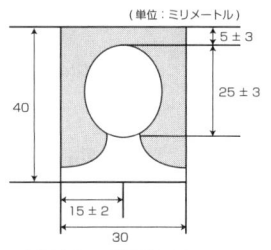

（単位：ミリメートル）

1 申請人本人のみが撮影されたもの
2 縁を除いた部分の寸法が，上記図画面の各寸法を満たしたもの（顔の寸法は，頭頂部（髪を含む。）からあご先まで）
3 無帽で正面を向いたもの
4 背景（影を含む。）がないもの
5 鮮明であるもの
6 提出の日前3か月以内に撮影されたもの

（カード裏面）

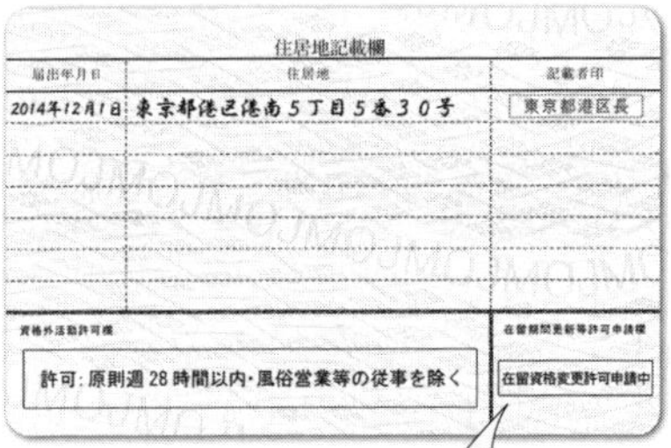

在留期間更新許可申請・在留資格変更許可申請をしたときに，これらの申請中であることが記載される欄です。

※申請後，更新又は変更の許可がされたときは，新しい在留カードが交付されます。

在留カードには『有効期間』があります

在留カードの有効期間は，次のとおりです。

永住者
16歳以上の方　　交付の日から7年間
16歳未満の方　　16歳の誕生日まで

永住者以外
16歳以上の方　　在留期間の満了日まで
16歳未満の方　　在留期間の満了日又は16歳の誕生日のいずれか早い日まで

87

第4　平成21年改正入管法・入管特例法（平21．7．15法79）の概要

ポイント2　在留期間が最長5年になります

在留期間の上限が最長「5年」となったことにより，各在留資格に伴う在留期間が次のように追加されます。

主な在留資格	在留期間（赤字は新設されるもの）
「技術」，「人文知識・国際業務」等の就労資格（「興行」，「技能実習」を除く）	5年，3年，1年，3月（注）
「留学」	4年3月，4年，3年3月，3年，2年3月，2年，1年3月，1年，6月，3月（注）
「日本人の配偶者等」，「永住者の配偶者等」	5年，3年，1年，6月

（注）　当初から3月以下の在留を予定している場合があることから，新たに「3月」の在留期間を設けています。この場合，新しい在留管理制度の対象とはならず，在留カードは交付されません。

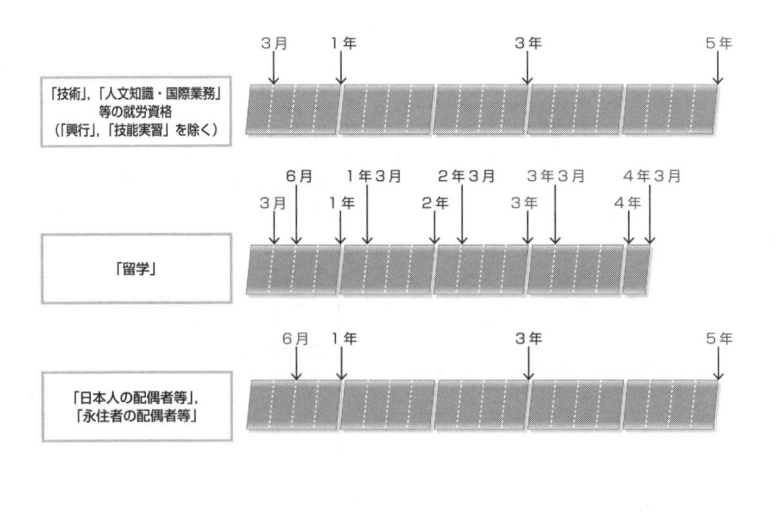

「技術」，「人文知識・国際業務」等の就労資格（「興行」，「技能実習」を除く）
　3月　1年　3年　5年

「留学」
　3月　6月　1年　1年3月　2年　2年3月　3年　3年3月　4年　4年3月

「日本人の配偶者等」，「永住者の配偶者等」
　6月　1年　3年　5年

ポイント3　再入国許可の制度が変わります

■「みなし再入国許可」の制度が導入されます

有効な旅券及び在留カードを所持する外国人（注1）の方が，出国する際，出国後1年以内（注2）に本邦での活動を継続するために再入国する場合は，原則として再入国許可を受ける必要がなくなります（この制度を「みなし再入国許可」といいます。）。

出国する際に，必ず在留カードを提示してください。

みなし再入国許可により出国した方は，その有効期間を海外で延長することはできません。出国後1年以内（注2）に再入国しないと在留資格が失われることになりますので，注意してください。

(注1)「在留カードを後日交付する」旨の記載がなされた旅券や，在留カードとみなされる外国人登録証明書（詳しくは7ページを御覧ください。）を所持する場合にも，みなし再入国許可制度の対象となります。

(注2) 在留期限が出国後1年未満に到来する場合は，その在留期限までに再入国してください。

次の方は，みなし再入国許可制度の対象となりません
○ 在留資格取消手続中の者
○ 出国確認の留保対象者
○ 収容令書の発付を受けている者
○ 難民認定申請中の「特定活動」の在留資格をもって在留する者
○ 日本国の利益又は公安を害するおそれがあること その他の出入国の公正な管理のため再入国の許可を要すると認めるに足りる相当の理由があるとして法務大臣が認定する者

■ 再入国許可の有効期間の上限が「5年」となります

施行日後（2012年7月9日以降）に許可される再入国許可は，有効期間の上限が「3年」から「5年」に伸長されます。

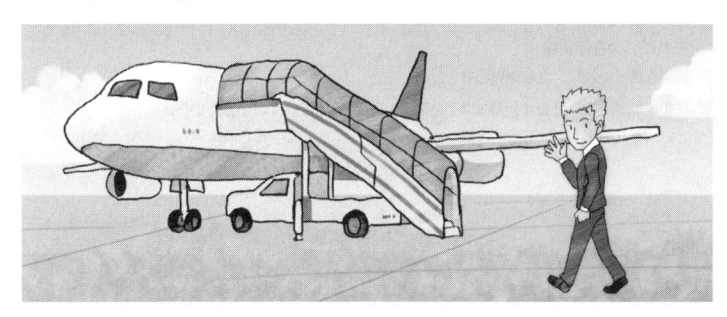

ポイント4　外国人登録制度が廃止されます

新しい在留管理制度の導入により，外国人登録制度は廃止されます。

■ 中長期在留者が所持する「外国人登録証明書」は，一定の期間「在留カード」とみなされます

中長期在留者が所持する「外国人登録証明書」については，新しい在留管理制度の導入後，地方入国管理官署での手続や市区町村での住居地関係の手続においては，一定の期間「在留カード」とみなされますので，在留カードが交付されるまで引き続き所持してください。中長期在留者は，地方入国管理官署における新たな在留カードの交付を伴う各種届出・申請の際に，在留カードに切り替えていただくこととなるほか，地方入国管理官署で希望していただければ切り替えることができます。

「外国人登録証明書」が在留カードとみなされる期間

施行日（2012年（平成24年）7月9日）の時点において外国人の方が有する在留資格及びその年齢により，外国人登録証明書が在留カードとみなされる期間は次のようになります。

その期間が外国人登録証明書に記載されている次回確認申請期間よりも短い場合がありますのでご注意ください。

永住者

16歳以上の方	2015年（平成27年）7月8日まで
16歳未満の方	2015年（平成27年）7月8日又は16歳の誕生日のいずれか早い日まで

特定活動 ※　　※特定研究活動等により「5年」の在留期間を付与されている者に限ります。

16歳以上の方	在留期間の満了日又は2015年（平成27年）7月8日のいずれか早い日まで
16歳未満の方	在留期間の満了日，2015年（平成27年）7月8日又は16歳の誕生日のいずれか早い日まで

それ以外の在留資格

16歳以上の方	在留期間の満了日
16歳未満の方	在留期間の満了日又は16歳の誕生日のいずれか早い日まで

第5 戸籍証明

　市区町村長が戸籍事務を処理する場合の手続法は，戸籍法および戸籍法施行規則が根拠法となり，戸籍に関する証明は，これらの法令の規定に基づくものに限られ，これ以外のものまで証明する権限は戸籍法では与えられていない。
　したがって，戸籍法での戸籍証明とは，戸籍法および戸籍法施行規則に規定された証明を指すことになる。具体的には，①戸籍および除籍（改製原戸籍を含む。）の謄抄本，②戸籍および除籍の記載事項証明書，③受理・不受理の証明書，④届書類の記載事項証明書である（磁気ディスクをもって調製された戸籍簿・除籍簿については，①戸籍および除籍の全部事項証明書，②戸籍および除籍の個人事項証明書，③戸籍および除籍の一部事項証明書）。
　戸籍証明のうち法定証明を除く，市区町村長が戸籍簿または除籍簿等を資料として，これらから得られる事項を証明するのが一般行政証明である。
　戸籍事務と関連する事項で，一般行政証明をして差し支えないとされている主なものは，次のとおりである。
　①　仮戸籍記載事項証明書（昭23.12. 9民事甲3678回答）
　②　再製原戸籍の記載事項証明書（昭37.11. 2民事甲3175回答）
　③　申出再製による再製原戸籍の記載事項証明書（平14.12.18民一3000通達記第7）
　④　不在籍証明（昭34. 9.12民事甲2064回答）
　戸籍は，その筆頭に記載した者の氏名および本籍でこれを表示する（戸籍法9条前段）。その者が戸籍から除かれた後も，同様である（同条後段）。この場合，本籍の表示として，住居表示を実施した区域においては，地番号または街区符号のいずれを用いても差し支えない。地番号によって表示した本籍を街区符号によって表示する本籍に改める場合は，全て転籍として取り扱う（昭51.11. 5民二5641通達三）。

第5　戸籍証明

　戸籍に記載されている者（その戸籍から除かれた者を含む。）またはその配偶者，直系尊属もしくは直系卑属は，その謄本もしくは抄本または戸籍に記載した事項に関する証明書（戸籍謄本等という。）の交付を請求することができる（戸籍法10条1項）。しかし，戸籍に記載された元号による年の表示を西暦に改め，または西暦による表示を併記した謄抄本等の交付請求に応じることはできない（昭54．6．9民二3313通達三）。

　平成6年の戸籍法改正（平6．6．29法67，12．1施行）により，6章〈電子情報処理組織による戸籍事務の取扱いに関する特例〉が新設された。戸籍または除かれた戸籍が磁気ディスクをもって調製されているときは，10条1項〔戸籍の謄本等の本人請求〕または10条の2〔第三者・公用等請求〕1項から5項まで（これら規定を12条の2〔除かれた戸籍の謄本等の交付請求〕において準用する場合を含む。）の請求は，戸籍謄本等または除籍謄本等に代えて，磁気ディスクをもって調整された戸籍または除かれた戸籍に記録されている事項の全部または一部を証明した書面についてすることができる（戸籍法120条1項）。

(参考)

　○　市区町村長は相続人であることの証明はできない。寡婦，遺児又は戦死者の遺族であることの証明については，その者の戸籍の謄抄本又は戸籍の記載事項証明をもってするのが相当である

（昭和31．8．30民事甲1965回答）

　現在特別区においては，他の市町村と同様，住民の請求に応じて，各種法令に基き保管する公簿，台帳等により，あるいは，法令に基かず区が実地に調査する等の方法により，多くの証明事務を取り扱つておりますが，これらの証明事務は，その種類及び発行件数もきわめて多い上に，各区の取扱も必ずしも一様でないため，これが事務処理の統一ある運営については，目下，都区双方とも種々検討を加えている実情にあります。

　ついては，住民登録法及び戸籍法に基づく証明事務と，これらの法律に関連する一般行政証明事務との関係等について，次のような疑義を生じましたので，御多用中恐縮ながら，早急に貴職の御見解を御教示下されたくお願いいたします。

記

一．法務省民事局長回答にかかる昭和29年12月24日民事甲第2,747号住民登録関係行政実例によれば，住民票及び戸籍記載事項から判断して，同居扶養等の事実が認められる場合には，住民登録法及び戸籍法に基く「同居証明」または「扶養証明」等の証明書が発行できる意と解されるのであるが，（同趣旨昭和28. 12. 25民事甲第2,478号，行政実例昭和28 3．3住民登録事務協議会決議等）一方，法務省民事局第二課長回答にかかる昭和30年6月15日民事甲第1,229号戸籍法関係行政実例において「戸籍の記載に基いて判断した結果に関した証明をすることは，その職務に属しない」から，恩給給与規則第18条第3項の「相続人であることの証明書」を発行することは適当ではないと述べていることは，（同趣旨明治31．8．22民刑第912号行政実例）両者の行政実例相互に理論的に矛盾する点があるように思われるので，それぞれの行政実例の意義及び関係等について御教示願いたい。

二．前記一．に関連して，現在，恩給法，厚生年金保険法，及び戦傷病者戦没者遺家族等援護法等の各種法律及びこれに基く政令，省令等により，次の事項について，市区町村長の証明を求める事例がきわめて多いが，これについて市区町村長は，住民票または戸籍記載事項から判断して，その事実が当然に認められるような場合には，昭和30年6月15日行政実例にかかわらず，住民登録法または戸籍法に基く証明として発行することができるか。それぞれについて具体的に（たとえば住民票または戸籍記載事項証明をもつてこれに代えるべきであるとか，あるいは，下記のような例示事項のままでは証明できないが，表示または内容をこれこれのように修正した形式にすれば証明してよいというように）御教示願いたい。

　㈠　内縁関係（事実婚）証明――婚姻の届出をしていないが，事実上婚姻関係にあることの証明

　㈡　同一生計証明――誰々と生計をともにしていたこと，または，している旨の証明

　㈢　独立生計証明――誰々と世帯をともにせず，独立して生計を維持（もしくは独立した世帯を構成）している旨の証明

　㈣　寡婦または遺児であることの証明

　㈤　戦死者の遺族であることの証明

三．昭和29年9月21日第6回大分地方法務局内戸籍住民登録事務協議会決議の事例は，住民登録法（または戸籍法）に基く証明書の発行ができない趣旨であつて，これについて市区町村長等が実地に調査確認のうえ，一般行政証明として証明書を発行することを排除するものではないと思うがどうか。

　もし，そうだとすれば，前記二．の例示事項の全部または一部について，住民登録法または戸籍法に基く証明ができないとすれば，これらの事項及び恩給

給与規則第18条第3項に規定する「相続人たることの証明書」については、これを市区町村の一般行政証明として発行することは差し支えないと思うがこの点もあわせて御教示願いたい。

　　　　回　　答
一　市町村が同居、扶養の証明をする場合には、住民登録法第10条の規定による証明のほか、別に必要があれば、同居扶養の事実を調査の上、一般行政証明をして差しつかえないものと考える。
　　相続人であることの証明は、もつぱら戸籍の記載に基くものであるから、戸籍の謄、抄本又は戸籍の記載事項証明をもつてすべきものであり、一般行政証明によることは適当でないと考える。
二　前項により了知されたい。なお、例示事項の証明については、次のとおり考える。
　(イ)　内縁関係の証明、同一生計の証明、及び独立生計の証明については、市町村長は一般行政証明としてこれをすることができるものと考える。
　(ロ)　寡婦、遺児又は戦死者の遺族であることの証明については、その者の戸籍の謄、抄本又は戸籍の記載事項証明をもつてするのが相当である。
三　第一項により了知されたい。

第5　戸籍証明

（様式例）

戸籍謄本等交付請求書

★太枠の中を記入してください。
★必要な□内に✓印をしてください。

（あて先）　市区町村長　　　　　　　　平成　年　月　日

窓口にこられた方

住所	〒　－　　方書（アパート名など）	電話番号　－　－
フリガナ／お名前		生年月日　明・大　昭・平　　年　月　日

なにが必要ですか

本籍：

筆頭者：フリガナ／お名前　　　生年月日　明・大　昭・平　年　月　日

- □ 戸籍
- □ 除籍
- □ 改製原戸籍
- □ 戸籍附票
- □ 全部事項証明書（謄本）　　通
- □ 個人事項証明書（抄本）　　通　必要な方のお名前

- □ 受理証明
- □ 記載事項証明書
  - □ 死亡診断書の写し
- □ 出産育児一時金

- □ 婚姻　□ 離婚
- □ 出生　□ 死亡
- □ その他（　　）
- 届出日　　年　月　通

生年月日　明・大　昭・平　年　月　日

- □ 身分証明書　※本人以外は委任状
- □ その他（　　）　　通

続柄

筆頭者からみてあなた（窓口にこられた方）は、
- □ 本人　□ 配偶者　□ 父母　□ 子　□ 祖父母　□ 孫
- □ その他（別に委任状・請求理由書が必要です）

使いみち

- □住カード（写有）　□運免　□パスポート　□身手
- □学生証（公立）　□外登　□枠（福乗）
- □住カード（写無）　□健分　□年手　□年証
- □社員証（写有）　□資格者証　□学生証（私立）
- □預通　□キャッシュカード　□その他（　　）
- □聴聞　家族の氏名・生年月日／配偶者の父母の氏名／前住所／出生地／以前の本籍・筆頭者／祖父母の氏名／異動年月日

受付	作成	審査
交付	通数	手数料

第5　戸籍証明

戸籍証明交付請求書（郵便請求用）

（あて名）市区町村長　　　　　　　　　　　平成　　年　　月　　日

請　求　者 （手続きをする方）	住　所	〒　　－
	フリガナ 氏　名	（氏名を自署する場合は、押印を省略することが出来ます。） 　　　　　　　　　　　　　　　　　　　　　　㊞
	連絡先	※昼間、連絡が取れる連絡先を必ず記入してください。 電話　　　　　（職場）　　　　　（携帯）

戸籍に記録されている方との関係	□ 本　人（戸籍に記録されている方） □ 親　族　戸籍に記録されている（名：　　　　　）の（続柄：　　　） □ その他（　　　　　　　　　　　　　　　　　　　　　　　　　）

どなたのものが必要ですか	本　籍	番 　　　　　　　　　　　　　　　　　　　　　番地
	フリガナ 筆頭者氏名	明・大 昭・平　　・　・
	抄本（一部）・身分に関する証明・附票・記録事項証明・受理証明が必要な場合、 その人の名前	明・大 昭・平　　・　・

何が必要ですか	戸籍	謄本・全部事項証明　　通	除籍 ｛改製原戸籍 　昭和・平成｝	謄本・全部事項証明　　通
		抄本・個人事項証明　　通		抄本・個人事項証明　　通
		一部事項証明　　　　　通		一部事項証明　　　　　通
	戸籍の附票の写し　　　　　　通		届書記載事項証明　　　　　　通	
	戸籍記録事項証明　　　　　　通		身分に関する証明　　　　　　通	
	受　理　証　明　　　　　　　通		その他の証明 （　　　　　　　　　）　　　通	

何に使いますか	使用目的、提出先を具体的に記入してください。

1 戸籍（除籍）の謄本・抄本

　戸籍の謄本とは，戸籍の記載の全部を戸籍と同一の様式によって転写したものをいう。戸籍の抄本とは，請求に基づき戸籍の記載の一部を抜粋して転写したものをいう。

　除籍の謄本とは，既に戸籍に記載された者全員が除籍となった戸籍の全部を原本と同一の様式によって転写したものをいい，除籍の抄本とは，請求に基づき除籍の記載の一部を抜粋して転写したものをいう。

　戸籍の謄本は原本と同一の様式によって作成しなければならない（戸籍法施行規則12条1項）。したがって，戸籍の記載の全部を転写して作成する。同じく抄本も，原本と同一の様式で作成され，請求に基づき戸籍の記載の一部が転写される。

附録8号様式1 〈全部の消除〉除籍謄本（施行規則42条）

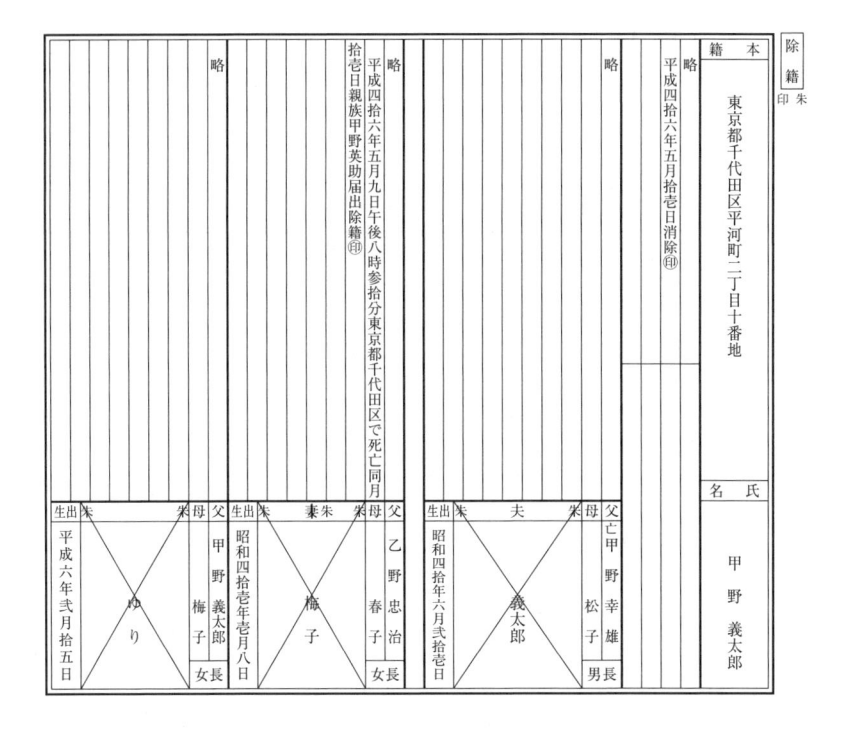

| 本籍 | 東京都千代田区平河町二丁目十番地 | 除籍印（朱） |
| 氏名 | 甲野　義太郎 | |

平成四拾六年五月拾壱日消除㊞	略		父 亡甲野幸雄 母 松子	長男 義太郎	昭和四拾年六月弐拾壱日	出生 朱	夫 朱
平成四拾六年五月九日午後八時参拾分東京都千代田区で死亡同月拾壱日親族甲野英助届出除籍㊞	略		父 乙野忠治 母 春子	長女 梅子	昭和四拾壱年壱月八日	出生 朱	妻 朱
	略		父 甲野義太郎 母 梅子	長女 ゆり	平成六年弐月拾五日	出生 朱	

第5　戸籍証明

戸籍謄抄本等の交付請求書標準様式（平20. 4. 7民一1001依命通知別紙）

（表）

戸 籍 証 明 書 等 の 請 求 書

平成　　年　　月　　日

_____ 市区町村長　殿　　※請求には**本人確認資料が必要です。**
　　　　　　　　　　　　　その他の注意事項は裏面に記載されています。

請求者	住所 　　　　　　　　　　　電話番号（　　　） フリガナ 氏名　　　　　　　　　㊞　生年月日 M・T 　　　　　　　　　　　　　　　　　S・H　年　月　日
窓口に きた方 （請求者と 違うとき）	住所 　　　　　　　　　　　電話番号（　　　） フリガナ 氏名　　　　　　　　　㊞　生年月日 M・T 　　　　　　　　　　　　　　　　　S・H　年　月　日
必要な 戸籍等 の表示	本籍 筆頭者の氏名 個人事項証明（抄本）の場合，必要な方の氏名
戸籍に記載 されている 方との関係	□本人　　　　　　　　　　　□配偶者（夫又は妻） □直系尊属（父母又は祖父母）□直系卑属（子又は孫）
請求の理由	請求者が上記に該当しない場合には，下記のいずれかにチェックをつけた上で，請求の 理由を詳細に記載してください。 □権利行使・義務履行のため □国又は地方公共団体の機関に提供するため □その他 [　　　　　　　　　　　　　　　　　　　　　　　　　　　　　　　　]
権限 書類	□委任状　　□戸籍謄本　　□登記事項証明書　　□資格証明書 □社員証　　□身分証明書　　□その他（　　　　）

何が必要ですか。必要なものにチェックをつけて，通数を記入してください。

証明書の種類	□戸籍全部事項証明書（戸籍謄本） 　　戸籍に記載されている方全員の証明	通
	□戸籍個人事項証明書（戸籍抄本）	通
	□戸籍一部事項証明書 　　必要な方の名前（　　　　　　　　　） 　　必要な事項（　　　　　　　　　　　　）	通
	□改製原戸籍謄本・抄本	通
	□除籍全部事項証明書（除籍謄本） 　　除籍に記載されている方全員の証明	通
	□除籍個人事項証明書（除籍抄本）	通
	□除籍一部事項証明書 　　必要な方の名前（　　　　　　　　　） 　　必要な事項（　　　　　　　　　　　　）	通
	その他 □受理証明書 □届書記載事項証明書 　　証明に必要な届（　　　　　　　　　）届 　　届出の年月日（　　　年　　　月　　　日）	通

市区町村取扱使用欄	本人確認	免・パ・外・住・その他（　　　　　　　）

(裏)

請求に当たっての注意事項

1．請求の理由の記載について
 (1) 権利の行使・義務の履行のために請求する場合権利・義務の発生原因，内容とその権利行使または義務履行のために戸籍の記載事項の確認を必要とする理由を詳細に記載してください。
 (2) 国または地方公共団体の機関に提出する場合戸籍謄本等を提出する国または地方公共団体名を記載してください。
  また，その機関へ提出を必要とする理由も記載してください。
 (3) その他の理由で請求する場合
  戸籍の記載事項の利用目的，方法とその利用を必要とする理由を記載してください。
2．資料の提供について
 請求書に記載された内容から請求の理由が明らかでない場合には，資料の提供を求めることがあります。
3．戸籍個人事項証明について
 戸籍に記載されている方全員ではなく，一部の方についてのみ証明が必要な場合には，その方の個人事項証明をご利用ください。
4．戸籍一部事項証明について
 戸籍に記載されている事項のうち，一部の事項について証明することで足りる場合には，戸籍一部事項証明をご利用ください。
5．本人確認資料について
 窓口にきた方について，ご本人であることを確認できる書類の提示が必要です。
6．権限確認書類について
 窓口にきた方が，請求者の代理人または使者である場合には，代理権限または使者の権限を証明する書類が必要です。
7．押印の要否について
 交付請求書には，窓口にきた方の署名又は記名押印が必要です。
8．罰則
 偽りその他不正な手段により，戸籍証明書等の交付を受けた者は，刑罰（30万円以下の罰金）が科されます。
※ ご不明な点があれば，窓口でおたずねください。

第5　戸籍証明

(参考)

○　戸籍抄本の作成に際し,「昭和年月日本戸籍編製」,「昭和年月日親権者を父何某と定める」等のような一事項の抜書は認められない

(昭31.10.22民事甲2441回答)

戸籍抄本の記載について

　戸籍抄本とは,戸籍原本に登載されている事項のある部分のみを謄写し作成したものを言い,明治42年4月5日付民刑第223号民刑局長回答によれば,請求する人の要求によつて如何なる部分をも省略することができるとされているので,戸籍抄本の作成にあたつては,父母欄の記載をして父母との続柄欄の記載,生年月日欄の記載を省略することは認められると考えるが,事項省略をした抄本を作成し,これを交付したために誤りを生ずるようなことがあつてはならないこともち論であつて,左記例のような一事項の抜書による作成はこれを認むべきでないと考えるが,いささか疑義を生じますので何分の御指示を仰ぎたく照会します。

記

戸籍事項
　　昭和年月日本戸籍編製
父母離婚による親権事項
　　昭和年月日親権者を父何某と定める。
死亡事項
　　昭和年月日死亡

回　答

照会の件は,貴見のとおりである。

○　戸籍抄本は請求者の要求があれば原則として如何なる部分でも省略して作成することができるが,一事項中の一部を省略することは好ましくない

(昭34.12.11民事甲2786回答)

戸籍抄本の作成に当り一事項中の一部を省略することの可否について

　標記については,昭和31年10月22日付民事甲第2441号をもつて「請求する人の要求があつても一事項の抜書による作成はこれを認むべきでない」(註,設例中死亡事項について「昭和年月日死亡」と記載することが含まれている)趣旨の御回答がありましたところ,本年8月28日付民事甲第1870号をもつて「抄本については,申出があれば,死亡事項の記載中死亡の年月日及び時刻を省略して謄写し

たものを作成交付することはさしつかえないとの御回答がなされましたが，前段御回答は死亡事項の謄写に限り後段御回答の趣旨により変更されたもの（前段御回答中戸籍事項その他の設例の事案については従来どおり）と解してさしつかえないでしようか。

　　　　　回　答
　昭和34年11月28日付日記戸第1758号で照会のあつた件については，死亡事項の謄写に限らず，一事項中の特定の文字を省略することによつて右の事項の記載内容が無意味となり又はその記載内容の意味に変更を来たす虞がある場合のほか，請求者の要求があれば，正当な理由がない限り，当該文字を省略した抄本の請求を拒むことができないと解されるが，一事項の抜書による抄本は右の場合に該当するものが多いので，なるべくかかる抄本の請求をすることのないよう指導されたい。

2　戸籍（除籍）記載事項証明書

　戸籍（除籍）記載事項証明書は，戸籍（除籍）の謄抄本とは異なり，戸籍（除籍）に記載されている事項のうち請求者の必要とする記載事項（個人または一部の別がある）だけを転記して証明するものである。

　この戸籍記載事項証明書は，旧戸籍法中に謄抄本が手書きで転写・作成されていたところ，これを簡素化するものとして認められ，現行戸籍法においてもそのまま引き継がれたものである（戸籍法10条1項）。

　この記載事項証明書は，戸籍法施行規則附録17号書式により作成することとされている（戸籍法施行規則14条1項本文）。

(参考)
　○　戸籍の記載事項証明として，戸籍に記載のない旨の証明をしても差し支えない

（昭29．8．20民事甲1721民事局長回答）

　当庁管内戸籍事務連合協議会における決議事項の施行認可に当り，左記の決議事項について聊か疑義がありますので，何分の御指示を得たく申請いたします。
　　　　　　　　　　　　　　　記
(1)　戸籍法第10条に「戸籍に記載した事項に関する証明」とあるが戸籍に記載の

101

第5　戸籍証明

　　ない旨の証明をしても差支えないか。
　　決，差支えない。
(2)　（略）
　　　　　　回　　答
(1)及び(2)決議のとおり。

戸籍法施行規則附録17号書式（施行規則14条関係）

戸籍（除籍，届書，申請書その他）記載事項証明

（事件本人）　戸籍の表示　　氏　　　名

証明を求める事項　何何

右の事項は，戸籍（除籍，届書，申請書その他）に記載があることを証明する（右相違ないことを証明する）。

平成何年何月何日

　　　　何市町村長氏名

　　印職

3 全部・一部または個人の記録事項証明書

　戸籍の謄本・抄本または記載事項証明書に代えて，磁気ディスクで調製された戸籍の記録で証明できる（平6.12.1施行の戸籍法120条1項）。
　戸籍法施行規則73条〔戸籍の記録事項証明書の様式及び記載事項〕は，次のように定めている。

　　第73条　戸籍法第120条第1項の書面には，次の各号の区分に応じ，それぞれ当該各号に掲げる事項を記載する。
　　一　戸籍の全部事項証明書　戸籍に記録されている事項の全部
　　二　戸籍の個人事項証明書　戸籍に記録されている者のうちの一部のものについて記録されている事項の全部
　　三　戸籍の一部事項証明書　戸籍に記録されている事項中の証明を求められた事項
　　四　除かれた戸籍の全部事項証明書　除かれた戸籍に記録されている事項の全部
　　五　除かれた戸籍の個人事項証明書　除かれた戸籍に記録されている者のうちの一部のものについて記録されている事項の全部
　　六　除かれた戸籍の一部事項証明書　除かれた戸籍に記録されている事項中の証明を求められた事項
　② 前項の書面は，付録第22号様式によつて作らなければならない。
　③ 第1項の書面には，市町村長が，その記載に接続して付録第23号書式による付記をし，職氏名を記して職印を押さなければならない。
　④ 第12条第3項の規定は，第1項の書面に準用する。
　⑤ 第1項の書面に年月日を記載するには，アラビア数字を用いることができる。
　⑥ 第1項の書面の記載は，付録第24号のひな形に定める相当欄にしなければならない。この場合において，事項欄の記載は，付録第25号記載例に従つてしなければならない。
　⑦ 戸籍の全部若しくは一部又はその記録を消除した場合において，第1項の書面にその旨を記載するには，付録第26号様式によらなければならない。
　⑧ 戸籍の訂正をした場合において，第1項の書面にその旨を記載するには，付録第27号様式によらなければならない。
　⑨ 第1項の書面に第78条の記録を記載するには，付録第28号様式によらなければならない。

付録第24号　73条1項の書面の記載のひな形（73条6項関係）

（6の1）　　全部事項証明

本　　籍	東京都千代田区平河町一丁目10番地
氏　　名	甲野　義太郎
戸籍事項 　戸籍編製 　転　籍	【編製日】平成4年1月10日 【転籍日】平成5年3月6日 【従前の記録】 　　【本籍】東京都千代田区平河町一丁目4番地
戸籍に記録されている者	【名】義太郎 【生年月日】昭和40年6月21日　　【配偶者区分】夫 【父】甲野幸雄 【母】甲野松子 【続柄】長男
身分事項 　出　　生	【出生日】昭和40年6月21日 【出生地】東京都千代田区 【届出日】昭和40年6月25日 【届出人】父
婚　　姻	【婚姻日】平成4年1月10日 【配偶者氏名】乙野梅子 【従前戸籍】東京都千代田区平河町一丁目4番地　甲野幸雄
養子縁組	【縁組日】平成33年1月17日 【共同縁組者】妻 【養子氏名】乙川英助 【送付を受けた日】平成33年1月20日 【受理者】大阪市北区長
認　　知	【認知日】平成35年1月7日 【認知した子の氏名】丙山信夫 【認知した子の戸籍】千葉市中央区千葉港5番地　丙山竹子
戸籍に記録されている者	【名】梅子 【生年月日】昭和41年1月8日　　【配偶者区分】妻 【父】乙野忠治 【母】乙野春子 【続柄】長女
身分事項 　出　　生	【出生日】昭和41年1月8日

発行番号000001　　　　　　　　　　　　　　　　　　以下次頁

3　全部・一部または個人の記録事項証明書

　　　　　　　　　　　　　　　　　　（6の2）　　全部事項証明

婚　　姻	【出生地】京都市上京区 【届出日】昭和41年1月10日 【届出人】父 　 【婚姻日】平成4年1月10日 【配偶者氏名】甲野義太郎 【従前戸籍】京都市上京区小山初音町18番地　乙野梅子
養子縁組	【縁組日】平成33年1月17日 【共同縁組者】夫 【養子氏名】乙川英助 【送付を受けた日】平成33年1月20日 【受理者】大阪市北区長
戸籍に記録されている者 　　除　　籍	【名】啓太郎 【生年月日】平成4年11月2日 【父】甲野義太郎 【母】甲野梅子 【続柄】長男
身分事項 　　出　　生 　推定相続人廃除 　　婚　　姻	【出生日】平成4年11月2日 【出生地】東京都千代田区 【届出日】平成4年11月10日 【届出人】父 　 【推定相続人廃除の裁判確定日】平成32年3月16日 【被相続人】父　甲野義太郎 【届出日】平成32年3月20日 【届出人】父 【送付を受けた日】平成32年3月23日 【受理者】大阪市北区長 　 【婚姻日】平成33年3月6日 【配偶者氏名】丙野松子 【送付を受けた日】平成33年3月10日 【受理者】横浜市中区長 【新本籍】横浜市中区昭和町18番地 【称する氏】夫の氏
戸籍に記録されている者 　　除　　籍	【名】ゆり 【生年月日】平成6年2月15日 【父】甲野義太郎 【母】甲野梅子 【続柄】長女

発行番号000001　　　　　　　　　　　　　　　　　　　　以下次頁

第5　戸籍証明

(6の3)　　全部事項証明

身分事項 出生	【出生日】平成6年2月15日 【出生地】東京都千代田区 【届出日】平成6年2月19日 【届出人】父
特別養子縁組	【特別養子縁組の裁判確定日】平成11年10月7日 【届出日】平成11年10月12日 【届出人】養父母 【送付を受けた日】平成11年10月16日 【受理者】大阪市北区長 【新本籍】東京都千代田区平河町一丁目10番地 【縁組後の氏】丙山
特別養子離縁	【特別養子離縁の裁判確定日】平成18年12月9日 【届出日】平成18年12月15日 【届出人】父母 【新本籍】大阪市北区老松町二丁目6番地 【離縁後の氏】甲野
戸籍に記録されている者 除　籍	【名】みち 【生年月日】平成9年7月9日 【父】甲野義太郎 【母】甲野梅子 【続柄】二女
身分事項 出生	【出生日】平成9年7月9日 【出生地】千葉市中央区 【届出日】平成9年7月13日 【届出人】父 【送付を受けた日】平成9年7月15日 【受理者】千葉市中央区長
婚姻	【婚姻日】平成28年10月3日 【配偶者氏名】乙原信吉 【入籍戸籍】東京都千代田区平河町一丁目8番地　乙原信吉
戸籍に記録されている者 除　籍	【名】英子 【生年月日】昭和62年3月17日 【父】 【母】甲野梅子 【続柄】長女
身分事項	

発行番号000001　　　　　　　　　　　　　　　　　　　以下次頁

3　全部・一部または個人の記録事項証明書

(6の4)　　全部事項証明

出　　生	【出生日】昭和62年3月17日 【出生地】横浜市中区 【届出日】昭和62年3月18日 【届出人】母 【送付を受けた日】昭和62年3月20日 【受理者】横浜市中区長
入　　籍	【届出日】平成17年3月20日 【入籍事由】母の氏を称する入籍 【従前戸籍】京都市上京区小山初音町18番地　乙野梅子
養子縁組	【縁組日】平成18年4月12日 【養父氏名】乙野忠治 【養母氏名】乙野春子 【送付を受けた日】平成18年4月16日 【受理者】京都市上京区長 【入籍戸籍】京都市上京区小山初音町18番地　乙野忠治
戸籍に記録されている者 除　　籍	【名】芳次郎 【生年月日】平成18年1月6日 【父】甲野義太郎 【母】甲野梅子 【続柄】二男
身分事項 　出　　生	【出生日】平成18年1月6日 【出生地】千葉市中央区 【届出日】平成18年1月17日 【届出人】母 【送付を受けた日】平成18年1月20日 【受理者】千葉市中央区長
死　　亡	【死亡日】平成24年12月13日 【死亡時分】午後8時30分 【死亡地】東京都千代田区 【届出日】平成24年12月15日 【届出人】親族　甲野義太郎
戸籍に記録されている者	【名】英助 【生年月日】平成24年5月1日 【父】乙川孝助 【母】乙川冬子 【続柄】二男 【養父】甲野義太郎 【養母】甲野梅子

発行番号000001　　　　　　　　　　　　　　　　　以下次頁

（6の5） 全部事項証明

	【続柄】養子
身分事項 　　出　　生	【出生日】平成24年5月1日 【出生地】東京都千代田区 【届出日】平成24年5月6日 【届出人】父
養子縁組	【縁組日】平成33年1月17日 【養父氏名】甲野義太郎 【養母氏名】甲野梅子 【代諾者】親権者父母 【送付を受けた日】平成33年1月20日 【受理者】大阪市北区長 【従前戸籍】京都市上京区小山初音町20番地　乙川孝助
戸籍に記録されている者 　　除　　　籍	【名】みち 【生年月日】平成9年7月9日 【父】甲野義太郎 【母】甲野梅子 【続柄】二女
身分事項 　　出　　生	【出生日】平成9年7月9日 【出生地】千葉市中央区 【届出日】平成9年7月13日 【届出人】父 【送付を受けた日】平成9年7月15日 【受理者】千葉市中央区長
離　　婚	【離婚日】平成33年7月5日 【配偶者氏名】乙原信吉 【送付を受けた日】平成33年7月7日 【受理者】横浜市中央区長 【従前戸籍】横浜市中区本町一丁目8番地　乙原信吉
分　　籍	【分籍日】平成33年8月2日 【新本籍】東京都中央区日本橋室町一丁目1番地
戸籍に記録されている者	【名】信夫 【生年月日】平成34年6月1日 【父】甲野義太郎 【母】丙山竹子 【続柄】長男

発行番号000001　　　　　　　　　　　　　　　　　　　　　　　　以下次頁

3　全部・一部または個人の記録事項証明書

（6の6）　　全部事項証明

身分事項 　　出　　生	【出生日】平成34年6月1日 【出生地】東京都千代田区 【届出日】平成34年6月3日 【届出人】母 【送付を受けた日】平成34年6月10日 【受理者】東京都千代田区長
認　　知	【認知日】平成35年1月7日 【認知者氏名】甲野義太郎 【送付を受けた日】平成35年1月10日 【受理者】東京都千代田区長
入　　籍	【届出日】平成35年1月15日 【入籍事由】父の氏を称する入籍 【届出人】親権者母 【従前戸籍】千葉市中央区千葉港5番地　丙山竹子
親　　権	【親権者を定めた日】平成35年1月20日 【親権者】父 【届出人】父母
戸籍に記録されている者	【名】啓二郎 【生年月日】平成30年4月3日 【父】甲野義太郎 【母】甲野梅子 【続柄】三男
身分事項 　　出　　生	【出生日】平成30年4月3日 【出生地】名古屋市中区 【届出日】平成30年4月7日 【届出人】母
民法817条の2	【民法817条の2による裁判確定日】平成35年2月12日 【届出日】平成35年2月15日 【届出人】父母 【従前戸籍】名古屋市中区三の丸四丁目3番　甲野啓二郎
	以下余白

発行番号000001

　　　これは，戸籍に記録されている事項の全部を証明した書面である。

　　　　　　平成何年何月何日

　　　　　　　　　　　　　　　　　　　何市町村長氏名　　職印

付録第26号様式　戸籍の消除（施行規則73条7項関係）
第1　全部の消除

除　　籍	（2の1）	全部事項証明
本　　籍	東京都千代田区平河町二丁目１０番地	
氏　　名	甲野　義太郎	
戸籍事項 　　略 　戸籍消除	略 【消除日】平成４６年５月１１日	
戸籍に記録されている者 　除　　籍	【名】義太郎 【生年月日】昭和４０年６月２１日 【父】甲野幸雄 【母】甲野松子 【続柄】長男	
身分事項 　　略	略	
戸籍に記録されている者 　除　　籍	【名】梅子 【生年月日】昭和４１年１月８日 【父】乙野忠治 【母】乙野春子 【続柄】長女	
身分事項 　　略 　死　　亡	略 【死亡日】平成４６年５月９日 【死亡時分】午後８時３０分 【死亡地】東京都千代田区 【届出日】平成４６年５月１１日 【届出人】親族　甲野英助	
戸籍に記録されている者	【名】ゆり 【生年月日】平成６年２月１５日	

発行番号０００００２　　　　　　　　　　　　　　　　　以下次頁

3　全部・一部または個人の記録事項証明書

(2の2)　　全部事項証明

除　　籍	【父】甲野義太郎 【母】甲野梅子 【続柄】長女
身分事項 　　略	略
	以下余白

発行番号０００００２

　　これは，除籍に記録されている事項の全部を証明した書面である。

　　　　平成何年何月何日

　　　　　　　　　　　　　　　　何市町村長氏名　　職印

111

第5　戸籍証明

第2　一部の消除

	(2の1)	全部事項証明
本　　　籍	東京都千代田区平河町二丁目10番地	
氏　　　名	甲野　義太郎	

戸籍事項 略	略
戸籍に記録されている者 　　除　　籍	【名】義太郎 【生年月日】昭和40年6月21日 【父】甲野幸雄 【母】甲野松子 【続柄】長男
身分事項 　　略	略
死　　亡	【死亡日】平成26年5月3日 【死亡時分】午前5時 【死亡地】東京都千代田区 【届出日】平成26年5月5日 【届出人】同居者　丙原正作
戸籍に記録されている者 　　除　　籍	【名】梅子 【生年月日】昭和41年1月8日 【父】乙野忠治 【母】乙野春子 【続柄】長女
身分事項 　　略	略
配偶者の死亡	【配偶者の死亡日】平成26年5月3日
復　　氏	【婚姻前に氏に復した日】平成27年5月8日 【送付を受けた日】平成27年5月12日 【受理者】京都市上京区長

発行番号000003　　　　　　　　　　　　　　　　　　　　　　以下次頁

(2の2) 全部事項証明

	【入籍戸籍】京都市上京区小山初音町１８番地　乙野忠治
戸籍に記録されている者	【名】ゆり 【生年月日】平成６年２月１５日 【父】甲野義太郎 【母】甲野梅子 【続柄】長女
身分事項 　　略	略
親　　権	【親権喪失の審判取消しの裁判確定日】平成２５年９月３日 【親権喪失取消者】父 【届出日】平成２５年９月９日 【届出人】親族　乙原清吉 【従前の記録】 　　【親権喪失の審判確定日】平成２４年６月１日 　　【親権喪失者】父 　　【記録嘱託日】平成２４年６月４日 　　　　　　　　　　　　　　　　　　　　　　　　以下余白

発行番号０００００３

　　これは，戸籍に記録されている事項の全部を証明した書面である。

　　　　平成何年何月何日

　　　　　　　　　　　　　　　　　　　　　　何市町村長氏名　　職印

4 不在籍証明書

　不在籍証明書は，戸籍法10条に規定する「戸籍に記載した事項に関する証明書」には該当せず，一般行政証明として交付することとされている（昭34.9.12民事甲2064）。

　この証明は，証明する公簿にその記録がないことによって被証明事項を否定する消極的証明であることから，他の一般的な証明に対して「反対証明」といわれている。

　例えば，被相続人の登記簿上の住所が誤って登記されている場合に，戸籍や住民票の正しい住所によっては同一人性を証明することができないので，その反対資料として不在籍証明書を提出することになる。つまり，登記簿に記録された登記名義人の表示（氏名または住所）が誤って登記されている場合に，これを正しい表示に更正するのである。

（様式例）

不在籍証明書

不 在 籍 証 明 書

　　本籍

　　氏名

　　上記は，戸籍・除籍に記録のないことを証明します。

　平成　　年　　月　　日

　　　　　　　　　　　　　　　市区町村長　　[職印]

第5　戸籍証明

（参考）

○　特定の地番に何某の戸（除）籍がない旨の証明は，一般行政証明であり，戸籍法第10条の戸籍記載事項証明に包含されない

　　特定の戸籍に何某の記載がないことの証明又は何某の戸籍に特定事項の記載のないことの証明は戸籍記載事項証明に属する

（昭34．9．12民事甲2064回答）

　左記事例の場合はいずれも戸籍法第10条に規定する戸籍に記載した事項に関する証明に包含されるものと解してさしつかえないでしょうか。疑義がありますので何分の御指示を仰ぎます。

記

1．別紙の如き不在籍証明
2．戸籍を特定して，当該戸籍に何某の記載がないことの証明
3．何某の戸籍に特定事項（戸籍法に基く記載事項，例えば婚姻事項，認知事項）の記載のないことの証明
　（別紙省略）

回　答

　本月7日付戸甲第733号で照会の件については，次のとおり考える。
1．については，当該証明は，一般行政証明であつて，戸籍法第10条に規定する「戸籍に記載した事項に関する証明」に該当しない。
2．3については，貴見のとおり。

○　不在籍証明書の取扱いについて

（昭49．3．27東戸協発33東京法務長宛）

不在籍・不在住証明の取扱いについて（通知）

　従来，区長が発行してきました不動産登記法第43条第1項に規定する登記法人（名義人）の表示更正登記申請のため必要としておりました不在籍・不在住証明書は，その根拠が現在公簿に基づかない証明であるため，証明行為として不確実なものも発給される可能性がありました。

　このため，これを避けるべく今後下記により，現在証明に改めます。

　なお，本件については，特別区（東京23区）共通に扱うことに決定しておりますので，念のため申しそえます。

記

1　証明文

不在籍証明の場合
　　　「上記のものは，現在肩書地に戸籍のないことを証明する」
 2　証明する範囲
　　　不在籍証明の場合
　(1)　現在，本区に戸籍のない人
　(2)　現在，本区に戸籍はあるが，証明内容について番地，氏名等が違っている場合
　(3)　過去及び現在の町丁名が誤記の場合
　(4)　本籍が住居番号で表示されている場合
 3　施行期日
　　　昭和49年4月1日

5 独身証明書

　この証明書は，結婚情報サービス・結婚相談業者に提出する証明書，すなわち結婚相談業者に対して入会を希望する本人から，入会申込みに当たり自らが独身であることを証明する目的で申請があった場合に発行するものとされている。

　本人が請求する場合（郵便による請求も可），民法732条の重婚禁止や民法733条の再婚禁止期間に抵触しない旨を証明する。

　こうした独身の証明に当たって，証明事項が定型化されている戸籍の謄抄本や戸籍記録事項証明書を提供した場合には，プライバシーの侵害につながる可能性があることから，法務省指導により証明している（平12. 4.10民二945通知）。

　日本人が外国において外国の方式により婚姻する場合などには，日本人が外国で婚姻する場合の要件具備証明書が使用されるが，要件具備証明書が「氏名」及び「生年月日」に加え戸籍の表示，すなわち「本籍及び筆頭者氏名」を申請人の特定事項としているのに対して，本証明書は「氏名」「生年月日」と「本籍地」（本籍のある市区町村まで）とされている。

　ちなみに，独身証明書は，京都市が昭和61年から「婚姻要件に関する証明」として発行し，平成9年までに大阪府の全ての市町村が発行した。いずれも，本籍地は市町村まで，筆頭者の氏名と続柄は無かった。

（参考）

○　結婚情報サービス・結婚相談業者に提出する証明書の表題変更について

（平20. 9.30法務局民事行政部戸籍課長，地方法務局戸籍課長あて法務省民事局民事第一課補佐官（戸籍担当）事務連絡）

　標記について，経済産業省商務情報政策局サービス産業課長から別紙1のとおり照会があり，別紙2のとおり回答されたので，通知します。

　なお，本証明書は，一般行政証明として取り扱われるものであるから，戸籍法第10条の3の規定について直接適用されることはありませんが，本証明書は本人が自ら請求する場合に限られるものであることから，運転免許証等の提示を求め

る等の方法により請求者の本人確認手続を行う取扱いであることについて変更はない旨を申し添えます。
　ついては，貴管下支局長及び管内市区町村長に周知方取り計らい願います。
（別紙１）

平成20年９月16日
　法務省民事局民事第一課長　殿
　　　　　　　　　　　　経済産業省商務情報政策局サービス産業課長
結婚情報サービス・結婚相談業者に提出する証明書の表題変更について（照会）
　本件証明書は，結婚情報サービス・結婚相談業者（以下「事業者」という。）への入会を希望する者が独身である旨を証明するためのものであり，差別事案の発生を防止する観点から全国において幅広く利用されるよう，平成12年５月に当省からも各事業者宛に周知しているところです。
　他方，本件証明書については，その表題が「結婚情報サービス・結婚相談業者提出用証明書」と事業者に提出することが明示されていることが障害となり，同証明書が利用しにくくその表題を変更して欲しい旨の要望が一部の入会希望者から事業者側に寄せられている状況にあります。
　そのため，本件証明書を利用者にとってより利用しやすいものとするために，同証明書を別紙様式に変更したいと考えておりますが，この取扱いについて戸籍事務の観点から差し支えないか照会します。

（別紙２）
　　　　　　平成20年９月26日
　経済産業省訟務情報政策局サービス産業課長　殿
　　　　　法務省民事局民事第一課長
結婚情報サービス・結婚相談業者に提出する証明書の表題変更について（回答）
　平成20年９月16日付けをもって照会のあった標記の件については，貴見のとおり取り扱って差し支えないものと考えます。

第5　戸籍証明

別紙様式（平20.9.30法務省民事局民事第一課補佐官事務連絡）

独身証明申請書

平成　年　月　日

何市区町村長　殿

　　　　申請人（証明を受ける者に限る。）
　　　　　　住　　所 ＿＿＿＿＿＿＿＿＿＿＿＿＿＿＿＿＿＿＿
　　　　　　氏　　名 ＿＿＿＿＿＿＿＿＿＿＿＿＿＿＿＿　㊞
　　　　　　生年月日　　　　　　　　　　　年　月　日生
　　　　　　本　　籍（番地まで）＿＿＿＿＿＿＿＿＿＿＿＿
　　　　　　筆頭者氏名 ＿＿＿＿＿＿＿＿＿＿＿＿＿＿＿＿

　下記事項について証明願います。なお、証明書には、申請人の氏名のほか、生年月日及び本籍地を記載願います。

記

　申請人が結婚するに当たり、民法第732条（重婚の禁止）の規定に抵触しない。

------------------------- きりとり線 -------------------------

独身証明書

氏　名 ＿＿＿＿＿＿＿＿＿＿＿＿＿＿＿＿＿＿＿

生年月日　　　　　　　　年　　　月　　　日生

本籍地　［東京都・政令指定都市の場合は区まで
　　　　　市町村の場合は市・町・村まで　　　］

　当市区町村保管の公簿によれば、上記の者が婚姻するに当たり、民法第732条（重婚の禁止）の規定に抵触しないことを証明する。

　　　　　　平成　　年　　月　　日

　　　　　　　　○○市（区）町村長○○○○　　[職印]

○　結婚情報サービス・結婚相談業者に提出する証明書の取扱いについて

（平成12年4月10日付け法務省民二第945号民事局第二課長依命通知
（平成12年4月6日付け平成12・4・5生局第3号通商産業省生活産
業局長照会，同年4月10日付け法務省民二第944号民事局長回答））

（依命通知）　標記について，通商産業省生活産業局長から別紙1のとおり照会があり，別紙2のとおり回答されたので，通知します。

　なお，本取扱いは，本人が自ら結婚情報サービス・結婚相談業者提出用証明書を請求する場合に限るものであり，かつ，当該証明は一般行政証明として取り扱われるものであるから，その旨留意願います。

　ついては，貴管下支局長及び市区町村長に周知方取り計らい願います。

別紙1

通　商　産　業　省

平成12・4・5　生局第3号
平成 12 年 4 月 6 日

法務省民事局長　殿

通商産業省生活産業局長

　　結婚情報サービス・結婚相談業者に提出する証明書について（照会）

　結婚情報サービス・結婚相談業者（以下「事業者」という。）が健全かつ適正な業務運営を行うためには，業の性格上，入会している者が独身であることが必要であり，そのためには，入会希望者が入会を申し込む際に，当該者が独身であることを公的に証明されることが不可欠であります。しかし，現状では，入会希望者が独身である旨を証明するには「戸籍謄抄本」等を提示する手段しかないため，差別と指摘されるような事案が発生するなどの問題が生じております。

　そこで，このような差別事案の発生を未然に防止する観点から，本人が自ら事業者提出用証明書を請求する場合に限り，本籍地（本籍のある市区町村）を表示した別紙様式による証明書を市区町村長から一般行政証明として発行できる仕組みが必要であると考えておりますが，この取扱いにおいて戸籍事務の観点から差し支えないか照会します。

（別紙）省略

別紙2

法務省民二第944号
平成12年4月10日

第 5 戸籍証明

通商産業省生活産業局長　殿
　　　　　　　　　　　　　　　　　　　　　法務省民事局長
　結婚情報サービス・結婚相談業者に提出する証明書について（回答）
　本月6日付け平成12・4・5生局第3号をもって照会のあった標記の件については，差し支えないものと考えます。

6　日本人が外国で婚姻する場合の要件具備証明書

　この婚姻要件具備証明書は，日本人と外国人とが外国において婚姻する場合，本人の身分関係と本人が日本法上婚姻要件を備えていることを証明するものである。

　市区町村長の発行する婚姻要件具備証明書は，日本人が外国の方式により婚姻する場合に必要とされる（昭31.11.20民事甲2659）。

　この証明書は，本籍地市区町村長が交付するほか，婚姻当事者から本人の戸籍謄本を提示して請求があった場合，法務局長，地方法務局長または大使，公使もしくは領事も交付することができるとされている（同回答）。

　なお，従来，この証明書の様式は，昭和35年9月26日付け民事二発392号回答で示され，市区町村ではこれを参考に証明書の交付を行ってきた。しかし，この様式では相手方の性別が記載されないことから，同性婚を認める外国において，同性婚の届出に使用するために証明書を取得する事例が発生した。このため，法務省は，相手方の「国籍」「氏名」「生年月日」「性別」を付加して記載する様式を示している（平14.5.24民一1274通知）。

　なお，相手方（外国人）の氏名の表記は，
① 　原則としてカタカナで表記する。
② 　本国において氏名に漢字を用いている場合には，これに対応する日本の正しい文字を使用するときに限り，カタカナを用いずに漢字で表記することができる。
③ 　中国の簡化字体表により対応する日本文字が特定できる場合には，正しい日本文字を用い，これに中国簡化字を併記してもよいとされている。ただし，これに不安がある場合は，簡化字のままで作成することになる。

日本人が外国で婚姻する場合の要件具備証明書（平14．5．24民一1274別紙様式）

証　明　書

日本人当事者	戸籍の表示 （本　　籍） （筆頭者氏名）			
	出　生　地			
	父		続柄	
	母			
	氏　　　名			
	生年月日			
相手方	国　　籍			
	氏　　　名			
	生年月日		性別	

　当○○備え付けの戸籍原本（記録）によれば，上記の日本人は独身であって，かつ，婚姻能力を有し，相手方と婚姻するにつき，日本国法上何等の法律的障害のないことを証明します。

　　　　　　　　平成　　年　　月　　日

　　　　　　　　　　　　　　　　　市区町村長　　職印

(参考)

○ 法務局で交付する婚姻要件具備証明書の様式について

(平14.5.24民一1274通知)

　標記については，昭和35年9月26日付け民事二発第392号民事局第二課長回答により示された様式を参考にして交付されているものと思われるところ，今般，外国において認められている同性婚に使用するために同証明書が取得された事例がありました。もとより，婚姻要件具備証明書は，当該証明に係る日本人につき，日本法上の婚姻の成立要件を満たすことを証するにとどまるものですが，従来の同証明書の様式では婚姻の相手方の性別が記載されないことから，同性の相手方との婚姻について，日本法上の法律的障害がなく日本においても有効に成立させ得るように誤解されるおそれがあります。

　そこで，今後，貴局において同証明書を交付する際には，婚姻の相手方である外国人の性別を記載して交付することとし，また，管内市区町村長に対しては，同証明書が戸籍法に規定のない一般行政証明であることから，当該取扱いをすることについて協力を求めるようにお取り計らい願います。

　なお，婚姻の相手方が日本人当事者と同性であるときは，日本法上，婚姻は成立しないことから，同証明書を交付するのは相当でないと考えます。

　おって，婚姻を始め各種要件具備証明書を作成する際には，別紙様式を参考にしていただくよう願います。

(別紙) 省略

○ 日本における婚姻要件具備証明書の発給官庁について

(昭31.11.20民事甲2659回答（昭31.10.19条三2013外務省条約局長照会))

　在本邦オーストリア公使館から別添写の口上書をもつて，日本国の法律の規定により結婚可能の者である旨の日本国民のための証明書の発給に関して通報方要請越した。

　については別添口上書写によつて委細御了知の上右に関し貴見の御回報を願いたい。

　　オーストリー公使館　　　　　　　　　　　　　(写し)
　　　東　京
　　　見出番号　2901－A／56
　　　　　口　述　書
　　オーストリー公使館は外務大臣に対し御挨拶申し上げますと共に後述の回答をお願いすることを名誉に思います。

第5　戸籍証明

　日本人に対して「ある者は日本の法律の規定により婚姻できる」という特別の証明書を発行している日本の官庁はどれですか。
　たとえばオーストリーで出されているこの種の証明書（ドイツ語でいえば婚姻能力証明書）は申請者が欲している婚姻を無効にするようないかなる法律的障碍（未成年，重婚等）もないことを証明するものです。
　オーストリー公使館はこの機会にその最も権威ある見解に対する確信を新にするため外務大臣にお願いします。

東京　1956年10月24日

　　　　回　　答
　客月19日付条三第2013号で照会のあつた件は，次のとおりである。
　日本国民が，民法（明治29年法律第89号，第739条，第741条）及び戸籍法（昭和22年法律第224号，第74条，第40条）の規定により，市町村長又は大使，公使若しくは領事に婚姻の届出をする場合には，戸籍の原本又は謄本等によつて，その者が当該婚姻の要件を具備するかどうかを審査してその届出を受理することとなる。従つて，所問の証明書は，一般に日本国民が外国の方式によつて婚姻をする場合にのみ必要となるのであるが，同証明書発給の権限は，日本の市町村長がこれを有するものと解する。もつとも，婚姻の当事者が，自己の戸籍謄本を呈示して同証明書の発給方を申し出たときは，当省の下部機関である法務局若しくは地方法務局の長又は大使，公使若しくは領事においても，当該戸籍謄本に基き同証明書を発給することができるものと解する。

○　一般行政証明としての婚姻要件具備証明書の様式
（昭35．9．26民事二発392回答）
　次の2事案について疑義を生じましたが急を要するので電照致します。
　　　　記
1．朝鮮人の女が夫の死亡後，先妻の未成年の子供を養子とするには，韓国新民法872条，912条の規定によらなければならないものと考えられますが，同法872条の規定によれば，かかる場合親族会の同意を必要とされているが，わが民法には親族会についての制度がないので，これを得ることは不可能であります。
　　こうした場合は如何に処理すべきでしょうか。
　　尚，かかる場合は同法969条に準じて縁組許可の審判を求めることが可能であるという説がありますので申し添えます。
2．昭和31年11月20日民事甲第2659号回答による婚姻能力証明書は如何様に記述

して発給すべきものか，また該証明書は戸籍記載事項証明，一般行政証明のいずれにすべきか併せて御教示願います。

　　　回　　答
８月30日付電信で照会のあつた標記の件については，次のとおりである。
1．所問の場合，韓国新民法第871条の規定により，母方の祖母の同意があれば養子縁組は可能なものと解する。
2．別紙様式を参考とされたい。なお，該証明書は一般行政証明として取扱うべきものと考える。
(別紙)
交付番号
　　　証　明　書
戸籍の表示
出生地
父　何某
母　何某　続柄　何

　　　　　　　　　　　　　　事件本人　氏　　　名
　　　　　　　　　　　　　　　　　　　出生年月日
　当庁備付の戸籍原本によれば，右事件本人は未婚であつて，かつ，婚姻能力を有し，国籍何々何某と婚姻するにつき，日本国法上何等の法律的障害のないことを証明する。
　　　年　　月　　日
　　　　　　　　　　　　　　　　県郡村長　何　　　　某㊞

7 渉外事件についての身分関係証明書，戸籍抄本の英訳証明書 —

　例えば，被相続人の遺産が外国にある場合，亡くなった外国人父または母の本国にある遺産を直系卑属である子（日本人）が相続する場合は，外国の官憲に対し，外国人父または母の相続人であることを証する書類を提出しなければならない。しかし，戸籍法はこうした渉外事件に関する証明について何ら規定しておらず，このような場合には，一般行政証明として，証明書を交付するものとされている。

　この証明書は，証明の申請人から提出された戸籍謄本に基づき，その者の本籍地を管轄する法務局長または地方法務局長および本籍地市区町村長が交付するものとされている。ただし，市区町村長が証明する場合には，管轄局の意見を求めた上で交付するものとされている（昭25．9．12民事甲2511回答，昭26．4．26民事甲821回答）。

　この証明書は欧文によって作成することもでき，その形式については，適宜の方法で差し支えないとされている（昭25．9．12民事甲2511回答）。

　申請人より，外国官憲に提出するために必要として，交付を受けた戸籍抄本を英訳し，これを添えて英文による戸籍抄本の交付請求があった場合，市区町村長は，申請人から提出された戸籍抄本の英訳文に，証明文を付して一般の行政証明として交付することは差し支えないとされている（昭28．10．31民事甲2026回答）。

　この場合の証明文は，英訳による戸籍抄本の余白に，「これは，戸籍抄本の英訳であることを証明する。」として交付する。

　外国の関係機関によっては，その国における手続のために日本の公文書について，駐日外国領事による認証を要求する場合がある。駐日外国領事の認証には外務省による証明が必要とされる。この場合，外務省（外務本省および大阪分室）では，日本の官公署が発行した文書に押印された公印について，権限のある者の公印である旨の公印確認の証明を行っている。

　公文書の外国語訳についても，公証人，地方法務局長，市区町村長の公印証明があれば，その公印を外務省で証明することとされている。

（様式例）
身分関係証明書（市区町村長が証明する場合）の例

　　本区に本籍のある甲野義太郎の戸籍謄本により，同戸籍中の甲野健人，甲野真理奈の両人は，父甲野義太郎及び母フォンデンボッシュ，マリア（国籍ドイツ連邦共和国）との間に出生し，日本民法の規定によれば，母フォンデンボッシュ，マリア（平成21年4月24日午前7時40分東京都〇〇区で死亡）の相続人たる身分を有し，かつ同戸籍中には前記両人のほかにフォンデンボッシュ，マリアを母とする子の記載がないことを証明します。

　　平成21年6月1日

　　　　　　　　　　　東京都〇〇区長　　　　　　職印

（注）この証明は，管轄法務局の意見を求めた上で交付する（昭26・4・26民事甲821回答）。

身分関係証明書（法務局長が証明する場合）の例

　　平成21年5月25日東京都〇〇区長によって真正に作成されたと認められる甲野義太郎の戸籍謄本により，同戸籍中の甲野健人，甲野真理奈の両人は，父甲野義太郎及び母フォンデンボッシュ，マリア（国籍ドイツ連邦共和国）との間に出生し，日本民法の規定によれば，母フォンデンボッシュ，マリア（平成21年4月24日午前7時40分東京都〇〇区で死亡）の相続人たる身分を有し，かつ同戸籍中には両人のほかにフォンデンボッシュ，マリアを母とする子の記載がないことを証明します。

　　平成21年6月1日

　　　　　　　　　　　東京法務局長　　　　　　　職印

第5　戸籍証明

戸籍抄本の英訳証明書の例

Certificate

May 25, 2009

HOUSEHOLDER

Name	Yoshitarou KOUNO
Permanent domicile	1-15-1 Minami-Asagaya Suginami-ku, TOKYO, JAPAN

Subject 1：(omission)

Subject 2：

Name	Kento KOUNO
Date of birth	March 16, 1998
Family position	Son
Father's name	Yoshitarou KOUNO
Mother's name	Maly FONDENBOSSHU
Sex	Male
Place of birth	Suginami-ku, TOKYO, JAPAN
Date birth was reported	March 23, 1998
Reporter	Father

Subject 3：

Name	Marina KOUNO
Date of birth	September 5, 2001
Family position	Daughter
Father's name	Yoshitarou KOUNO
Mother's name	Maly FONDENBOSSHU
Sex	Female
Place of birth	Suginami-ku, TOKYO, JAPAN
Date birth was reported	September 12, 2001
Reporter	Father

I certify that the foregoing is a correct translation.

Translator's signature

Translator's name and date　　Yoshitarou KOUNO　May 25, 2009

これは，戸籍抄本の英訳であることを証明します。

　　平成　　年　　月　　日

　　　　　　　　　東京都〇〇区長　　　　　　　職印

(参考)

○ 日本人が外国人の遺産を相続する場合の身分関係証明書について

(昭25．9．12民事甲2511回答)

　今般当局に関し別紙のような証明願が提出されたが，右のような趣旨は大体において戸籍謄本によつて証明し得られ，当局において証明すべき限りではないと思考されるのでありますが

願出人は，

　別紙戸籍謄本記載の通り，自分の妻は独乙人でその間に2子を挙げ，昭和22年8月16日死亡したが，独乙に在る妻の父ゴトリズ・ブロックマンが昭和24年12月23日(1949年)死亡し相続が開始したと云う訳で，今般遺族の代理人である弁護士から遺産を相続するに必要故，日本裁判所の右のような趣旨の証明を送付せられたい旨の書面があつたので，住所地である岡山家庭裁判所に願出たところ別紙書面のような趣旨で拒絶せられ，本籍地の法務局に願出て見たらどうかと云われたので願出た次第で，独乙の裁判所では日本裁判所の証明と云うから戸籍謄本では用を為さず，裁判所でも証明出来ないし，法務局でも証明しないとなれば，結局相続することが出来ないことになると云うのであります。

については，

　右願出のような趣旨の証明は出来ないにしても，願出人から提出した戸籍謄本又は当局に保管してある同一の戸籍副本に基き，乙，丙の両名は，戸籍上父甲と母エリザベートとの間に出生した子で，母エリザベートの遺産相続人の地位にある旨の証明を法務局として，為し得るかどうかについて，御意見を御伺い致したいのであります。

　尚本人は独乙裁判所では独乙語又は英語による証明を必要としていると云うのですが，右証明が出来るとすれば欧文の証明が可能かどうか，可能とすればその形式も併せて御指示を願います。

(別紙)

　　　　証　明　願

本籍　仙台市東一番丁15番地

　　乙　昭和10年1月19日生(西暦紀元1935年1月19日生)

　　丙　昭和11年6月18日生(西暦紀元1936年6月18日生)

　右両名は父甲と母エリザベートとの間に出生した子供であつて母エリザベートは昭和22年8月16日午前7時40分岡山市岡164番地において死亡し右同人には前記乙及丙以外に子供なく母エリザベートの遺産相続人は右両人以外には他にないことを戸籍上証明して下さい。

昭和25年8月　日（西暦紀元1950年8月　日）
　　　　　右　乙
　　　　　　　丙
　　　　右両名法定代理人
　　　　　親権者父
　　　　　　　甲
仙台法務局　御中

（別紙）
最高裁判所家庭甲第192号
　　昭和25年6月29日
　　　　　　　　　　　　最高裁判所事務総局家庭局長　宇田川　潤四郎
岡山家庭裁判所　家事審判官　竹内　勇平殿
　親族関係の証明書交付申請について（回答）6月21日付日記第160号を以て御照会の標記の件については左記の通り回答します。
　　　　　　　　　　　記
　現行制度のもとにおいては家庭裁判所には親族関係を証明する権限はないから所問の様な証明書の交付申請は戸籍事務管掌者又は地方法務局に対してするのが相当であると思料する。
　　　　　　　　　回　　答
　証明願出人から提出したその戸籍謄本に基き貴職において左記要旨の証明書を作成し，願出人に交付して差しつかえない。なお，同証明書は欧文によって作成することを妨げないが，その形式については貴職において適宜考慮されたい。
　　　　　　　　　　　記
　年　月　日仙台市長によつて真正に作成されたと認められる甲の戸籍謄本により，同戸籍中の乙，丙の両人は，父甲及び母エリザベートの間に出生し，日本民法の規定によれば，母エリザベート（昭和22年8月16日午前7時40分岡山市で死亡）の相続人たる身分を有し，且つ，同戸籍中には前記両人のほかにエリザベートを母とする子の記載がないことを証明する。

○　欧文による身分関係の証明書を交付できる者
　　　　　　　　　　　　　　　　　（昭26.4.26民事甲821回答）
(1)　昭和25年8月24日付仙台法務局長照会に対する同年9月12日付民事甲第2,511号貴官御回答（戸籍15号24頁）による身分関係の証明を欧文によつて作

成することのできるのは法務局長又は地方法務局長（同支局長も含むものと解する。）に限るのであるか，或は市町村長も作成し得るものと解してよろしいか。
　なお，欧文による証明は回答にいう被相続人たる外国人の遺産を相続するに必要なる場合に限定する趣旨か，それとも凡そその必要ありとて親権関係についての証明の請求のあつた場合の総てを含むものと解してよろしいか。
(2)　戸籍法第105条による報告が民事局長名でなされたときの戸籍の記載例は法務総裁報告とする説と法務府民事局長報告とする説と両説あるが何れがただしいか。

　　　　　　　　回　　答
一　前段　引用の先例は，証明を受ける者の本籍地を管轄する法務局若しくは地方法務局又はその支局においてのみ証明書を交付できると限定したものではなく，本籍地市町村においてもかかる証明書を交付できるものと解する（地方自治法第2条第3項第15号参照）。但し，この場合は，その証明内容にかんがみ，上記監督の局の意見を求めた上で交付するのが相当である。
　　後段　右先例の事案に限らず，親族法上の渉外事件について必要があるときはその請求により交付して差しつかえない。従つて，親子間における法律関係（親権又は子の監護等）の渉外事件について必要があるときにも，その請求により交付して差しつかえない。
二　所問の後説の振合によつて記載するのが相当である。

○　市区町村長は戸籍抄本の英訳であることを証明する旨の証明文を交付することができる

　　　　　　　　　　　　　　　　　　　　　（昭28.10.31民事甲2026回答）
　この度静岡市長から別紙の通り同市在籍者から外国官憲に提出するため必要である趣をもって別添英文の通り同人がかねて交付を受けた戸籍抄本を英訳し，これを添え英文による戸籍抄本の交付の請求があり，その取扱い方につき伺出がありましたところ英文による戸籍抄本を交付することはできないものと考えられますが市町村長の一般証明事務として戸籍抄本の英訳であることを証明することは差し支えないものと考えられますところその証明文について疑義がありますので何分の御垂示を仰ぎます。
（別紙）
日記第1,079号
　昭和28年10月19日

　　　　　　　　　　　　　　　　　　　　　　　　静岡市長　増田　茂

第5　戸籍証明

　静岡地方法務局長　北川　一松殿
　　英文による戸籍抄本の証明について
本市在籍の別紙の者につき英文による戸籍抄本の請求がありましたが証明して差支えありませんか。
　　別紙（略）

　　　　　　　回　答

　貴見の通り一般の行政証明として「戸籍抄本の英訳であることを証明する。」との証明文を交付することは差しつかえないものと考える。

8 除籍・改製原戸籍・再製原戸籍の廃棄通知書（廃棄証明書）

　廃棄通知書（廃棄証明書）は，除かれた戸籍等としての効力を失っている事実を通知もしくは証明するものである。

　保存期間を経過した除籍簿等は，戸籍実務上，市区町村長において，帳簿書類廃棄決定書を作成の上（平16．4．1民一850号通達「戸籍事務取扱準則制定標準」（「準則」という。）54条），廃棄することとされおり，この廃棄決定により，たとえ物理的廃棄前であっても，除かれた戸籍等としての効力を失うものと解されている。

　戸籍法施行規則等の一部を改正する省令（平成22．5．6法務省令22号。「平成22年改正省令」という。）が，平成22年6月1日から施行されたことに伴い，平成22年5月6日付け法務省民一第1080号民事局長通達「戸籍法施行規則等の一部改正に伴う戸籍事務の取扱いについて」（「1080号通達」という。）が発出された。

　平成22年改正省令は，①除籍簿等の保存期間を伸長するとともに，②戸籍法の一部を改正する法律（平19．5．11法律35。「平成19年改正法」という。）が施行（平20．5．1）された後の実務の運用を踏まえて戸籍謄本等の交付請求の際の権限確認書面の有効期限，戸籍の手続において提供された書面の原本還付ならびに不受理申出およびその取下げの方法について規定の明確化を図ったものである。

　ここでいう「除籍簿等」とは，除籍簿または除かれた戸籍およびそれらの副本のほか，戸籍法施行規則10条の2第2項および88条4項，附則3条省令7条並びに平成6年改正省令附則2条6項の規定による原戸籍をいう。なお，附則3条省令とは，「戸籍法附則第3条第1項の戸籍の改製に関する省令（昭32．6．1法務省令27，即日施行）」をいう。

　平成22年改正省令により保存期間を伸長された除籍簿等およびその保存期間は，次のとおりである。

平成22年改正省令による改正後（平22.6.1）の除籍簿等の保存期間一覧

帳簿の種類	保存期間の根拠規定	保存期間	改正前
除籍簿	規則5条4項	除籍となった年度の翌年から150年	80年
改製原戸籍	戸籍法施行細則48条，51条，規則88条4項	改製の翌年から150年	80年
	附則3条省令7条	改製した年度の翌年から150年	50年
	平成6年改正省令附則2条1項，6項	改製の日から150年	100年
再製原戸籍	法11条の2第1項（12条2項による準用の場合を含む。），規則10条の2第2項	再製した年度の翌年から150年	80年
戸籍簿・除籍簿の副本	規則18条2項，5条4項	送付を受けた年度の翌年から150年	80年
受附帳	規則21条3項	調製した年度の翌年から150年	50年

　戸籍法施行規則が定める除籍簿等の保存期間に関する規定は，その廃棄が可能となる最短期限を定めたものであるから，改正前の規定による保存期間を経過した除籍簿等についても，これに対する廃棄決定により法律上の除籍等としての効力を失わない限り，当然に適用されることになるものと解される（昭37.8.11民事甲2303回答）。

　そこで，1080号通達は，既に保存期間を経過している除籍簿等で廃棄決定をしていないものは，平成22年改正省令による改正後の保存期間に関する規定が当然に適用される結果，その保存期間が150年となることを明らかにしている（第1の1の第2段落）。これに対し，既に保存期間を経過している除籍簿等で既に廃棄決定をしたものは，改正後の保存期間に関する規定が適用されないが，このうち市区町村が廃棄処分を留保して保管しているものについては，除籍簿等の保存期間が伸長された趣旨にかんがみ，その廃棄決定を取り消すことにより，法律上の除籍等としての効力を回復させ，改正後の保

存期間に関する規定を適用することとしている（第1の1の第3段落）。

ただ，明治5年式戸籍（壬申戸籍）は，明治31年戸籍法（明31法12）または大正3年戸籍法（大3法26）等に基づき改製原戸籍または除籍となり，その保存期間経過により廃棄手続がとられている。物理的な廃棄処分は，留保されているが，その公開を予定した状態にないから，ここでいう「除籍簿等」には含まれないものと解されている。

なお，除籍または改製原戸籍については，通達上，これをマイクロフィルム化または光ディスク化をして正本とし，マイクロフィルム化または光ディスク化の前の戸籍用紙によるものを廃棄する取扱いが認められている。

昭和50年2月4日付け法務省民二第664号民事局長通達は，「一　除籍・改製原戸籍（以下「除籍等」という。）のマイクロフィルム化は，除籍等が滅失するおそれがあるときにする除籍等の再製の手続（戸籍法第12条第2項，第11条，戸籍法施行規則第10条）に準じた手続によるものとする。」，「三　撮影済除籍等は，マイクロフィルム撮影完了後1年を経過すれば，廃棄して差し支えない。」としている。

平成7年2月28日付け法務省民二第2003号民事局長通達（「2003号通達」という。）は，「1　戸籍法第117条の2第1項の指定を受けた市区町村長が，除籍又は改製原戸籍（以下「除籍等」という。）の記載事項を画像情報処理方式により光ディスクに記録し，当該光ディスクを正本として取り扱うことは，差し支えない」，「4　1による光ディスク化は，除籍等が滅失するおそれがあるときにする除籍等の再製の手続（戸籍法第12条第2項，第11条，戸籍法施行規則第10条）に準じた手続によるものとする」，「6　光ディスクに記録済みの除籍等は，4の手続完了後1年を経過したときは，廃棄して差し支えない。」とされている。

ちなみに，除籍簿も保存期間が定められいるが，これは市区町村長に対して保存期間を明らかにしたものであり，この保存期間は最少限の期間であるから，これを超えて保存することは何ら差し支えない。

保存期間を経過した除籍簿の廃棄は，帳簿書類廃棄決定書の作成（平16.4.1民一850通達「戸籍事務取扱準則制定標準」54条）により法的な廃棄が決定さ

137

れるので，その後は物理的に廃棄が可能となる。したがって，保存期間を経過しても，廃棄決定前であれば除籍としての効力に何ら変更が生ずるものではないから，謄抄本等の請求には応じなければならない。これとは逆に，保存期間を経過し廃棄決定がなされた後は，除籍としての効力はなくなるから，物理的廃棄がなされていない場合でも，謄抄本等の請求には応ずることはできない。

(様式例)
除籍・改製原戸籍・再製原戸籍の廃棄通知書

```
                廃棄通知書（証明書）

   除籍の表示　本籍


          筆頭者氏名


    上記の除籍は，保存期間が経過し，　年　月　日廃棄決定済です。



   平成　年　月　日

                        市区町村長        職印
```

第5　戸籍証明

(参考)

○　滅失の虞れある戸籍の再製原戸籍につき，謄抄本の請求があつても交付しないのが相当である。特に必要があれば行政証明として取り扱う

(昭37.11.2民事甲3175回答)

　用紙粗悪で滅失の虞れがあるため再製した戸籍の原戸籍について，謄抄本の請求があつた場合，交付してさしつかえないものと思料しますが，いささか疑義がありますので，何分の御指示を仰ぎたく御照会いたします。

　　　　回　答

　客月18日付旭法戸第201号をもつて照会のあつた標記の件については，次のとおりである。

　所問の再製原戸籍は，滅失した戸籍の再製後における仮戸籍等と同様に戸籍としての効力はなく，その戸籍の再製資料として保存するものであるから，特にその必要がある場合には一般行政証明として取扱うのが相当である。

9 明治5年式戸籍（除籍）通知書

「明治5（1872）年式戸籍」は，壬申（みずのえ・さる）の年に施行されたことから，「壬申（じんしん）戸籍」と呼ばれている。この壬申戸籍は，改製原戸籍，あるいは除籍として保管されているが，その保存期間経過により，廃棄手続が取られている（保存期間が50年の時期に廃棄されたものもあり，80年とされた時には大部分が保存期間を経過していたため，廃棄措置がとられた。）。また，平成22年の戸籍法施行規則改正（平22.5.6省令22）により保存期間が150年に伸長され（平22.6.1施行），廃棄決定されたもののうち，物理的な廃棄処分を留保して保管中の除籍簿等は廃棄処分を取り消して伸長された保存期間を適用するものとされた。しかし，壬申戸籍は，「市区町村の保管している壬申戸籍を管轄法務局へ戻すこと。法務局では，その戸籍を厳重に保管して，人目に触れることのないようにすること。」という封印措置が講じられているため，対象外である。したがって，引き続き公証できないことになる。

前文・本文33則・式7号の明治5年式（壬申）戸籍（「戸籍法」明4.4.4太政官布告170，明5.2.1施行）の概要は，斉藤忠男著『Q&A　戸籍公開の実務』（日本加除出版，2004）によると以下のとおりである。

① 戸籍事務の詳細は，太政官の達や各地方令によって定められた。
② 戸籍の編製作業は，原則として明治5年2月1日を基準にして検査・編製するものとされ，だいたい同年度中に整備された。
③ 戸籍は，編製後6年ごとに戸口調査を行い，それに基づき編製されることとなっていた（法4則）が，社会の進展に伴い人口移動が増加したためこの取扱いは，明治6（1873）年に廃止され，実際には実施されなかった。
④ 戸籍事務は，数か町村をもって設けられた区に置かれた戸長，副戸長が掌った（法1則）。
⑤ 戸籍の編製単位は戸であり，戸は，戸主と家族で構成された現実の生活共同体である世帯であった（法29則）。生活を共にする者のうち，独

立して一戸をなし難い者，家族関係にない者は，同居先の世帯の一員とされ，その戸籍の末尾に附籍者として記録された。
⑥ 戸籍簿は，町村単位に編製され，町村内の屋敷を単位に番号を定めた屋敷番号順につづられた。
⑦ 戸籍は，戸主によって表示され，戸主替りになったときは，従前の戸籍に張紙をして，新しい戸主を中心とした戸籍が編製されるか，あるいは，戸主との続き柄を訂正するにとどめた。
⑧ 戸籍には，一定の序列に従って戸の総人員の姓名，年齢，戸主との続柄，身分関係の取得の事由等の身分関係のほかに，華士族，平民の別，職業，寺院，氏神が記載され，戸主については，印鑑も登録されていた。
⑨ 各戸の出生，死亡，出入等は，必ずその時々戸長に届け出るものとされ，それに基づいて身分関係及び住所の変動が戸籍に記載された（法5則）。
⑩ 戸籍は，美濃紙の規格による公用罫紙に記載するものとされた（法27則）が，実際には，美濃白紙が多く使用された。
⑪ 壬申戸籍には，除籍の概念がなかったので，当初編製されたものは除去されることがなかった。

明治19（1886）年になって戸籍を整備するために，明治4年戸籍法の細則である内務省令および同訓令が制定され，戸籍様式と戸籍制度の改革がなされた。この省令および訓令に基づく戸籍は明治19年式戸籍と呼ばれている。

壬申戸籍を明治19年式戸籍に改製することは，管轄庁の許可を要するものとされ，明治20年から21年にかけて改製が行われた。

明治19年式戸籍を明治31（1898）年式戸籍に改製することは，各地または一般について司法大臣が定めるものとされたが（明31，戸221条1項），改製に関する一般的命令はなかったので，各市町村ごとに司法大臣の命令を得て実施していた。改製を実施していなかった市町村の明治19年式戸籍については，昭和22（1947）年司法省訓令4号に基づいて同年12月31日までに大正4年式戸籍に改製された。

大正3（1914）年戸籍法施行以前の戸籍には，明治31年式戸籍と明治31年

戸籍法によって改製されなかった明治19年式戸籍とがあるが，そのいずれも大正3年戸籍法に基づく戸籍としての効力を認められた。しかし，明治19年式戸籍については，大正4年式戸籍に改製すべき旨が規定され（大3，戸185条），また，明治31年式戸籍については，市町村の上申に基づき司法大臣の命令を得て大正4年式戸籍に改製できるものとされた（同184条2項）。

日本国憲法の施行に伴う民法の応急的措置に関する法律（昭22．4．19法74）の施行（昭22．5．3）に当たって，戸籍の取扱いについては，特別の立法措置がなされなかったので，憲法および応急措置法により当然適用されなくなった部分を除き，従前の取扱いがそのまま踏襲された（昭22．4．16民事甲317通達1）。

なお，壬申戸籍も明治19年式戸籍も公開されていなかった。

明治31年戸籍法は，民法の制定に伴って制定施行されたもので（明31．7．16），公証のみを目的としていた。

現行の戸籍法は，昭和23年1月1日から施行されたが，同10条1項ただし書は「但し，市町村長は，正当な理由がある場合に限り，本項の請求を拒むことができる。」と定めていた。この正当な理由の援用により，旧民法で編製された除籍や改製原戸籍に記載された庶子・私生子・華族・士族・平民・刑務所や線路上などでの生死などは次の通達により，「謄抄本の作成に当たって謄写してはならない」とされた（これらの記載は塗抹処理が施された。）。

・棄児を推測させる記載事項（昭27．6．7民事甲804）
・庶子・私生子の記載（昭17．2．18民事甲90通牒，昭23．1．13民事甲17）
・出生，死亡事項中の刑務所名の記載（大15．11．26民事8120）
・死亡事故中変死を察知される記載事項（昭28．6．9民事甲947）
・父母欄中の不詳・不明の記載（昭27．6．7民事甲804）

壬申戸籍には，神道が国教になったため，まず，氏子改めとして帰属させる神社，その下に居住場所が記載された。その左欄には江戸時代の寺請け制における寺院とその下に戸主の職，さらに，その左欄には戸主の父の名が記載された（除籍の概念が無いため故人を含み氏名の上に続称を冠した。）。家族欄（故人を含む。）には生死・身分・職・刑罰・族称が付記された全員が列記さ

れた。配偶者の実家や出戻り者の出戻り先も族称つきで記載された。族称は，華族・士族・卒族・平民の4種類のみだったが（穢多・非人・雑種は平民とされた。)，戸籍吏は，例えば，苗字の無い人に，平民でなく，穢多・非人・士人・新平民などを苗字の代わりに付けたりした。空白部分に，わざわざ記載する例もあった。

　江戸時代の人別帳は，農工商ごとに作成され，農は村役人，工商は町役人がそれぞれ取りまとめ，最終的には勘定奉行に上げられて課税台帳になった。ただ，斃牛馬の処理・皮剥ぎ（皮細工は工，皮屋は商）・旅芸人などの農工商の当時の基準に該当しない職種は，別に，人別帳が2通作成された。1通は村役人や町役人に，1通は，地頭から弾左衛門，そして勘定奉行に上げられた。

　幕府は，穢多非人風俗之儀ニ付御触書（1778）を発して士農工商との区別を周知させており，神社の氏子になれなかった人も多かった。明治政府が発出した穢多非人等ノ称廃止令（1871.8.28）当時，穢多28万311人，非人2万3,480人，皮革等雑種7万9,097人を数えた（明治史要）。また，平民が苗字を付けることも許された（1870.9.19）。しかし，苗字の不分明なる向きがあるため，平民も必ず苗字を称し，未だ付けていない者は，新たに付けるよう太政官により布告された（1875.2.13）。

(様式例)
明治5年式戸籍（除籍）通知書

　　　　　　　　　通　　知　　書

　　　　　　　住　所 _____
　　　　　　　氏　名 _____ 様

　下記の事項は，明治5年式戸籍のため，謄抄本の交付はできませんのでお知らせします。

　　　　　　　　　　　　記

本　　　籍 _____
戸主の氏名 _____
除籍年月日　　明治・大正・昭和　　　年　　　月　　　日

平成　　年　　月　　日
　　　　　　　　　　　　　　市区町村長　　[職印]

(参考)

○ 明治5年式戸籍の取扱いについて

(昭43．1．11民事甲10通達)

　市区役所，町村役場に保存されている標記戸籍のうちには，往時の賤称，前科等現行法において定める事項以外の事項の記載がなされ，一般に公開するに適しないものがあつて，同戸籍の閲覧その他の機会において不都合を生じているので，今後は，このような戸籍については，戸籍法第10条第1項ただし書の規定に従い，当該戸籍に記載されている者の親族以外の者の閲覧の請求には応じない取り扱いとする。

　なお，特に必要がある場合において，同戸籍の謄本若しくは抄本の請求があつたときは，その謄本若しくは抄本の作成にあたつては当該文字の謄写を省略する等十分留意するよう指導されたい（昭和36年12月6日付民事甲第3021号当職通達，大正15年1月22日付民事第10196号司法次官回答，大正13年7月23日付民事第9916号司法省民事局長回答参照）。

　右ご了知のうえ遺憾のないよう管内支局長及び市区町村長に周知方取り計らわれたい。

○ 明治5年式戸籍の取扱い

(昭43．3．4民事甲373通達)

　明治5年式戸籍（壬申戸籍）の閲覧等については，本年1月11日付民事甲第10号当職通達をもつて指示したところであるが，今後は左記の取扱いによることとしたので，管内支局長及び市区町村長にこの旨周知方取り計らわれたい。

記

(1)　明治5年式戸籍については，閲覧の請求に応じないこと。
(2)　右の戸籍についての謄本，抄本又は記載事項証明書は，現行の戸籍記載事項に相当する事項についてのみ作成すること。

○ 明治5年式戸籍（壬申戸籍）の保存等について

(昭43．3．29民事甲777通達)

　標記戸籍の取扱いについては，その保管利用状況を調査して対策をたてるまでの間のとりあえずの暫定措置として，本年1月10日付民事甲第189号及び翌11日付民事甲第10号並びに同年3月4日付民事甲第373号をもつて通達したのであるが，その対策を検討した結果，今後は左記によることとしたから，その趣旨を徹底せしめ，取扱いに遺憾のないよう関係市町村長に周知方取り計らわれたい。

記

(1)　市町村において，その利用状況の実情から明治5年式戸籍を廃棄してさしつ

かえないものとして廃棄申請があつた場合には，従前の取扱いに従つてこれを許可してさしつかえない。
(2) 廃棄の許可をした右戸籍（従前許可したものを含む。）について市町村においてこれを保存する必要があると認めるときは，それが外部に流出する等により弊害を生ずることの絶対に生じないよう保存方法につき充分な配慮をする必要があるので，関係市町村と慎重に協議し，市町村においてこれを整理して厳重に包装封印して保管するものとする。

なお，右の協議の結果市町村において保管することが適当でない場合には，法務局又は地方法務局において右と同様の方法により保管することとするが，施設の実情に応じ，その所在を明らかにして支局又は出張所に分散保管することとしてさしつかえない。
(3) 市町村において，その利用状況から廃棄申請を相当としない右の戸籍については，本年3月4日付当職右通達による取扱いを今後とも一層厳守するとともに，謄抄本等を作成するため使用する場合以外は，包装封印して保管する等の措置をして，その記載内容が一般外部にもれることのないよう，厳重に市町村に留意せしめるものとする。

○ **保存期間中の明治5年式戸籍の取扱い**
　（昭43．5．7民事甲1622回答（昭43．4.24鳥法戸429鳥取地方法務局長照会））
本年3月29日付法務省民事甲第777号で貴職通達がなされたところでありますが，明治19年10月6日内務省令第22号「戸籍取扱手続」施行後同手続第5条により改製するまでの間に除籍となり除籍簿に編てつ保存され，いまだ保存期間の満了していない明治5年式戸籍についても，その廃棄申請があつた場合には，これを許可してさしつかえないでしようか何分のご指示をお願いします。
　　　　回　　答
廃棄を許可することは相当でない。

○ **廃棄許可済の壬申戸籍の取扱い方について**
　（昭44．1.20民事甲42回答（昭43.12．2弐戸九1413千葉地方法務局長照会））
廃棄許可済の壬申戸籍に基づき，行政文書として，相続人または被相続人を証する書面を発行することの可否については，その保管庁が法務局又は市町村の場合であつても，発行しないこととするのが相当と考えますが，何分のご指示を願います。
　　　　回　　答
昭和43年12月2日弐戸九第1413号をもつて照会のあつた標記の件は，貴見のとおりである。

10　除籍等の焼失（滅失）告知書

　戦災により焼失した除籍等につき管轄法務局で保管中の副本も焼失したため再製ができないまま今日に至っている例がある。

　市区町村において戸籍が滅失した場合には，市区町村長は，管轄局である法務局，地方法務局に報告し，法務大臣の再製指示を受けた法務局の指導により，戸籍の再製を行う。この場合，法務局で保管する戸籍の副本，届書類が再製資料となる。しかし，戦災で，しかも再製の資料となる戸籍の副本，届書類も焼失したため，今日なお再製が行われないままになっている除籍等がある。

　除籍等の焼失通知書は，除籍，改製原戸籍，届書，受附帳が焼失または滅失したため，除籍，改製原戸籍の謄本あるいは届書記載事項証明書，受理証明書を発行できないことを通知（告知）するものである。

（様式例）
除籍等の焼失（滅失）告知書

$\left\{\begin{array}{l}\text{改製原戸籍}\\\text{除　　籍}\end{array}\right\}$ 焼失につき謄抄本の交付ができないことの告知書

本　　籍	
戸　　主	
除籍年月日	年　　月　　日

　上記の戸籍は，昭和　年　月　日戦災により焼失し，これを再製しなければならないところ，○○法務局で保管中の副本も，昭和　年　月　日の戦災により焼失したため，再製することができないまま今日に至っていますので，同戸籍の謄抄本を交付することができないことを告知します。

平成　年　月　日

　　　　　　　　　　　　　　市区町村長　　　　職印

11 本籍の名称変更に関する証明書

　行政区画，土地の名称，地番号，街区符号の変更があったときは，戸籍の本籍欄の記載は訂正されたものとみなされる（戸籍法施行規則45条本文）。ただし，その記載を更正することを妨げない（同条ただし書）。この場合に，本籍欄の更正を職権で行うかどうかは市区町村の任意とされている（昭34．4．2民事甲698回答）。

　しかしながら，住居表示に関する法律（昭37．5．10法119，即日施行）6条〈住居表示義務〉2項は，「国及び地方公共団体の機関は，住民基本台帳，選挙人名簿，法人登記簿その他の公簿に住居を表示するときは，第3条（注：住居表示の実施手続）第3項の告示に掲げる日以後は，当該告示に係る区域について，他の法令に特別の定めがある場合を除くほか，同条第2項の規定によりつけられた街区符号及び住居番号又は道路の名称及び住居番号を用いなければならない。」と定めている。

　なお，証明書の名称は，「証明書」「本籍地番変更証明書」「地番変更証明書」「変更通知書」「告知書」「通知書」に分かれている。

　この証明書は，土地の名称変更があった戸籍について戸籍法施行規則45条本文の規定による本籍欄の記載が更正されていない場合において，本籍の変更に関する証明書の請求があった場合に交付されている。

(様式例)
本籍の名称変更に関する証明書

証　明　書

旧　本　籍	
新　本　籍	
筆頭者氏名	
本　人　氏　名	
変　更　月　日	年　　　月　　　日

　　平成　　年　　月　　日　　　　知事告示第　　号により

　　上記のとおり，町の名称／地番　が変更されたことを証明願います。

　　平成　　年　　月　　日

　　　　　　　　　　　　　　　　　　　　申請者　　　　　　印

　　市区町村長　　　　　　　殿

　　上記のとおり相違ないことを証明します。

　　平成　　年　　月　　日

　　　　　　　　　　　　　　　　　市区町村長　　　　　　[職印]

(参考)

○ 戸籍法施行規則の一部改正について

(昭33.12.20民事甲2612通達)

　本月17日別紙のとおり戸籍法施行規則の一部を改正する省令が公布され，昭和34年1月1日から施行されることとなつた(昭和33年12月17日付官報参照)。ついては左記御了知の上，その取扱にそごを生じないよう管下支局及び市町村に周知方取り計らわれたい。

記

4．規則第45条の改正により，本籍地番号の変更があつたときも，戸籍の記載は訂正されたものとみなされ，その記載の更正手続は任意なものとなつたが，利害関係人からの申出等により，変更後の地番号が明らかとなつた場合には，従前の記載を更正する取扱が妥当である。

　戸籍の謄抄本は，右の更正の有無にかかわりなく，原本の記載のとおり正確に謄写するのが原則であるが，行政区画及び土地の名称の変更については，利用上の便宜を考慮し，その記載を更正しない場合であつても，変更後のものに引き直して作成交付すべきものとされている。しかし，地番号の変更については原則どおりの取扱でさしつかえない。

12 再製原戸籍記載事項証明書

　次の場合，戸籍に傷が付くことから戸籍は再製されて，従前の戸籍は，再製原（ハラ）戸籍となる。
　イ　滅失したとき，または滅失のおそれがあるとき……戸籍法11条
　ロ　虚偽の届出等（届出，報告，申請，請求，嘱託，証書，航海日誌の謄本，裁判）もしくは錯誤による届出等または市区町村長の過誤によって記載され，かつ，その記載につき戸籍法24条〔錯誤遺漏の通知〕2項〔職権による訂正〕，113条〔違法な記載または錯誤・遺漏の訂正〕，114条〔無効な創設的届出による記載の訂正〕，116条〔確定判決による戸籍訂正〕の規定によって訂正がされた戸籍について，その戸籍に記載されている者（その戸籍から除かれた者を含む。）から，訂正に係る事項の記載のない戸籍の再製の申出があったとき……戸籍法11条の2〔申出による戸籍簿の再製〕第1項
　ハ　市区町村長により文字が訂正，加除された戸籍について，その戸籍に記載されている者（その戸籍から除かれた者を含む。）から，その記載のない戸籍の再製の申出があったとき……戸籍法11条の2第2項
　再製原戸籍（戸籍法12条2項で準用する除かれた戸籍の再製原戸籍を含む。）の保存期間は，戸籍法施行規則10条の2に定められている。
　イ　戸籍法11条……その年度の翌年から1年（戸籍法施行規則10条の2第1項）
　ロ　同法11条の2第1項……その年度の翌年から150年（同条2項）
　ハ　同法11条の2第2項……その年度の翌年から1年（同条3項）
　再製原戸籍は，戸籍としての効力を喪失することから，その謄抄本の請求には応ずることができないが，市区町村で保管する行政文書としての効力を有することから，一般行政証明として取り扱うこととされている（昭38.9.12民事甲2604回答，平14.12.18民一3000通達）。
　すなわち，再製原戸籍の写しに市区町村長の認証を附した再製原戸籍記載事項証明書を交付するものとされている（昭37.11.2民事甲3175回答）。

(様式例)
再製原戸籍記載事項証明書
(戸籍法11条の2第1項（または第2項）の規定による再製の場合——申出による戸籍の再製の場合)

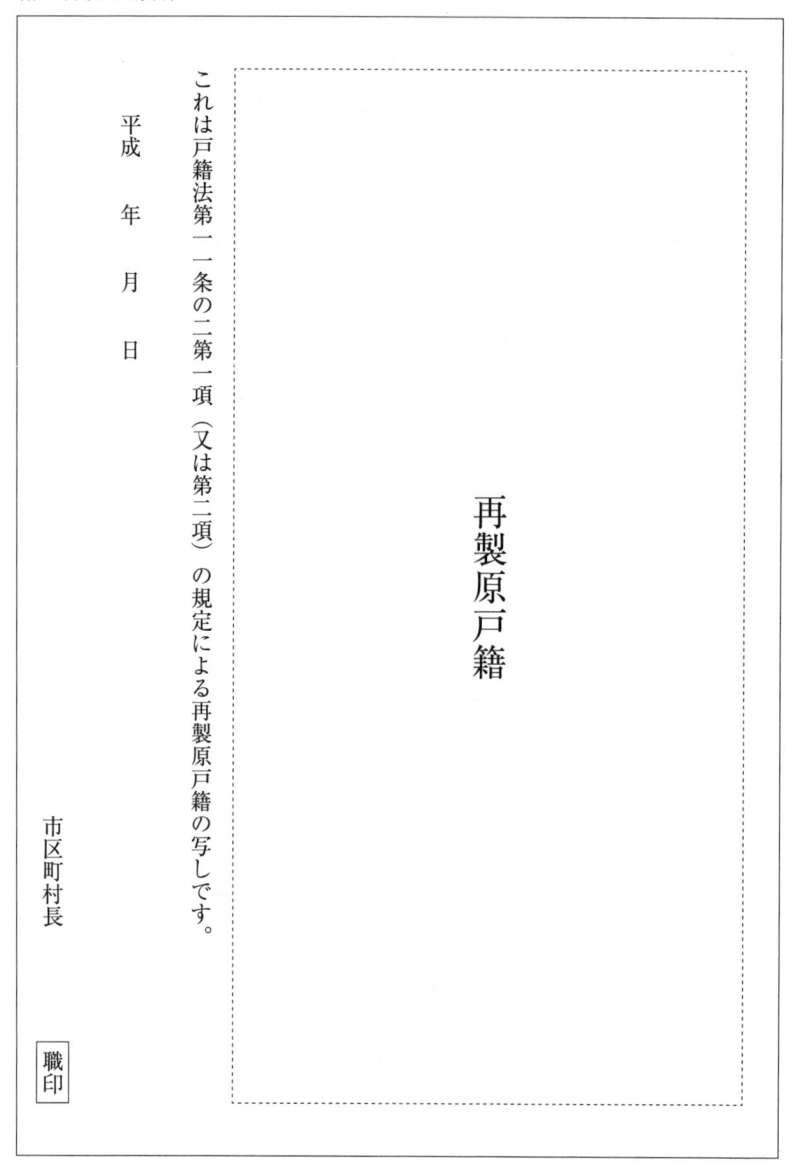

再製原戸籍

これは戸籍法第一一条の二第一項（又は第二項）の規定による再製原戸籍の写しです。

平成　年　月　日

市区町村長

職印

(参考)

○ **再製原戸籍の謄抄本の交付について**

(昭37.11.2民事甲3175回答)

用紙粗悪で滅失の虞れがあるため再製した戸籍の原戸籍について,謄抄本の請求があつた場合,交付してさしつかえないものと思料しますが,いささか疑義がありますので,何分の御指示を仰ぎたく御照会いたします。

　　　　回　　答

客月18日付旭法戸第201号をもつて照会のあつた標記の件については,次のとおりである。

所問の再製原戸籍は,滅失した戸籍の再製後における仮戸籍等と同様に戸籍としての効力はなく,その戸籍の再製資料として保存するものであるから,特にその必要がある場合には一般行政証明として取扱うのが相当である。

○ **再製原戸籍の取扱いについて**

(昭38.9.12民事甲2604回答)

標記の件に関し,左記のとおり疑義がありますので,何分の御指示を賜わりたく御伺いいたします。

　　　記

1. 現在の戸籍を訂正したときは除籍の同一事項の錯誤についても訂正すべきものとされておりますが(大正7年5月11日付民第613号法務局長回答・大正5年11月10日付民第1505号法務局長回答),標記の戸籍を再製した後,再製による新戸籍と原戸籍の双方に同一事項について錯誤があることを発見した場合は,原戸籍は再製後は戸籍としての効力はなくなるので(昭和37年11月2日付民事甲第3175号貴職回答),再製による新戸籍のみを訂正すればたりると考えますが,いかがでしょうか。
2. 再製の移記に際し,過誤又は遺漏した事項を再製後原戸籍によつて訂正する場合は,原則として監督法務局又は地方法務局の長の許可を要するものと考えますが,その過誤,遺漏が軽微,顕著なもの(例えば,移記のさいの出生年月日,名,父母の氏名,父母との続柄,婚姻年月日及び身分事項中の県郡市町村名等の誤記又は親権,後見事項等の移記遺漏)については,市町村長限りの職権により訂正してさしつかえないでしょうか。
3. 再製原戸籍については,必要がある場合には一般行政証明として取扱うこととされておりますが(昭和37年11月2日附民事甲第3175号貴職回答),その証明文は次の振合でよろしいでしょうか。

第5　戸籍証明

　右の事項は，再製原戸籍に記載があることを証明する。
4．再製原戸籍は戸籍としての効力は喪失するが，公文書としての効力までを喪失するものではないから，再製原戸籍に基づく前記3の行政証明は，市区町村で保管する公簿に基づく行政証明として当該市区町村における条例の規定によつて手数料を徴すべきものと考えますが，いかがでしようか。
　　　　回　　　答
　8月13日付戸甲第1022号で照会のあつた標記の件については，すべて貴見のとおりである。

○　戸籍法及び戸籍法施行規則の一部改正に伴う戸籍事務の取扱いについて(抄)
　　　　　　　　　　　　　　　　　　　　　　　　(平14.12.18民一3000通達)
　戸籍法の一部を改正する法律（平成14年法律第174号。以下「改正法」という。）及び戸籍法施行規則の一部を改正する省令（平成14年法務省令第59号。以下「改正規則」という。）が本日公布・施行され，申出による戸籍の再製制度が導入されることとなりました。これに伴う戸籍事務の取扱いについては，下記のとおりとしますので，貴管下支局長及び管内市区町村長に周知方取り計らい願います。
　なお，本通達中，「法」とあるのは改正法による改正後の戸籍法を，「規則」とあるのは改正規則による改正後の戸籍法施行規則をいいます。
　おって，昭和46年12月21日付け法務省民事甲第3589号当職通達を始め，本通達に抵触する従前の通達又は回答は，本通達をもって変更し，又は廃止しますので，念のため申し添えます。

　　　記
第1～第6　（省　略）
第7　再製原戸籍の取扱いについて
　1　保存期間
　　　法第11条の2第1項の規定による再製原戸籍の保存期間は再製の翌年から80年，同条第2項による再製原戸籍の保存期間は再製の翌年から1年とされた（規則第10条の2第2項，第3項）。
　　　これに伴い，従来，当職通達（昭和39年2月27日付け民事甲第381号）で定めていた法第11条の規定による再製原戸籍の保存期間も規則で定めることとされたが，その期間は，マイクロフィルムや磁気ディスクによる再製の事案が増加している実情にかんがみ，従来の10年から1年に短縮することとされた（規則第10条の2第1項）。

なお，1年を超えて保存している法第11条の規定による再製原戸籍は，適宜，廃棄して差し支えない。
2　公開
(1)　公開の方法
　　再製原戸籍は，戸籍ではなく，その性格は一般の行政文書であるので，戸籍法上の公開の対象とはならない。また，申出再製制度の趣旨に照らし，原則として非公開として扱うべきである。
　　しかし，公開の必要性・相当性があると認められる場合には，一般行政証明を発行すること，すなわち，再製原戸籍の写しに市町村長の認証を付した証明書を交付することを認めるのが相当である（昭和37年11月2日付け法務省民事甲第3175号当職回答参照）。
　　なお，この場合の認証文を参考までに示すと，次のとおりである。

（参考例）
　　これは戸籍法第11条の2第1項（又は第2項）の規定による再製原戸籍の写しである。
　　　　　平成　　年　　月　　日
　　　　　　　　　　　　　　　○○市（町村）長　氏名　　職印

(2)　一般行政証明の発行が認められる場合
　　一般行政証明の発行が認められるのは，おおむね，次のような場合であるが，申出再製制度の趣旨を十分踏まえ，個別具体的に必要性・相当性の有無を判断するものとする。
　ア　再製原戸籍を利用する公益的要請が強い場合
　　(ｱ)　裁判所からの民事訴訟法第223条に基づく文書提出命令又は同法第226条に基づく文書送付嘱託があった場合
　　(ｲ)　捜査機関からの刑事訴訟法第197条第2項に基づく照会があった場合
　　(ｳ)　入国審査官からの出入国管理及び難民認定法第59条の2第3項に基づく照会があった場合
　　(ｴ)　弁護士法第23条の2第2項に基づく照会があった場合
　イ　再製原戸籍の写しの交付を認めないと証明請求者に不利益となる場合
　　(ｱ)　証明請求者が再製戸籍に記載されている者である場合
　　　①　再製戸籍の記載に誤りがあり，その訂正の前に当該戸籍に記載された者から戸籍謄抄本の交付請求がされた場合
　　　②　再製戸籍が滅失し，法第11条による再製が行われる前に当該戸籍に

記載された者から戸籍謄抄本の交付請求がされた場合
　　(イ)　証明請求者が再製原戸籍に記載されている者である場合
　　　①　父母双方との親子関係不存在確認の裁判が確定し，訂正により戸籍上の父母の戸籍から消除された者が，当該戸籍に在籍していた事実(戸籍上の父母の氏を称していた事実）を立証することを必要としている場合
　　　②　婚姻無効により実方戸籍に回復された者が，戸籍上，筆頭者の氏を称していた事実を立証することを必要としている場合
　(3)　管轄法務局等の長の関与
　　再製原戸籍の公開に係る必要性・相当性の有無の判断は，全国的・統一的に行われる必要があるので，管轄法務局等の長は，市町村長に対し，必要かつ相当な範囲内で助言，指示等を行うものとする。
第8　（省　略）
第9　記録事項証明書における申出再製に関する事項の取扱いについて
　磁気ディスクにより調製されている戸籍及び除かれた戸籍につき申出再製がされた場合，再製後の戸籍又は除かれた戸籍の全部事項証明書及び個人事項証明書には，再製に関する事項を出力しないものとする。ただし，一部事項証明書の交付を請求する者から当該事項の証明を求められた場合には，これを出力するものとする。

13 仮戸籍記載事項証明書

　戸籍法11条〔戸籍簿の再製・補完〕は,「戸籍簿の全部又は一部が,滅失したとき,又は滅失のおそれがあるときは,法務大臣は,その再製又は補完について必要な処分を指示する。この場合において,滅失したものであるときは,その旨を告示しなければならない。」と定めている。

　ところで,天災等により一時に大量の戸籍が滅失した場合には,再製完了までに相当の期間を要することから,住民の身分関係の公証に支障が生ずることとなる。そこで,緊急的措置として,まず「仮戸籍」を調製し,再製完了までの間になされた届出事項を仮戸籍に記載して身分関係の証明請求があった場合に備えることとしている。この仮戸籍に記載された事項は,後日,再製完了の後に戸籍（再製戸籍）に移記する取扱いが認められている（大14.2.27民事537回答,昭20.5.22民事特甲88通牒）。

　仮戸籍の記載は,本戸籍に移記される前でも,本戸籍の記載と同一の効力を有するものとされている。

　仮戸籍は,戸籍法の規定によって調製されるものではなく,戸籍再製の実務で便宜的に採用されている制度であるから,仮戸籍の謄抄本を作成交付することは認められていない。ただし,特に必要があるときは,一般行政証明として仮戸籍記載事項証明書を交付することは差し支えないとされている（昭20.5.22民事特甲88通牒の記8）。

第5　戸籍証明

(様式例)

仮戸籍記載事項証明書

仮戸籍記載事項証明書	
本　籍	
筆頭者	
証　明　事　項	氏　名： 生年月日：

　上記の事項は，仮戸籍に記載があることを証明します。

　　平成　　年　　月　　日

　　　　　　　　　　　　　　市区町村長　　　職印

13 仮戸籍記載事項証明書

(参考)

○ **戸籍簿ノ再製ニ関スル件**

(昭20．5．22民事特甲88通牒)

戸籍簿カ滅失シタル場合ニ於テ其ノ再製ハ之カ重要性ニ鑑ミ迅速ニ之ヲ為ササルヘカラサルハ勿論ノ義ナルモ現下之ニ要スル資材人員其ノ他ノ状況等ニ依リ事実上急速ニ之カ実行困難ナル個所モ可有之ニ付テハ左記事項御了知ノ上可然措置相成様致度此段依命及通牒候也

　　　記

1 戸籍簿カ空襲其ノ他戦争ニ起因スル災害ニ依リ滅失シタル場合ニ於テ之カ再製困難ナリト認ムルトキハ戸籍法施行細則第33條ニ定ムル手続ト同時ニ其ノ事由ヲ記載シ管轄地方裁判所長及当省ニ申報スルコト

2 前項ノ場合ニ於テ管轄地方裁判所長ハ当省ノ指示ヲ得当分ノ間戸籍簿ノ再製ヲ留保シ別紙様式ニ依ル仮戸籍ヲ調製セシムルコトヲ得ルコト

3 仮戸籍ハ戸主家族又ハ其ノ他ノ利害関係人ノ申出戸籍謄抄本戸籍副本世帯台帳（町籍簿）戸口調査簿，重要物資配給ノ台帳等ニ基キ市町村長之ヲ調製スヘキモ其ノ様式ニ依ル関係人ノ申出書ニシテ証明書類ノ添附アル等正確ト認メラルルモノハ之ヲ以テ仮戸籍ニ代フルコトヲ得ルコト

4 申出人カ其ノ所在地ニ於テ書面ニ依ル申出ヲ為シタルトキハ所在地市町村長ハ相当ノ調査ヲ為シタル上遅滞ナク之ヲ本人ノ本籍地市町村長ニ送付スヘキコト

5 仮戸籍ノ調製編綴記載及保管等ニ付テハ戸籍簿ニ準シテ之ヲ為スヘキコト

6 仮戸籍ノ記載ノ錯誤若ハ遺漏ノ訂正ハ原則トシテ市町村長限リ其ノ事由ヲ記載シ之ヲ為シ差支ナキモ訂正ノ結果身分ニ重大ナル変更ヲ来スモノニ付テハ監督区裁判所ノ指示ヲ受クヘキコト

7 戸籍滅失後其ノ戸籍ニ関シ受理シタル届出申請又ハ報告ハ之ヲ仮戸籍ニ記載シ其ノ書類ハ戸籍法第36條以下ノ規定ニ準シ処理シ差支ナキコト

8 仮戸籍ノ謄本又ハ抄本ハ之ヲ交付スヘキモノニ非ス但シ其ノ記載事項ニ付一般行政証明ヲ為スハ差支ナキコト

9 再製可能ト為リタルトキハ再製ノ方法ヲ具シ更ニ具申スルコト

○ **再製原戸籍・仮戸籍の保存期間**

(昭39．2．27民事甲381通達)

戸籍の全部又は一部が汚損，破損若しくは用紙が粗悪のため，滅失のおそれある戸籍を再製した場合における原戸籍は，旧戸籍法施行細則第48条に規定する改

製原戸籍に準じ，再製の年の翌年から50年これを保存する取扱いとされている（大正15年12月9日附民事第9557号・昭和6年11月19日附民事第742号回答参照）。しかし，滅失のおそれある戸籍を再製した場合における原戸籍は，戸籍としての効力はなく，戸籍の再製資料または今後予想される戸籍訂正事件の調査資料として保存するものであり，50年の長期間これを保存する実益に乏しく，かつ，保存期間を短縮することによつて戸籍事務の取扱いに特に支障を生ずるおそれはないものと考える。

よつて，右再製原戸籍は，再製の年の翌年から10年保存する取扱いに改める。なお，除籍および改製原戸籍を再製した場合または再製戸籍に移記を了したのちの仮戸籍についても右に準じて取り扱つてさしつかえない。

右ご了知のうえ貴管内各支局長及び市区町村長に周知方取り計らわれたい。

（注）　この通達は，平成13年6月15日民一第1544号通達により戸籍法3条1項の処理基準とされた。なお，保存期間は1年に短縮されている（戸籍法施行規則10条の2）。

14 戸籍法41条による証書の謄本が提出されたことの証明書 ──

　戸籍法41条〔外国の方式による証書の謄本〕1項は，「外国に在る日本人が，その国の方式に従つて，届出事件に関する証書を作らせたときは，3箇月以内にその国に駐在する日本の大使，公使又は領事にその証書の謄本を提出しなければならない。」と定めている。大使，公使または領事は，戸籍法40条及び本条（40条は外国における大使・公使・領事への届出，41条2項は，大使・公使・領事が駐在しない場合の本籍地市区町村長への証書の謄本の発送を規定している。）の規定によって書類を受理したときは，遅滞なく，外務大臣を経由してこれを本人の本籍地の市区町村長に送付しなければならない（戸籍法42条）。

　法例（明31.6.21法10，7.16施行）を全面改正した「法の適用に関する通則法（以下「通則法」という。平18.6.21法78，平19.1.1施行）24条〈婚姻の成立及び方式〉は，「婚姻の成立は，各当事者につき，その本国法による（1項）。婚姻の方式は，婚姻挙行地の法による（2項）。前項の規定にかかわらず，当事者の一方の本国法に適合する方式は，有効とする（3項本文）。」と定める。つまり，外国に在る日本人が外国人と婚姻する場合，必ずしも挙行地である外国法の定める方式によることなく，外国人配偶者の本国法が定める方式による婚姻も成立するということになる。ただし，「日本において婚姻が挙行された場合において，当事者の一方が日本人であるときは，この限りでない（3項ただし書を日本人条項という。）」。

　通則法24条1項により，日本人は民法（731条〈婚姻適齢〉，732条〈重婚の禁止〉，733条〈再婚禁止期間〉，734条〈近親者間の婚姻の禁止〉，735条〈直系姻族間の婚姻の禁止〉，736条〈養親子等の間の婚姻の禁止〉，737条〈未成年者の婚姻について父母の同意〉）が本国法として適用され，外国人は，その本国法に準拠することになる。したがって，飲酒常習者や麻薬の常習者でないことを婚姻の成立要件にしているアメリカ合衆国デラウェア州の州民で飲酒常習者あるいは麻薬の常習者は，その州から婚姻証書を交付されないことになる。

　通則法24条1項の成立要件を実質的成立要件，2項の婚姻を成立させた

めの方式を形式的成立要件という。この方式とは，手続のことで，それは婚姻挙行地（アメリカ合衆国であれば州）の法によるとされ，婚姻挙行地が日本なら，当事者の国籍を問わず，民法739条1項に基づく戸籍法74条による市区町村長への届出がその方式になる。

同条3項も婚姻の方式を定めており，3項本文により，韓国人と台湾人が日本で，大韓民国民法814条により（日本に駐在する韓国の大使，公使又は領事に届出）婚姻した場合，この婚姻は，有効に成立したことになる。また，3項ただし書の日本人条項により，日本人と韓国人が日本で，大韓民国の方式により婚姻したとしても，日本の方式である戸籍法による届出がされない限り，有効に成立していないことになる。

外国に在る日本人が，その国の方式に従って，届出事件（婚姻に限らず出生，認知，縁組，離縁，離婚，親権，後見，死亡，失踪などが該当する。）に関する証書を作らせたときは，3か月以内にその国に駐在する日本の大使，公使または領事にその証書の謄本を提出しなければならない（戸籍法41条1項）。大使，公使または領事がその国に駐在しないときは，3か月以内に本籍地の市区町村長に証書の謄本（戸籍法施行規則63条の2により訳文を添付）を発送しなければならない（同条2項）。

このように，外国で外国法の定める方式により挙行された婚姻は，日本でも有効とされ，戸籍法41条・42条により，外務省を経由して市区町村長に証書の謄本が送付される。これは，報告的届出に分類される。

この場合，大使などが受理した婚姻証書など（婚姻届書に必要事項を記載して提出する。）は，夫及び妻の従前本籍地に各別に送付されない。便宜的にそのいずれかの市区町村長に送付されるので（日本人同士が外国で外国の方式により婚姻した場合，夫婦の編製する新本籍地に送付される。），これを受け付けた市区町村長は，戸籍の記載をすべき他の市区町村長に届書の謄本を作成送付し，その送付を受けた市区町村長は，大使などから直接送付があったものとして戸籍の記載をする（明36．4．27民刑340通牒）。

また，婚姻証書などの提出は，日本の大使などが駐在している場合であっても，本人の本籍地に直接送付（郵送）する方法でも差し支えないし，この

手続をせず帰国後に提出することもできる（大3.12.28民事893回答）。

　報告的婚姻届として婚姻証書などを直接送付・提出された市区町村長は，まず，その形式的成立要件を審査する。仮に，不明な点があるならば，法務局に照会し，さらに，法務局が法務省本省，外務省本省，在外公館へと照会が重ねられる取扱いになっている。このため，外国の方式で婚姻が成立したとして婚姻証書の謄本の提出がなされた場合において，受理証明書を発行することは認められず，これに代えて行政証明書を発行することは，差し支えないものとされている（戸籍誌547号123頁）。

第5　戸籍証明

(婚姻証書・婚姻証明書例)
アメリカ合衆国・ニューヨーク州

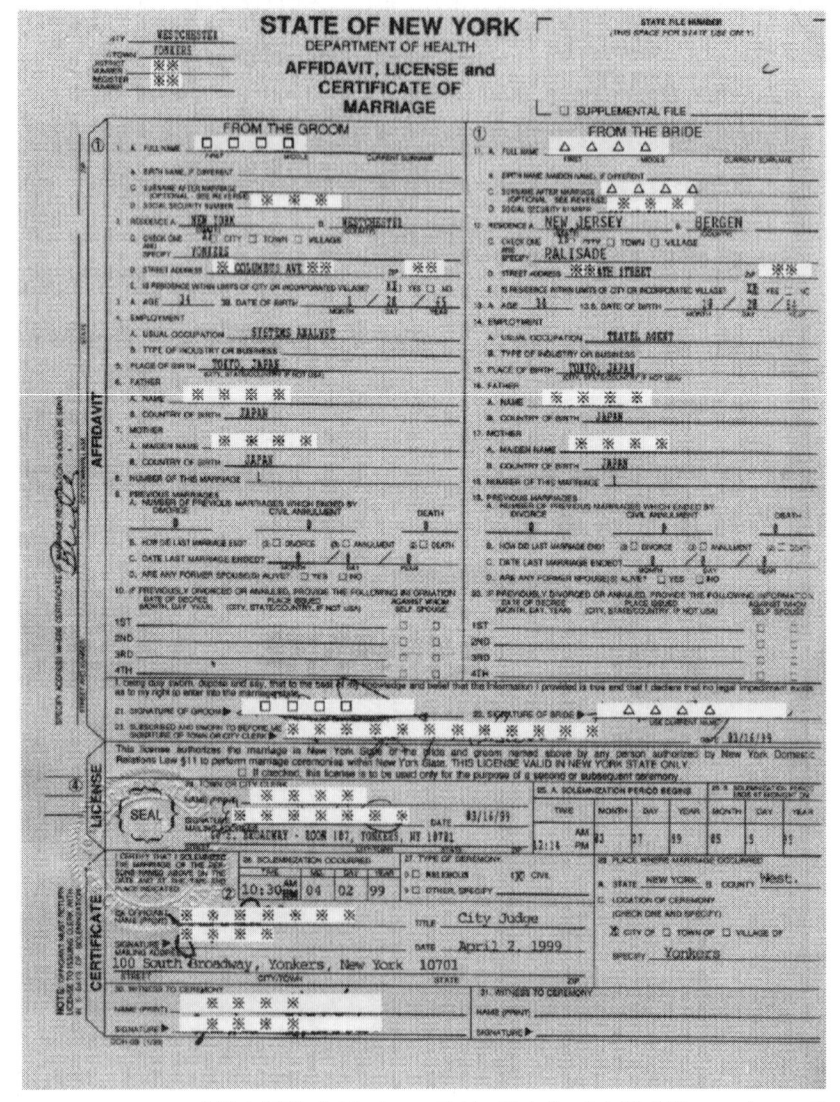

南敏文編著『はじめての渉外戸籍』(日本加除出版, 2003) 199頁

14 戸籍法41条による証書の謄本が提出されたことの証明書

婚姻証明書（抄訳文）

1．婚姻当事者の氏名：

　　　　夫の氏名　　□　□　□　□

　　　　　　　　　昭和40年1月28日生

　　　　妻の氏名　　△　△　△　△

　　　　　　　　　昭和39年10月20日生

2．婚姻成立年月日：　平成11年4月2日

3．婚姻の方式：　アメリカ合衆国ニューヨーク州の方式

4．証明書作成者又は：　ヨンカース市登記官
　　発給者の職名

第5　戸籍証明

(様式例)
戸籍法41条による証書の謄本が提出されたことの証明書

証　明　書

婚姻証書　　　　平成　　年　　月　　日提出

1．当事者

夫	本　籍 (国籍)	筆頭者
	氏　名	
	生年月日	年　　　月　　　日
妻	本　籍 (国籍)	筆頭者
	氏　名	
	生年月日	年　　　月　　　日

1．書面の要旨

平成　　年　　月　　日　　　　　　　　　　の方式により婚姻が成立し，その証書を　夫・妻　が提出	
婚姻後の夫・妻の本籍	筆頭者

上記証書の提出があったことを証明します。

　　平成　　年　　月　　日

市区町村長　　[職印]

(参考)

○ 戸籍法第41条に規定する証書謄本の提出があった場合の行政証明書の様式について　(戸籍誌547号123頁)

【要旨】　外国の方式で婚姻が成立したとして婚姻証書謄本の提出があった場合に、市区町村長が発行する行政証明書の様式について。

【問】　外国の方式による婚姻が成立したとして婚姻証書の謄本の提出がなされた場合において、受理証明書を発行することは認められませんが、便宜、受理証明書に代えて行政証明書を発行することは差し支えないとされていますが、その場合の市区町村長が発行する行政証明書の様式は、どのようなものが適当でしょうか。

【答】　戸籍法41条に規定する証書謄本の提出があったような場合には、市区町村長にとって、受理・不受理の概念が生じないため、受理証明書の発行が認められませんが、受理証明書の発行に代えて、便宜、行政証明書の形式で、証書謄本の提出があったことの証明書を発行することは差し支えないと考えられます。

　その場合の行政証明書の様式については特段の規定はありませんが、受理証明書の様式（戸籍法施行規則の附録第20号書式）にならって、下記の例で差し支えないものと考えます。

＊婚姻証書の提出があった場合の例です。

証　明　書

婚姻証書　平成　年　月　日提出

事件本人	戸籍の表示 （又は国籍）	夫	筆頭者	氏名	年　月　日生
		妻	筆頭者		年　月　日生
書　面 の要旨	平成　年　月　日　　　　の方式により婚姻が成立しその証書を夫 妻が提出				
	本　籍　地				

上記証書の提出があったことを証明する。
　　平成　年　月　日
　　　　　　東京都　　区長　　氏　　名　[職印]

第5　戸籍証明

○　法例の一部を改正する法律の施行に伴う戸籍事務の取扱いについて

(平元.10. 2民二3900通達)

　このたび法例の一部を改正する法律（平成元年法律27号）が公布された。同法は，本日公布された法例の一部を改正する法律の施行期日を定める政令（平成元年政令292号）に基づき平成2年1月1日から施行されるが，この改正に伴う戸籍事務については，次のとおり取り扱うこととするから，これを了知の上，貴管下支局長及び市区町村長に周知方取り計らわれたい。本文中「改正法例」とは，上記改正法による改正後の法例をいうものとする。

　なお，これに反する当職通達又は回答は，本通達によって変更し，又は廃止するので，念のため申し添える。

第1　婚　姻
1　創設的届出
　(1)　実質的成立要件
　　ア　婚姻の実質的成立要件は，従前のとおりであり，各当事者の本国法による。
　　イ　当事者の本国法の決定は，次のとおり行うものとする。
　　　㋐　日本人の場合
　　　　　重国籍である日本人の本国法が日本の法律であることは，従前のとおりである（改正法例第28条第1項ただし書〔編注：通則法38条1項ただし書〕）。
　　　㋑　外国人の場合
　　　　①　外国人である婚姻当事者が届書の本籍欄に1箇国の国籍のみを記載した場合は，当該記載された国の官憲が発行した国籍を証する書面（旅券等を含む。以下「国籍証明書」という。）等の添付書類から単一国籍であることについて疑義が生じない限り，その国の法律を当該外国人の本国法として取り扱う。
　　　　②　重国籍である外国人については，その国籍を有する国のうち当事者が常居所を有する国の法律を，その国がないときは当事者に最も密接な関係がある国の法律を当事者の本国法とすることとされた（改正法例第28条第1項本文〔編注：通則法38条1項本文〕）。
　　　　　　この改正に伴い，2以上の異なる国の国籍証明書が提出された場合又は届書その他の書類等から重国籍であることが明らかな場合は，次のとおり取り扱う。
　　　　　　i　国籍国のうち居住している国の居住証明書の提出を求めた上で，

当該証明書を発行した国に常居所があるものと認定し（後記第8の2(2)参照），当該外国人の本国法を決定する。
- ⅱ いずれの国籍国からも居住証明書の発行が得られない場合は，その旨の申述書の提出を求めた上で，婚姻要件具備証明書を発行した国を当該外国人に最も密接な関係がある国と認定し，その本国法を決定する。
- ⅲ ⅰ及びⅱにより当該外国人の本国法を決定することができない場合は，婚姻届の処理につき監督法務局若しくは地方法務局又はその支局（以下「監督局」という。）の長の指示を求めるものとする。

(2) 形式的成立要件（方式）

　婚姻の方式は，これまでの婚姻挙行地法によるほか，当事者の一方の本国法によることができることとされた（改正法例第13条第3項本文〔編注：通則法24条3項本文〕）。したがって，外国に在る日本人が民法第741条の規定に基づき日本の大使等にする婚姻の届出及び当事者の双方又は一方が日本人である場合における外国から郵送によりする創設的な婚姻の届出は，当事者の一方の本国法による方式によるものとして受理することができる。

2　報告的届出

(1) 日本人同士が外国においてした婚姻の報告的届出については，従前のとおりである。

(2) 日本人と外国人が外国においてする婚姻は，婚姻挙行地法による方式によるほか，当該外国人の本国法による方式によることができることとされたことに伴い，外国に在る日本人は，外国人配偶者の本国法による方式により婚姻し，婚姻に関する証書を作らせたときは，その本国が婚姻挙行地国以外の国であっても，3箇月以内にその所在する国に駐在する日本の大使等にその証書の謄本を提出しなければならないこととなる（戸籍法第41条の類推適用）。

(3) 日本において婚姻を挙行した場合において，当事者の一方が日本人であるときは，他の一方の当事者の本国法による方式によることはできないこととされた（改正法例第13条第3項ただし書〔編注：通則法24条3項ただし書〕）ので，日本人と外国人が日本において婚姻をした（日本人と外国人が当該外国人の本国の大使館等において婚姻をした場合を含む。）旨の報告的届出は，受理することができない。

第2　離　婚

1　創設的届出

(1)　離婚については，第一に，夫婦の本国法が同一であるときはその法律により，第二に，その法律がない場合において夫婦の常居所地法が同一であるときはその法律により，第三に，そのいずれの法律もないときは夫婦に最も密接な関係がある地の法律によることとされた（改正法例第16条本文〔編注：通則法27条本文〕）が，夫婦の一方が日本に常居所を有する日本人であるときは，日本の法律によることとされた（同条ただし書）。

　この改正に伴い，協議離婚の届出については，次の取扱いとする。なお，当事者の本国法の決定は，第1の1(1)イの例による。

ア　夫婦の双方が日本人である場合
　従前のとおり，協議離婚の届出を受理することができる。

イ　夫婦の一方が日本人である場合

　(ｱ)　日本人配偶者が日本に常居所を有するものと認められる場合（後記第8の1(1)参照）又はこれには該当しないが外国人配偶者が日本に常居所を有するものと認められる場合（後記第8の1(2)参照）は，協議離婚の届出を受理することができる。

　(ｲ)　(ｱ)のいずれの場合にも該当しないが，当事者の提出した資料等から夫婦が外国に共通常居所を有しておらず，かつ，その夫婦に最も密接な関係がある地が日本であることが認められる場合は，監督局の長の指示を求めた上で，協議離婚の届出を受理することができる。

ウ　夫婦の双方が外国人でその本国法が同一である場合
　夫婦の本国法により協議離婚を日本の方式に従ってすることができる旨の証明書の提出がある場合（昭和26年6月14日付け民甲第1230号当職通達参照）は，協議離婚の届出を受理することができる。

エ　夫婦の双方が外国人でその本国法が同一でない場合

　(ｱ)　夫婦の双方が日本に常居所を有するものと認められる場合（後記第8の1(2)参照）は，協議離婚の届出を受理することができる。

　(ｲ)　夫婦の一方が日本に常居所を有し，かつ，他方が日本との往来があるものと認められる場合その他当事者の提出した資料等から夫婦が外国に共通常居所を有しておらず，かつ，その夫婦に最も密接な関係がある地が日本であることが認められる場合は，イ(ｲ)の例による。

(2)　離婚の際の子の親権者の指定については，改正法例第21条〔編注：通則法32条〕による（後記第7参照）。

2 報告的届出

離婚の裁判（外国における裁判を含む。）が確定した場合における報告的届出の取扱いは，従前のとおりであり，外国において協議離婚をした旨の証書の提出があった場合の取扱いは，離婚の準拠法が改正された点を除き，従前のとおりである。

第3 出生等

夫婦の一方の本国法であって子の出生の当時におけるものにより子が嫡出であるときは，その子は嫡出子とすることとされた（改正法例第17条〔編注：通則法28条〕）。また，嫡出でない子の父子関係の成立につき認知主義及び事実主義（生理上の父子関係がある場合には，認知を要件とすることなく，法律上の父子関係を認める法制のことをいう。以下同じ。）の双方に適用する規定が設けられ，その結果，父との間の親子関係については，子の出生の当時の父の本国法によることとされた（改正法例第18条第1項〔編注：通則法29条1項〕）。

この改正に伴い，出生等の届出については，次の取扱いとする。なお，関係者の本国法の決定は，第1の1(1)イの例による。

1 嫡出子
 (1) 父母の双方が日本人である場合
   従前のとおりである。
 (2) 父母の一方が日本人である場合
   ア 日本民法により事件本人が嫡出であるときは，事件本人を嫡出子とする。
   イ 日本民法によれば事件本人が嫡出でない場合において事件本人を嫡出子とする出生の届出があったときは，子の出生の当時における外国人親の国籍証明書及び外国人親の本国法上の嫡出子の要件に関する証明書の提出を求め，その結果，外国人親の本国法によって事件本人が嫡出子となるときは，届出を受理する。
   ウ 添付書類等から事件本人が母の再婚後に出生した子であることが判明したときは，次のとおりとする。
    (ア) 母又は前夫のいずれかの本国法により前夫の子と推定され，かつ，母又は後夫のいずれかの本国法により後夫の子と推定されるときは，父未定の子として取り扱う。
    (イ) (ア)の法律による前夫又は後夫のいずれか一方のみの子としての推定があるときは，推定される方の夫の子として取り扱う。
   エ 戸籍法第62条による嫡出子の出生の届出の取扱いは，従前のとおりで

ある。

なお、外国人母から生まれた子について、日本人父から戸籍法第62条による嫡出子出生の届出があった場合の戸籍の記載は、本日付け法務省民二第3901号当職通達をもって示した戸籍記載例（以下「参考記載例」という。）17の2の例による。
(3) 父母の双方が外国人である場合

子の出生の当時における父又は母の本国法のいずれかにより事件本人が嫡出であるときは、事件本人を嫡出子とする。
2 嫡出でない子
(1) 父母の一方が日本人である場合において、母の婚姻成立の日から200日以内に出生した子を嫡出でない子とする出生の届出があったときは、外国人親の本国法上夫の子と推定されていない場合に限り、届出を受理する。婚姻の解消又は取消しの日から301日以後に出生した子を嫡出でない子とする出生の届出があったときは、特段の疑義が生じない限り、届出を受理して差し支えない。
(2) 外国人父の本国法が事実主義を採用している場合における日本人母からの嫡出でない子の出生の届出については、次のとおり取り扱う。

ア 届書の父欄に氏名の記載があり、「その他」欄に父の本国法が事実主義を採用している旨の記載があり、かつ、父の国籍証明書、父の本国法上事実主義が採用されている旨の証明書及びその者が事件本人の父であることを認めていることの証明書（父の申述書、父の署名ある出生証明書等）の提出があるときは、事件本人の戸籍に父の氏名を記載する。

この場合の戸籍の記載は、参考記載例13の2の例による。

イ 母からの出生の届出に基づき子が入籍している場合において、母からアに掲げる証明書を添付して父の氏名を記載する旨の出生届の追完の届出があるときは、これを受理し、事件本人の戸籍に父の氏名を記載する。

この場合の戸籍の記載は、参考記載例13の3の例による。
3 嫡出となる子

子は、準正の要件たる事実の完成の当時の父若しくは母又は子の本国法により準正が成立するときは、嫡出子たる身分を取得することとされた（改正法例第19条第1項〔編注：通則法30条〕）が、婚姻準正又は認知準正があった場合における続柄欄の訂正手続等は、従前のとおりである。なお、外国人父の本国法が事実主義を採用している場合において、子が父母の婚姻により嫡出子たる身分を取得するときは、次のとおり取り扱う。

(1) 婚姻前に出生の届出がされ，それに基づき父の氏名が記載されている場合は，婚姻の届書の「その他」欄の記載により続柄欄を訂正する。
(2) 婚姻の届出後，2(2)アに掲げる証明書を添付して父の氏名を記載する旨の出生届の追完の届出及び嫡出子たる身分を取得する旨の婚姻届の追完の届出があった場合は，父の氏名を記載し続柄欄を訂正する。
(3) 婚姻の届出後，婚姻前に出生した子について，母から，届書の「その他」欄に父母が婚姻した旨が記載され，かつ，2(2)アに掲げる証明書の添付された嫡出子出生の届出があった場合は，嫡出子として戸籍に記載する。なお，父も，これらの証明書及びその者が父である旨の母の申述書を添付して，当該出生の届出をすることができる。

第4 認 知

認知は，子の出生の当時若しくは認知の当時の認知する者の本国法又は認知の当時の子の本国法のいずれの法律によってもすることができ，認知する者の本国法による場合において，認知の当時の子の本国法がその子又は第三者の承諾又は同意のあることを認知の要件とするときは，その要件をも備えなければならないこととされた（改正法例第18条第1項，第2項〔編注：通則法29条1項・2項〕）。

この改正に伴い，認知の届出については，次の取扱いとする。なお，関係者の本国法の決定は，第1の1(1)イの例による。

1 創設的届出
(1) 子が日本人である場合

日本民法上の認知の要件が当事者双方に備わっている場合は，認知の届出を受理する。認知する者の本国法が事実主義を採用している場合であっても，認知の届出を受理する。第3の2(2)により父の氏名が戸籍に記載されている場合も，同様とする。ただし，後記2(2)により戸籍法第63条の類推適用による届出があり，かつ，父の氏名が戸籍に記載されている場合は，認知の届出を受理することができない。

日本民法上の認知の要件が当事者双方に備わっていない場合において，認知する者の本国法により認知することができる旨の証明書を添付した認知の届出があったときは，改正法例第33条（公序）の規定〔編注：通則法42条〕の適用が問題となるので，監督局の長の指示を求めるものとする。

(2) 子が外国人である場合

子の本国法により認知することができる旨の証明書の提出があった場合は，認知の届出を受理することができる。認知する者の本国法により認知

することができる旨の証明書及び子の本国法上の保護要件を満たしている旨の証明書の提出があった場合も，同様とする。
　(3)　胎児認知の場合
　　　胎児認知の届出があったときは，改正法例第18条〔編注：通則法29条〕第1項後段及び第2項の適用上，「子の本国法」を「母の本国法」と読み替えて受否を決するものとする。
2　報告的届出
　(1)　認知の裁判（外国における裁判を含む。）が確定した場合における報告的届出の取扱いは，従前のとおりであり，外国において任意認知をした旨の証書の提出があった場合の取扱いは，認知の準拠法が改正された点を除き，従前のとおりである。
　(2)　子の出生の当時における父の本国法が事実主義を採用している場合において，父子関係存在確認の裁判が確定したときの報告的届出は，子又は父からの戸籍法第63条の類推適用による届出として受理する。

第5　養子縁組

1　創設的届出
　養子縁組については，縁組の当時の養親の本国法によることとされ，養子の本国法が養子縁組の成立につき養子若しくは第三者の承諾若しくは同意又は公の機関の許可その他の処分のあることを要件とするときは，その要件をも備えなければならないこととされた（改正法例第20条〔編注：通則法31条〕）。この改正に伴い，養子縁組の届出については，次の取扱いとする。なお，当事者の本国法の決定は，第1の1(1)イの例による。
　(1)　養親が日本人である場合
　　　日本民法上の養子縁組の要件が当事者双方に備わっているかどうかを審査し，これが備わっている場合は，養子の本国法上の保護要件を審査する。この場合において，養子の本国の官憲の発行した要件具備証明書の提出があるときは，養子の本国法上の保護要件が備わっているものとして取り扱って差し支えない。
　(2)　養親が外国人である場合
　　　養親の本国法上の養子縁組の要件が当事者双方に備わっているかどうかを審査し，これが備わっている場合は，養子の本国法上の保護要件を審査する。この場合において，養子の本国の官憲の発行した要件具備証明書の提出があるときは，(1)後段と同様である。
　(3)　養親に配偶者がある場合

夫婦共同縁組をする場合における養親の本国法は，それぞれの養親についてそれぞれの本国法であり，一方の本国法を適用するに当たり，他方の本国法を考慮する必要はない。
　　　配偶者のある者が単独縁組をすることができるかどうかは，当該者の本国法による。配偶者又は養子の本国法が夫婦共同縁組を強制していても，これを考慮する必要はない。
　２　報告的届出
　(1)　我が国における養子縁組の成立
　　ア　養親の本国法が普通養子縁組について裁判所の決定等により縁組を成立させる法制を採用している場合において，家庭裁判所の養子縁組を成立させる旨の審判書謄本を添付して養子縁組の届出があったときは，その届出は，戸籍法第68条の２により受理する。ただし，この場合においては，同法第20条の３の規定を適用しない。
　　　　この場合の戸籍の記載は，参考記載例60の２の例による。
　　イ　家庭裁判所が渉外的な特別養子縁組を成立させる審判を行った場合において，戸籍法第68条の２による届出があったときは，同法第20条の３の規定を適用する。
　(2)　外国における養子縁組の成立
　　　外国において養子縁組をした旨の報告的届出があった場合は，養子縁組の準拠法上その養子縁組が無効でない限り，これを受理する。外国において日本人を特別養子とする縁組が成立した旨の報告的届出があったときは，その養子について新戸籍を編製する。

第６　離　縁
　１　創設的届出
　　　離縁については，養子縁組の当時の養親の本国法によることとされた（改正法例第20条第２項〔編注：通則法31条２項〕）ので，渉外的な協議離縁の届出についての取扱いは，養親の本国法が縁組時と離縁時とで異なる場合を除き，従前のとおりである。
　　　なお，縁組事項を記載した戸籍に養親の国籍として単一の国が記載されているときは，その国の法律を養親の縁組当時の本国法として取り扱って差し支えない。
　２　報告的届出
　　　離縁の裁判（外国における裁判を含む。）が確定した場合における報告的届出の取扱いは，従前のとおりであり，外国において協議離縁をした旨の証

書の提出があった場合の取扱いは，離縁の準拠法が改正された点を除き，従前のとおりである。

第7　親　権

親権については，原則として，子の本国法によることとされ，例外として，子の本国法が父の本国法及び母の本国法のいずれとも異なる場合又は父母の一方が死亡し，若しくは知れない場合において他方の親の本国法と子の本国法とが異なるときは，子の常居所地法によることとされた（改正法例第21条〔編注：通則法32条〕）。したがって，日本人である子の親権については，上記例外の場合を除き，子の本国法としての日本の法律を適用することとなる。上記例外の場合については，後記第8の1(1)により，子の常居所が日本にあるものと認定することができるときは，子の常居所地法としての日本の法律を適用することとなる。

なお，関係者の本国法の決定については，第1の1(1)イの例による。

第8　常居所の認定

事件本人の常居所の認定については，次のとおり取り扱って差し支えない。次の基準によっていずれの国にも常居所があるものと認定することができない場合は，原則として居所地法による（改正法例第30条〔編注：通則法39条〕）が，疑義がある場合は，監督局の指示を求めるものとする。

1　我が国における常居所の認定
　(1)　事件本人が日本人である場合

　　　事件本人の住民票の写し（発行後1年内のものに限る。）の提出があれば，我が国に常居所があるものとして取り扱う。ただし，後記2(1)の事情が判明した場合を除く。

　　　事件本人が国外に転出し，住民票が消除された場合でも，出国後1年内であれば，我が国に常居所があるものとして取り扱う。出国後1年以上5年内であれば，事件本人が後記2(1)ただし書に記載した国に滞在する場合を除き，同様とする。

　(2)　事件本人が外国人である場合

　　　出入国管理及び難民認定法による在留資格（同法第4条第1項各号。以下，号数のみを示す。）等及び在留期間により，次のとおり取り扱う。在留資格及び在留期間の認定は，これらを記載した外国人登録証明書及び旅券（日本で出生した者等で本国から旅券の発行を受けていないものについては，その旨の申述書）による。

　　ア　次に掲げる者については，引き続き5年以上在留している場合は，我

が国に常居所があるものとして取り扱う。
- (ｱ) 第５号から第８号まで，第10号から第13号まで又は第16号（同法施行規則第２条第３号に該当する場合に限る。）のいずれかに該当する者
- (ｲ) 第５号から第８号まで又は第10号から第13号までのいずれかに該当する者の配偶者及び未成年の子で配偶者のないもの
- (ｳ) 成年に達した後に日本人の養子となった者

イ 次に掲げる者については，引き続き１年以上在留している場合は，我が国に常居所があるものとして取り扱う。
- (ｱ) 第14号に該当する者
- (ｲ) 第16号（同規則第２条第１号に該当する場合に限る。）に該当する者。ただし，成年に達した後に養子となった者を除く。

ウ 次に掲げる者については，我が国に常居所があるものとして取り扱う。
- (ｱ) 我が国で出生した外国人で出国していないもの（ア又はイに該当する者を含む。）
- (ｲ) ポツダム宣言の受諾に伴い発する命令に関する件に基く外務省関係命令の措置に関する法律（昭和27年法律第126号）第２条第６項に該当する者
- (ｳ) 第16号（同規則第２条第２号に該当する場合に限る。）に該当する者

エ 次に掲げる者については，我が国に常居所がないものとして取り扱う。
- (ｱ) 第１号，第２号，第４号又は第９号のいずれかに該当する者
- (ｲ) 日本国とアメリカ合衆国との間の相互協力及び安全保障条約６条に基づく施設及び区域並びに日本国における合衆国軍隊の地位に関する協定第９条第１項に該当する者
- (ｳ) 不法入国者及び不法残留者

2 外国における常居所の認定
(1) 事件本人が日本人である場合

　　旅券その他の資料で当該国に引き続き5年以上滞在していることが判明した場合は，当該国に常居所があるものとして取り扱う。ただし，重国籍の場合の日本以外の国籍国，永住資格を有する国又は配偶者若しくは未成年養子としての資格で滞在する場合における外国人配偶者若しくは養親の国籍国においては，1年以上の滞在で足りる。

(2) 事件本人が外国人である場合

外国人の国籍国における常居所の認定については，1(1)に準じて取り扱い，国籍国以外の国における常居所の認定については，1(2)に準じて取り扱う。

第9　経過規定

　改正法の施行前に生じた事項については，なお従前の例によるが，改正法の施行の際現に継続する法律関係については，改正法の施行後の法律関係に限り，改正法例の規定を適用することとされた（改正法附則2項）。したがって，婚姻，離婚，嫡出親子関係，非嫡出親子関係，養子縁組又は離縁の成立については，それぞれの成立の時における法例の規定による準拠法を適用するが，親権については，継続的関係であるので，改正法の施行とともに準拠法が変更することとなる。

　その結果，創設的届出の場合は，届出の時における法例の規定により，報告的届出の場合は，成立の時における法例の規定によることとなる。

$$\left(\begin{array}{l}\text{改正　平成2年5月1日民二第1835号通達}\\ \text{　　　平成4年1月6日民二第　155号通達}\\ \text{　　　平成13年6月15日民一第1544号通達}\\ \text{　　　平成14年6月25日民一第1550号通達}\end{array}\right)$$

15 届出の受理・不受理証明書

　届出人は，届出の受理または不受理の証明書を請求することができる（戸籍法48条1項）。利害関係人は，特別の事由がある場合に限り，届書その他市区町村長の受理した書類の閲覧を請求し，またはその書類に記載した事項について証明書を請求することができる（同条2項）。

　戸籍法48条2項の閲覧または証明は，届出事件本人または届出人，事件本人の家族または親族，官公吏（職務の執行に関係ある場合に限る。）が請求した場合に限りこれを認め，単に財産上の利害関係を持つにすぎない者の請求はこれを認めない（昭22.4.8民事甲277通達）。

　戸籍法10条3項〔郵便その他の方法による送付〕および10条の3〔現に請求の任に当たっている者の本人確認〕の規定は，戸籍法48条1項・2項の場合に準用する（戸籍法48条3項）。届出または申請の受理または不受理の証明書は，附録第20号書式によって，これを作らなければならない（戸籍法施行規則66条1項）。ただし，市区町村長は，証明を求める事項を記載した書面またはその符せんに証明の趣旨および年月日を記載し，かつ，これに職氏名を記し，職印を押して，これを以て証明書に代えることができる（戸籍法施行規則66条1項で準用する同規則14条1項ただし書）。この符せんによって証明する場合には，市区町村長は，職印で接ぎ目に契印をしなければならない（戸籍法施行規則66条1項で準用する同規則14条2項）。

　なお，戸籍法48条2項の特別の事由とは，「届書類に記載された事項について，届書類の閲覧または記載事項証明書を得なければ判明せず，かつ，これを利用しなければ，利害関係人の意図する権利行使ができない場合」をいう（戸籍の記載によって証明できれば，その基礎資料である届出類の閲覧または記載事項証明は不要なので，戸籍の記載によって証明できない場合のみ，この特別の事由が該当することになる。）。

(参考)

○ 利害関係人から戸籍届書の謄本請求があっても応ずべきではない。記載事項全部について証明の請求には応じて差し支えない

(昭35.10.27民事甲2679回答)

　創設的届出の効力を争う訴訟に必要であるとの事由に基づいて利害関係人から戸籍届書及びその附属書類の謄本の請求又はその記載事項全部についての記載事項証明の請求がありましたが，戸籍法第48条第2項の規定には謄本についての規定がなく，また，同条に規定する証明は，戸籍謄本及び届出受理証明等によって，証明できない事項についてのみの証明と解されますので，これに応じないのが相当と思料しますが聊か疑義があり，何分の御指示を仰ぎたく，お伺いいたします。

　　　　　　回　答

　10月12日付戸甲第1105号で照会のあつた標記の件については，謄本の請求には応ずべきでないが，記載事項全部についての記載事項証明の請求には応じてさしつかえない。

(1)　受理証明書

　婚姻，縁組などの創設的な届出は，これが適法なものとして受理されれば，たとえその届出事項が戸籍に記載されなくとも，その届出に基づく身分行為は有効に成立し，身分関係が発生することとなる。しかし，戸籍法は，受理処分がなされた場合に，その旨を届出人に対し積極的に告知することを規定していないから，その届出に基づく戸籍の記載がなされない限り，届出によって成立した身分関係は公証されないこととなる。

　届出人は，届出が受理されたことによって身分関係が成立したことを明らかにするため，届出を受理した市区町村長に対し，受理されたことの証明書(「受理証明書」という。)の交付を請求することができる(戸籍法48条1項)。

　この制度は，日本に戸籍のない外国人同士が日本の市区町村長に婚姻届を提出し，受理されたような場合には，受理証明書の交付を受けて，日本法上有効に婚姻が成立したことを証明する方法の一つとなる。また，日本人の届出でも，本籍地以外の市区町村長に届出した場合には，本籍地に届書が送付されて戸籍が記載されるまでには日数を要することから，届書を提出した市区町村長から受理証明書の交付を受けて，戸籍の謄抄本に代えることもできる。

(2) **不受理証明書**

　市区町村長は，提出された届書について，民法および戸籍法などに規定する実質的または形式的要件を具備していないことが判明した場合には，その届出を不受理することとなる。

　この不受理処分は，届書の受付を拒否するという消極的な行政処分（言い換えれば，単に届書類を届出人に返戻するという行為）によってすべきであり，不動産登記法における登記申請の却下決定（同法25条）のような積極的な行政処分はしない取扱いとされている（大4．8．2民1237回答）。

　なお，届出人は，市区町村長の不受理処分に対し家庭裁判所へ不服の申立てをすることができるものとされている（戸籍法121条）。その場合，不受理の処分がなされたことを明らかにしてすべきものとされ，市区町村長に対し，不受理とされたことの証明書（これを「不受理証明書」という。）の交付を請求することができるとされている（戸籍法48条1項）。この規定は，戸籍訂正申請についても準用されているので（戸籍法117条），戸籍訂正の申請人は，受理または不受理について証明を請求することができる。

　不受理証明書は，届出が不受理とされ届出人に返戻されたときのみならず，後日でも請求できるものとされているので，その場合に備えて，戸籍発収簿または届書類不受理処分整理簿に，不受理処分とした届書の受付の年月日，不受理決定の年月日，事件の内容および不受理の理由，届出事件本人の氏名，本籍などを記載しておくべきものとされている（平16．4．1民一850通達「戸籍事務取扱準則制定標準」31条）。

(3) **受理・不受理の証明書式**

　受理または不受理の証明書は，戸籍法施行規則附録第20号書式によって作成し交付しなければならないが，請求書またはその符せんに証明の記載をして証明書に代えられる（戸籍法施行規則66条1項・14条）。

　また，婚姻，離婚，養子縁組，養子離縁および認知の各届出は，戸籍法施行規則附録第21号書式による特別様式のものを請求することも認められている（戸籍法施行規則66条2項）。これは，諸外国の婚姻証書の例にならい，日

第5　戸籍証明

本でも昭和32年7月22日法務省令32号によって，特別の用紙および様式（日本工業規格B列4番の上質紙90キログラム以上）が定められ，市区町村長の肩書に「日本国政府戸籍事務管掌者」と記載することになっている（戸籍法施行規則附録第21号書式）。

なお，受理照会を要する届出（例えば，学齢に達した子の出生届，死亡診断書の添付のない死亡届など）は，管轄法務局からの受否の指示があるまで証明書を交付することはできない。ただし，届書を受け取った事実を一般行政証明の戸籍届書預り証明書として証明することは差し支えない。出生届を受理したときは，届出人が提示した母子健康手帳に出生届済証明をする取扱いであるが（昭23.5.17民事甲1310通達），これも一種の受理証明書にほかならない。

附録20号書式（戸籍法施行規則66条関係）

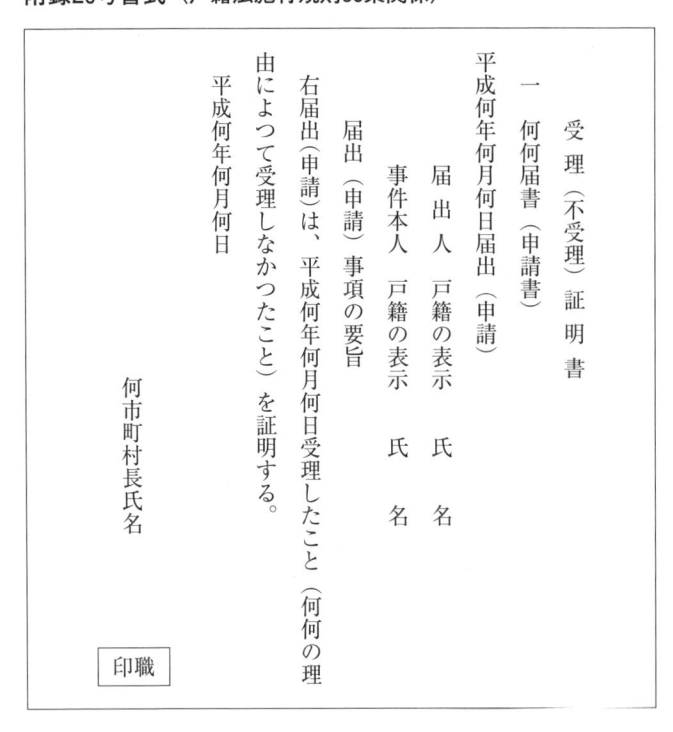

```
              受理（不受理）証明書

          一　何々届書（申請書）

          平成何年何月何日届出（申請）

              届出人　戸籍の表示　氏　名

              事件本人　戸籍の表示　氏　名

              届出（申請）事項の要旨

          右届出（申請）は、平成何年何月何日受理したこと（何々の理
          由によつて受理しなかつたこと）を証明する。

          平成何年何月何日

                              何市町村長氏名

                          職印
```

16　戸籍届書預り証明書

　出生証明書が添付されていない出生届や婚姻要件具備証明書が添付されていない外国人との婚姻届など，管轄法務局に受否の伺いを要する届書を受け付けた場合，市区町村長は管轄法務局の受否の決定があるまでは，戸籍法48条に基づく受理または不受理の証明書を交付することができない。この場合，交付されるのが「戸籍届書預り証明書」である。

(参考)

　○　受否伺中の届書の受理証明書の取扱い

$$\begin{pmatrix}昭42.6.1大阪府戸籍住民登録事務協議\\会決議\quad 同年9.27大阪法務局長変更認可\end{pmatrix}$$

　　　　　　　　　　　　　　　　　　　　堺支会提案

　要旨　監督局の長に受否伺中の届書の受理証明はできないが，行政証明として届出のあつた旨の証明はできる。

　1．受否の伺を要する届書を受附しても法務局の受否の決定あるまで，戸籍法第48条による証明の請求には応じられないが，何某何々届（法務局受否未決定）年月日受附した旨の一般行政証明として交付することの可否

　　理由　受否伺を要する届書であつても，市区町村長が受取つた以上は受取つた事実の証明請求に応じられない理由がないと思われるので，その方策としての意見を求める。

　決議　可とする。

　法務局長指示　決議のとおりであるが，受附した旨を証明すると受理されたものと誤解されるので，届出があつた旨の証明をすることとされたい。

(様式例)
戸籍届書預り証明書

証　明　書

1．届出年月日　　平成　　年　　月　　日
1．届出事件名
1．届　出　人

本　籍 (国籍)	
氏　名	筆頭者
生年月日	年　　月　　日

1．事件本人

本　籍 (国籍)	
氏　名	筆頭者
生年月日	年　　月　　日

　上記の者に関して平成　　年　　月　　日　市区町村長に提出された○○届については，現在，○○法務局長（地方法務局長）に照会中であり，受否についての証明はできませんので，届書の提出のあったことを証明します。

　平成　　年　　月　　日

市区町村長　　　　［職印］

17 戸籍受附帳記載事項証明書

　市区町村長は，届書，申請書その他の書類を受理し，またはその送付を受けたときは，その書類に受附の番号および年月日を記載しなければならない（戸籍法施行規則20条1項）。この受附の日は，現に受け付けた日を記載し，受理と決した日を記載すべきものではない（大4.1.11民1800回答）。誤って受理した場合，届書類は，戸籍記載前はその旨を受附帳に記載して届出人に返戻し，戸籍記載後は戸籍法施行規則48条の規定によって管轄局に送付し，戸籍の記載は戸籍法24条1項または2項の規定により処理する（昭37.12.5民事甲3519回答）。

　市区町村長は，附録第5号様式によって毎年，受附帳を調製し，これにその年度内に受理しまたは送付を受けた事件について受附の順序に従い，次の事項を記載しなければならない（戸籍法施行規則21条〔受附帳〕1項本文）。

① 件　名
② 届出事件の本人の氏名および本籍または国籍
③ 届出人が事件本人以外の者であるときは，届出人の資格および氏名
④ 受附の番号および年月日
⑤ 受理または送付を受けたことの別
⑥ 出生の届出については，出生の年月日
⑦ 死亡または失踪の届出については，死亡の年月日時分または死亡とみなされる年月日
⑧ 戸籍法施行規則79条の2〔電子情報処理組織による戸籍の謄本等の請求および届出等〕第2項の届出等であるときは，その旨

　ただし，上記3号，6号および7号の事項は，受理した事件についてのみ記載すれば足りる（戸籍法施行規則21条1項ただし書）。

　この証明書は，届出の受理照会の添付書類や，届書の保存期間経過後の戸籍訂正の参考資料として利用され，戸籍受附帳の表紙と該当部分をコピーし，この二葉に契印し，証明文を付して交付されている。

附録第5号様式　受附帳（戸籍法施行規則21条関係）

				受附番号					受附番号	平成何年
				受理送付の別					受理送付の別	戸籍受附帳
				受附月日（事件発生月日）					受附月日（事件発生月日）	
				件名					件名	
				届出事件（本人の氏名）（届出人の資格氏名）					届出事件（本人の氏名）（届出人の資格氏名）	何町村役場
				本籍又は国籍					本籍又は国籍	
				備考					備考	

　受附帳の保存期間は，戸籍法施行規則の施行（昭23.1.1）以来，当該年度の翌年から10年だったが，20年に（昭37.1.1），そして50年に（昭60.1.1），平成22年6月1日からは150年に伸長されている。この場合，既に保存期間を経過している受附帳で廃棄決定をしていないものについても，同様とする（伸長する。）。市区町村が廃棄処分を留保して保管しているものについては，その廃棄決定を取り消し，改正後の保存期間に関する規定を適用する

（平22.5.6民一1080通達第1の2）。

　なお，市区町村長が受附帳の記載事項を磁気ディスクに記録し，その磁気ディスクを正本として取り扱うことは差し支えない（平22.5.6民一1080通達第1の3）。

（様式例）
戸籍受附帳記載事項証明書

```
┌─────────────────────────────────────┐
│                                         │
│              受附帳の表紙                │
│                                         │
│                                         │
│  （編製期間，市区町村名が表示されていることを要する。）  │
│                                         │
└─────────────────────────────────────┘
```

```
┌─────────────────────────────────────┐
│      ┌─────────────────────┐        │
│      │  受 附 帳 の 該 当 部 分 の コ ピ ー  │        │
│      └─────────────────────┘        │
│                                         │
│   上記は，昭和　年の戸籍受附帳に記載があることを証明します。  │
│                                         │
│     平成　年　月　日                    │
│                                         │
│                    市区町村長    ┌──┐ │
│                                  │職印│ │
│                                  └──┘ │
└─────────────────────────────────────┘
```

2枚を契印する。

18 戸籍受附帳に記載のないことの証明書

　受附帳に記載されていないということは，それが日本国において法律的に有効なものとして，成立していないということになる。

　例えば，日本において生活していた外国人が，その本国において結婚するに際し，日本滞在中に婚姻届が市区町村に受理されていないことを証明されることにより，本国における婚姻要件を充足させることとなる。

(様式例)
戸籍受附帳に記載のないことの証明書

証　明　願

　私　　　は，平成　年　月　日　本国　　に帰国し，国籍　　氏名　（西暦　年　月　日生）と婚姻するため，在日　　大使館に下記の証明を提出する必要がありますので，証明をお願いします。

平成　年　月　日

願出人（本人）　　　　　氏名

市区町村長　　殿

記

証明を必要とする事項	国籍	
	住所	
	氏名	生年月日　西暦　年　月　日生
	○○市区町村に在住中であった，平成　年　月　日から平成　年　月　日までの間に，上記本人を当事者とした婚姻届に関する記載（記録）が○○市区町村の戸籍受附帳に記載されていないこと。	

　上記事項について調査した結果，○○市区町村においては平成　年　月　日から平成　年　月　日までの間に当職保管の戸籍受附帳に記載（記録）のないことを証明します。

平成　年　月　日

市区町村長　　　　職印

第5　戸籍証明

19　外国人に関する届書綴に届書が存在しないことの証明書 ──

　戸籍が作成されない外国人についても，日本国内で発生する出生や死亡などの報告的届出事項は戸籍法が適用され，届出の義務があるとされている（昭24.3.23民事甲3961回答）。また，婚姻や認知などの創設的届出事項も，日本国に居住する限り，外国人であっても市区町村に届出をすることができ，こうした届書は市区町村において一定期間保存され，その届書によって戸籍と同様に身分関係を証明することができるとされている（昭39.7.4民事甲2303回答）。

　戸籍法施行規則50条〔戸籍の記載不要届書類の保存〕2項は，「前項の書類（注：戸籍の記載を要しない事項について受理した書類）の保存期間は，届出によつて効力を生ずべき行為に関するものは，当該年度の翌年から50年，その他のものは，当該年度の翌年から10年とする。」と定めている。また，戸籍の記載を要しない届書類は，マイクロ・フィルム化できる（昭58.2.18民二820通達）。なお，保存期間の満了した届書類についても，市区町村長はこれを保存することができるとされている（昭35.12.22民事甲3220通達）。

　なお，この証明書は，「戸籍受附帳に記載のないことの証明書」と同時に証明することができる。

(参考)

〈昭和39年7月4日付民事甲第2303号民事局長回答〉

　　県戸籍住民登録事務協議会出雲支会において末尾記載のとおり決議をなし認可申請を求めて参りましたところ，これが指示にあたり左記3説あり当職は甲説によるを相当と思料いたしますところ該当先例も見当らず，いささか疑義がありますので，何分の御垂示を賜わりたくお伺いします。

　　　　　　　　　　　　　　記

　甲説　従来の先例によれば届出事項の申出書は，届書が受理市町村から本籍地市町村へ送付の途中紛失し，ために戸籍の記載をなし得ない場合に届書にかわるべきものとして認められたものと解されるので，戸籍の記載を要しない外国人の届書を紛失した本事案の場合には，右の趣旨による申出書を徴する余

（様式例）
外国人に関する届書綴に届書が存在しないことの証明書

証　明　書

氏　名

生年月日　　西暦　　　年　　月　　日

国　籍

　上記の出生届は　　　　年の「日本国籍を有しない者に関する届つづり」
の中に存在しないことを証明します。

平成　　年　　月　　日

市区町村長　　｜職印｜

第5　戸籍証明

地はなく，記載事項証明の請求があつても，戸籍外の方法によつて証明資料たとえば死亡診断書を入手させるほかなく，証明書は交付できない。

　なお，届書の紛失を発見したときは，相当調査をなしその事実が認められるときは取調書を作成し，当該届書編てつ箇所につづつておく。

乙説　日本人の身分関係は戸籍の記載によつて公証されるが，外国人については戸籍法により届出がなされても戸籍の記載をせず，かわりに届書を一定期間市町村に保管し届書自体によつて身分関係を証明することとされている。とすれば届書保存期間中あるいは廃棄手続前において身分関係証明資料たる届書が紛失したことを発見した場合に，届出人から届書にかわるべきものとして届出事項の申出書を提出するならこれを受理し，当該届書編てつ箇所につづつておく取扱いはさしつかえないものと思料される。

　届書記載事項証明の請求に対しては，届書が存在しないため応ずることができないから，右の申出書に関する記載事項証明の請求をなさしめた上これを交付する。この場合戸籍手数料令第4条2項の適用を受けるものと解する。

　取調書の作成を要することについては甲説のとおり。

　なお，申出書が提出された場合は，受附帳，保存されておれば埋火葬許可申請書あるいは埋火葬許可証控等により申出書の記載内容を点検確認した後これを受理する。

丙説　乙説と同様であるが，戸籍法第48条2項中の「届書その他市町村長の受理した書類」とは具体的には同法第15条の書類を指称するものと解されるから，申出書に関する記載事項証明は一般行政証明として取扱う。

決議事項

　昭和28年受理した国籍朝鮮の者の死亡届について，このたびその届出人から届書記載事項証明書の交付請求があつたので調査したところ，戸籍受附帳にはその記載があるが，届書が保存されていない（当該市町村役場に保存されておらず，かつ管轄法務局にも送付されていない。）ことを発見したときの処理方法を問う。

決議　申出書を提出せしめ日記簿で受理した上，申出書に関する記載事項証明書を交付する。

　　　　　　　回　答

　5月13日付戸発第203号をもつて照会のあつた標記の件については，乙説により取り扱つてさしつかえない。

20 出生届出済証明

　母子保健法（昭40．8．18法141，昭41．1．1施行）16条〈母子健康手帳〉1項は，「市区町村は，妊娠の届出をした者に対して，母子健康手帳を交付しなければならない。」と，同条3項は，「母子健康手帳の様式は，厚生労働省令で定める。」と定めている。

　この様式は，母子保健法施行規則7条により，様式第3号が定められている。母子健康手帳は，市区町村の福祉部門に妊娠届出書を提出することによって交付され，妊娠，出産および乳幼児の育児に関する6歳までの健康記録である。予防接種を受けた場合には，母子健康手帳に必要な事項を記入することによって，予防接種済証に代えられるものとされている。

　この手帳には，「出生届出済証明」欄があり，「赤ちゃんが生まれたときは14日以内に出生届をして，同時に出生届出済の証明を受けてください。」とされている。つまり，出生届出済証明により，母子健康手帳に出生事項が出生届とそごを生じることなく記入されるのである。

　戸籍吏による出生届出済証明は，主要食糧配給通帳に出生届と食糧配給をリンクさせて，昭和22年7月1日以降の出生子を対象にスタートした（昭22．6．11民事甲512通達）。児童福祉法（昭22．12．12法164，昭23．1．1施行）20条の2第1項により，母子手帳が知事または保健所を設置する市長から交付されることになり，それに市区町村長による出生届出済証明記載欄が設けられた。この母子手帳と主要食糧配給通帳における出生届出済証明は，併存していたが，「主要食糧配給のための出生届済証明に関する件」（昭24．12．20民事甲2915通達）により，出生児に対する食糧配給は，母子手帳の出生届済証明に一元化された。

　母子手帳は，母子保健法の施行により母子健康手帳と改称されて，根拠法を移された。ただ，母子保健法は，附則3条に，母子手帳を母子健康手帳とみなす経過措置を講じていた。

　　母子保健法附則第3条　この法律の施行前に附則第5条の規定による改正前の児

第5　戸籍証明

童福祉法20条の2第1項の規定により交付された母子手帳は，第16条第1項の規定により交付された母子健康手帳とみなす。

母子健康手帳の様式（母子保健法施行規則7条による様式3号）

```
市町村（特別区）名

                母 子 健 康 手 帳












        平成　　年　　月　　日交付

              保護者の氏名：＿＿＿＿＿＿＿＿＿＿＿＿＿＿
                         ：＿＿＿＿＿＿＿＿＿＿＿＿＿＿
                          ふりがな
                 子の氏名 ＿＿＿＿＿＿＿（第　　子）
                 No. ＿＿＿＿＿＿＿＿＿＿＿＿＿＿
```

この欄は手帳を受け取ったらすぐに自分で記入してください。

子の保護者	続柄	ふりがな 氏名	生年月日（年齢）	職業
	母（妊婦）		年　月　日生（　歳）	
	父		年　月　日生（　歳）	
			年　月　日生（　歳）	
	居住地	電話		
		電話		
		電話		

出 生 届 出 済 証 明

子 の 氏 名		男・女
出生の場所	都道府県	市区町村
出生の年月日	年　　月　　日	

　　上記の子については　　年　　月　　日
　　出生の届出があったことを証明します。

　　　　　　　　　　　　市区町村長　　　　　　　印

赤ちゃんが生まれたときは14日以内に出生届をして，同時に上欄に出生届出済の証明を受けてください。

第5　戸籍証明

(参考)

○　出生届と食糧配給に関する件

(昭22．6．11民事甲512通達)

　出生届が期間内に漏れなく完全に励行されることを確保するため，今般食糧管理局と打合せの上，出生届を受理した後でなければ出生子に対する食糧配給をなさないことに決定し，別紙のように食糧管理局長官より都道府県知事に通達された。よって7月1日以降出生した子につき出生届を受理した際は，異動申告書中適当な箇所又は別書面に出生届済なる旨を証明し無料で届出人に交付することに決定したから，これをご了知の上貴管下各甲号出張所及び市区町村に対し，これが伝達方を取り計らわれたい。右通達する。

　22食糧第1975号
　　昭和22年6月11日

食糧管理局長官

　県　知　事　殿

　　出生児に対する主要食糧の配給取扱について

　この件については従来は産婆，医師等の証明によつて主要食糧配給通帳の訂正をして出生児に対する配給をしてゐたのであるが出生届を的確に履行せしめると共に出生による受配人口の異動を確実に把握する為7月1日以降に出生した者に対しては出生届を完了したことの戸籍吏の証明がなければ配給を開始しないようにせられ度い。

　尚市（区町村）役所に於ける右の証明事務に関しては別途司法省民事局長より各司法事務局長に対して通牒せられる筈である。

【編注】　出生子の食料配給のための出生証明書の取扱いは，母子手帳の制度が普及徹底されたとして，昭和23年8月12日付け民事甲第2514号通達（出生届済証明に関する件）と共に，昭和24年12月20日付け民事甲第2915号通達により廃止された。

21 死亡証明書

　死亡証明書は，戸籍法48条２項の「届書その他市町村長の受理した書類」に記載された事項の証明書に当たる。

　死亡の届書には，死亡の年月日時分および場所，男女の別，死亡者が外国人であるときはその国籍，死亡当時における配偶者の有無，配偶者がないときは未婚または直前の婚姻について死別もしくは離別の別，死亡当時の生存配偶者の年齢，出生後30日以内に死亡したときは，出生の時刻，死亡当時の世帯の主な仕事（並びに国税調査実施の年は死亡者の職業および産業），死亡当時における世帯主の氏名を記載するものとされている（戸籍法86条２項，同法施行規則58条）。

　死亡の届出書には，診断書または検案書を添付しなければならず（戸籍法86条２項），これには記載事項証明書で証明される事項以外の数多くの死亡情報が記載されている。この記載事項証明書以外で，かつ，戸籍にも記載されていない情報について，「死亡届出中の死亡診断書（死体検案書）に記載された事項は，全て証明できる」との取扱いは，既に，昭和５（1930）年５月９日（民事404回答）から認められている。

(参考)
　○　死亡届書中の死亡診断書に記載された事項について

（昭５．５．９民事404回答）

　大正７年７月９日保監第1274号為替貯金局長問合ニ対スル同年７月12日民第1375号法務局長ノ御回答ニヨリ被保険者カ契約後１年以内ニ死亡シタル場合ニ於テ簡易生命保険取扱官庁ハ戸籍法第67条第２項ノ規定ニ依リ利害関係人トシテ死亡届書及死亡診断書ニ記載セラレタル被保険者ノ生年月日死亡ノ場所及年月日，死因，病名，発病ノ年月日等ノ事項ニ付キ証明ノ請求アリタル場合之カ証明ヲ為シ得ヘキ趣旨了承致シ居リ候処簡易生命保険規則第25条（第１項第２号）ノ規定ニ基キ被保険者ノ死亡ニヨリ保険金ノ給付ヲ受クヘキ者カ手数料ヲ納付シテ戸籍法67条第２項ノ規定ニヨリ利害関係人トシテ同法第36条第１項ノ死亡届書死亡診断書又ハ死体検案書検視調書ニ記載セラレタル事項ニ付証明ヲ請求アリタル場

第5　戸籍証明

合ニ於テ之カ証明ノ可否ニ対シ左記両説有之疑義ニ渉リ候甲乙何レカ正当ノ取扱ニ候哉至急何分ノ御指示相成度此段及稟伺候也

甲説　死亡届書中死亡診断書（死体検案書）ニ記載サレタル事項ハ総テ証明シ得ヘキモノト解ス

理由　(イ)　戸籍法第67条第2項ニ定メタル利害関係人トハ広ク一般的ノモノニシテ利害関係カ多少ナリトモソノ届出事件ニ原因シタルモノナレハ戸籍ニ関スル身分上ニセヨ戸籍ニ関係ナキ財産上其他ニ関シ総テ包含スヘキト解スルヲ相当トス

(ロ)　死亡診断書又ハ死体検案書ハ死亡届出ニ対シ死亡ノ事実ヲ確認スルモノニシテ戸籍ノ記載ノ基本タルモノニ非スト雖モ之ヲ添附シタルモノハ主タル死亡届ト合シテ一体ヲ為シタルモノナルカ故ニ仮令附属書類ト雖モ戸籍法第36条第1項ノ届書中ニ包含スヘキト解シ死亡診断書ノ記載事項ヲモ死亡届書ノ記載事項ト同一視スヘキモノナリ

乙説　死亡届書中死亡診断書（死体検案書）ニ記載サレタル事項ハ何レモ証明シ得サルモノト解ス

理由　(イ)　戸籍法第67条第2項ノ利害関係人トハ戸籍上ノ身分ニ関シタル利害関係ニシテ即チ届出事件ニ対シ戸籍ノ記載ニ誤記，脱漏アリタル場合又ハ届書自体カ偽造変造等ノ疑ヒアリテ届出人ノ身分上ニ重大ナル利害関係ヲ生シタル場合ヲ言フヘク戸籍上何等ノ錯誤，偽造等無之身分以外ニ生シタル利害関係ニ迄適用スヘキモノニ非ラス

(ロ)　死亡診断書又ハ死体検案書ハ死亡ノ事実ヲ証スヘキ医師ノ作製シタル証明書ニシテ戸籍法第117条ニハ死亡ノ届出ニハ該書類ヲ添附シテ届出ヲ為スヘク規定セリ

所謂死亡診断書ハ添附書類ニシテ戸籍法第36条第1項ノ書類中ニ包含スヘキモノニ非サルナリ

回　答

客月18日附戸発第4316号稟伺ノ件ハ甲説ノ通取扱ヲ相当ト思考致候此段及回答候也

○　出生及び死亡等に関する証明は，戸籍法第10条又は第48条第2項の規定に基づいて交付すべきであり，一般行政証明として交付することは適当でない

(昭32．5．8民事㈡発152回答)

出生及び死亡等に関する証明は，戸籍法第10条又は同法第48条第2項の規定に

基いて交付し，その様式は所定の書式によるべきで，埋火葬許可台帳等の資料に基き一般行政証明として，別紙のような証明書を交付することは適当でないものと考えられますが，いささか疑義がありますので御意見を拝承したくお伺いいたします。

　　証第　　　号
　　　　死亡証明書

1．氏　　　名	
2．出生年月日	年　　　月　　　日生
3．職　　　業	
4．病　　　名	
5．発病年月日	年　　　月　　　日
6．死亡年月日時	昭和　　　年　　　月　　　日
7．死亡の場所	

　　右の通り死亡せる事を証明する。
　　　昭和　年　月　日
　　　　　　　　　山形県〇〇〇郡〇〇村長　〇　〇　〇　〇

　　　回　答
照会のあつた件は，貴見のとおりである。

第5　戸籍証明

(様式例)

死亡証明書の例

死亡証明書									
	死亡者		死亡の日時	死亡の場所	死亡の種類	死亡の原因		診断（検案）医師の住所氏名	
	本籍	住所							
			平成　年　月　日　午　時　分			イ 直接死因		住所	氏名
	氏　名					ロ イの原因			
						ハ ロの原因			
						その他身体状況			
			発病の日　平成　年　月　日						
			発病より死亡までの期間						
	年　月　日生								

右の事項は死亡届出書並びに診断書に記録があることを証明します。

平成　年　月　日

　　　　　　　市区町村長

　　　　　　　職名

(様式例)
死亡証明願の例

死 亡 証 明 願

本　　籍

住　　所

死 亡 者（　　年　　月　　日生）

上記は申請人の　　であり平成　年 月 日午前/後　時　分

で死亡したことを証明願います。

　平成　　年　　月　　日

　　　　　　　　　　住　　所

　　　　　　　　　　電　　話

　　　　　　　　　　　　　申請人　　　　　　　㊞

　市区町村長　　　　　　殿

発第　　　　号

　上記の事項は，死亡届出書ならびに診断書に記録があることを証明します。

　平成　　年　　月　　日

　　　　　　　　　　　市区町村長　　　　　　職印

(参考)

○ 死亡届書の記載事項証明書の交付請求について

(平5.10.29民二6934通知)

　労働者災害補償保険法施行規則及び労働者災害補償保険特別支給金支給規則の一部が改正されたことに伴い，今後，別添の様式による労働基準監督署長発行の死亡届記載事項証明書交付依頼書を添付して死亡届書の記載事項証明書の請求があった場合には，戸籍法第48条第2項の特別の事由があるものとして当該請求に応じて差し支えないものと考えますので，これを了知の上，貴管下関係支局長及び市区町村長に周知方取り計らい願います。

　なお，この死亡届書記載事項証明書交付依頼書には，請求人の住所・氏名が記載されていますが，当該請求人が戸籍法第48条第2項に規定されている利害関係人に該当するか否かの審査については，従来どおり必要ですので念のため申し添えます。

(別添)

平成　年　月　日

番号　_____

関係 市区町村長殿
　　 法　務　局

_____労働基準監督署長　印

死亡届書記載事項証明書交付の依頼について

　下記の者より労働者災害補償保険法の遺族補償給付の請求等を行いたい旨の申出がありましたので，当該者からの戸籍法第48条第2項又は第3項に基づく請求に対し，労働者等の死亡に関して市町村長に提出した死亡診断書，死体検案書若しくは検視調書に記載してある事項についての証明書（死亡届書記載事項証明書）を交付下さるよう依頼します。

記

氏　名	
住　所	電話　（　）

21 死亡証明書

(備考)

　これらの規則の一部改正は，平5.7.21労働省令27号により行われ，平成5年8月1日から施行された。改正後の条文は，次のとおりである。

　労働者災害補償保険法施行規則10条3項1号は受給権者の死亡に関して，15条の2第3項1号および16条3項3号イならびに労働者災害補償保険特別支給金支給規則5条6項1号は労働者の死亡に関して，各々「市町村長に提出した死亡診断書，死体検案書若しくは検視調書に記載してある事項についての市町村長の証明書又はこれに代わるべき書類」に改められた。

　また，労働者災害補償保険法施行規則17条の2第3項は，「死亡した労働者の死亡診断書，死体検案書又は検視調書の写しその他当該労働者の死亡の事実及び死亡の年月日を証明することができる書類」が「労働者の死亡に関して市町村長に提出した死亡診断書，死体検案書若しくは検視調書に記載してある事項についての市町村長の証明書又はこれに代わるべき書類」に改められた。

22 労働基準法111条の証明書

　労働基準法111条は，「労働者及び労働者になろうとする者は，その戸籍に関して戸籍事務を掌る者又はその代理者に対して，無料で証明を請求することができる。使用者が，労働者及び労働者になろうとする者の戸籍に関して証明を請求する場合においても同様である。」と定めている。

　また，労働基準法57条〈年少者の証明書〉1項は，「使用者は，満18歳に満たない者について，その年齢を証明する戸籍証明書を事業場に備え付けなければならない。」とし，同じく2項は，「使用者は，前条2項の規定（注：12歳未満の演芸，12歳以上15歳未満の農林業などへの従事）によって使用する児童については，修学に差し支えないことを証明する学校長の証明書及び親権者又は後見人の同意書を事業場に備え付けなければならない。」と定めている。労働基準法57条1項の年齢を証明する戸籍証明書は，年齢証明書として交付されており，その備付けが法定義務であり，労働基準法111条に該当することから，手数料は無料である。

(参考)
- ○　労働基準法111条の規定による証明は，戸籍記載事項証明によってするものであって，戸籍の謄本または抄本は含まれない。また，本件請求については「労働者及び労働者になろうとする者」に関するものであることが一応認められれば，強いてその資格を証明させるに及ばない（昭22.12.6民事甲1732通達）。
- ○　労働基準法111条，厚生年金保険法8条その他の法令において「戸籍に関し……」とあるのは，戸籍に記載した事項の証明のみに関するものであり，その場合に住民票の記載事項については無料証明を求めることはできない（昭30.5.26民事二発200回答）。
- ○　労働基準法111条の規定による無料証明の適用範囲は，従来「労働者及び労働者になろうとする者」およびこれと同一戸籍に在る者又はこれと戸籍を異にする直系血族（昭23.2.14民事甲347通達）とされていたが，今後は「労働者及び労働者になろうとする者」本人の本籍，氏名および出生の年月日に限ることに取扱いを改める（昭34.3.17民事甲514通達）。

労働基準法111条の証明書

戸 籍 証 明 請 求 書

本　　籍	
戸籍筆頭者の氏名	
氏　　名	生年月日　　年　　月　　日
摘　　要	

　上記について，労働基準法第111条（船員法第119条）の規定によって証明願います。

　　　　　住所

平成　　年　　月　　日

　　　　　　請求者職氏名　　　　　　　　　　　　　印

　　　市区町村長　　　　殿

　　上記は戸籍の記載（記録）と相違ないことを証明します。

　　平成　　年　　月　　日

　　　　　　　　　　　　　市区町村長　　　　　職印

第5　戸籍証明

(参考)

○　労働基準法111条の規定による証明書の取扱い

$$\begin{pmatrix} 昭22.12.16民事甲1531民事局長回答（昭22.\\ 11.12札司戸407札幌司法事務局長代理問合） \end{pmatrix}$$

　労働基準法による戸籍証明に関する件に付小樽市長から別紙の通り稟伺がありましたが労働基準法第111条に依る戸籍に関する証明申請の形式を定めたい意向と解せられるので御省の御意見拝承致度進達いたします。

　尚本件に関し労働者及び労働者になろうとする者の戸籍上の証明申請があつた場合申請人の身分に付て何等証明がなくとも（例えば工場事業場主の証明の如き）無制限に無料証明を為すときは市町村財政に影響を及ぼすべき懸念ありと申出る向もある次第ですが類似の問題である工場法第16条による証明につき大正6年6月8日附農商務省商工局長照会に対する大正7年3月5日民第1114号法務局長回答によれば強いてその資格証明を為さしめないとありますので本件の場合も右回答の趣旨に準じて取扱つて差支えないか此点に付いても何分の御指示をお願いいたします。

(別紙)

　　小樽市長稟伺（昭和22年10月10日亥戸発第382号）

　昭和22年9月1日より施行になつた労働基準法第111条及び船員法第119条の規定による戸籍の無料証明は労働者，労働者となろうとする者又は船員，船員になろうとする者の本籍，氏名及び生年月日等が証明されれば足りるものと思考されるから，これらの請求があつた場合は戸籍記載事項証明書様式の証明書を交付して差支えないものと思考されるが，然し前記方条の適用するところが，まことに広範囲であつて，これが実施にあたつては，現下諸用紙類の枯渇と印刷費の昂騰から需要費の膨脹をきたし特に逼迫している市町村財政中証明書用紙をも負担して無料証明の取扱いをすることは仲々苦痛とするところであつて他面本年4月から出生，婚姻，離婚及び死亡届用紙について総べて実費を徴して交付することになつているばかりでなく，更に本月1日から戸籍及び寄留手数料一挙に5倍乃至6倍に増額実施になつた現況に鑑みてこの種の無料取扱いのものについては請求者から別書式の請求書をうけてこれに証明することと致したい，しかしてこの取扱いを実施しても之がため特に請求者に過大の負担をかけるものとはならないから差支えないものと思考いたしますが御省の御指示を仰ぎたくここに稟伺いたします。

(書式)
　　　　戸籍証明請求書

本　　籍	北海道小樽市　　町　丁目　番地		
戸籍筆頭者の氏名		父	
		母	
氏　　名		生年月日	年　　月　　日
摘　　要			

　右労働基準法第111条（船員法第119条）の規定によつて証明せられたい。
　　　　　住　所　何々
　昭和　　年　　月　　日
　　　　　　　　　　　　　　　　　請求者　職　氏　　　名㊞
小樽市長　何　　某殿
小戸証第号
　右戸籍の記載と相違ないことを証明する。
　昭和　年　月　日
　　　　　　　　　　　　　　　　　　小樽市長　何　　　某㊞
　　回　　答
本月6日附民事甲第1732号本官通達によつて了知せられたい。

(参考)

　労働基準法第111条の規定による証明は、戸籍記載事項証明書によつてするものであつて、戸籍の謄本又は抄本は含まれない。また、本件請求については「労働者及び労働者になろうとする者」に関するものであることが一応認められれば、強いてその資格を証明させるに及ばない（昭22.12.6民事甲1732通達）。

23 出産育児一時金請求書の出生に関する証明

　従前，この証明書に係る規定が，「分娩ノ事実ヲ証明シタル書類」とされていたため，請求に応じるべきではないとされていた（昭16．9．29民事甲907通牒，昭31．8．30民事甲1965回答，平6．6．27民二3945回答）。

　その後，平成9年に健康保険法施行規則等が改められ（1997．4．1施行），市区町村長による出産育児一時金請求書に関する証明の対象は「出生ニ関シ戸籍ニ記載シタル事項若ハ出生ノ届出ニ係ル届書ニ記載シタル事項ヲ証明スル書類」（健康保険法施行規則旧61条1項，船員保険法施行規則旧47条の5第2項）とされたことから，この取扱いを変更し，請求書に添付すべき証明書の交付請求には応じて差し支えないこととされた（平9．3．12民二452通知）。

(参考)

〇　被保険者が出産したときは，出産育児一時金として，政令で定める金額を支給する。(健康保険法101条)

〇　被保険者又は被保険者であった者（後期高齢者医療の被保険者等である者を除く。以下この条及び次条において同じ。）が出産したときは，出産育児一時金として，政令で定める金額を支給する。

2　被保険者であった者がその資格を喪失した日後に出産したことにより前項の規定による出産育児一時金の支給を受けるには，被保険者であった者がその資格を喪失した日より6月以内に出産したこと及び被保険者であった期間が支給要件期間であることを要する。(船員保険法73条)

〇　政令で定める金額は，39万円とする。ただし，病院，診療所，助産所その他の者であつて，次の各号に掲げる要件のいずれにも該当するものによる医学的管理の下における出産であると健康保険法（大正11年法律第70号）による全国健康保険協会（以下「協会」という。）が認めるときは，39万円に，第一号に規定する保険契約に関し被保険者又は被保険者であつた者が追加的に必要となる費用の額を基準として，3万円を超えない範囲内で協会が定める金額を加算した金額とする。

　一　当該病院，診療所，助産所その他の者による医学的管理の下における出産について，特定出産事故（出産（厚生労働省令で定める基準に該当する出産に限る。）に係る事故（厚生労働省令で定める事由により発生したものを除く。）

のうち，出生した者が当該事故により脳性麻痺にかかり，厚生労働省令で定める程度の障害の状態となつたものをいう。次号において同じ。）が発生した場合において，当該出生した者の養育に係る経済的負担の軽減を図るための補償金の支払に要する費用の支出に備えるための保険契約であつて厚生労働省令で定める要件に該当するものが締結されていること。
　二　出産に係る医療の安全を確保し，当該医療の質の向上を図るため，厚生労働省令で定めるところにより，特定出産事故に関する情報の収集，整理，分析及び提供の適正かつ確実な実施のための措置を講じていること。（船員保険法施行令7条・健康保険法施行令36条）
○　出産育児一時金の支給を受けようとする者は，次に掲げる事項を記載した申請書を保険者に提出しなければならない。
　一　被保険者証の記号及び番号
　二　出産の年月日
　三　死産であるときは，その旨
2　前項の申請書には，次に掲げる書類を添付しなければならない。
　一　医師若しくは助産師において出産の事実を証明する書類又は市町村長（特別区の区長を含むものとし，地方自治法（昭和22年法律第67号）第252条の19第1項の指定都市にあっては，区長とする。以下同じ。）における出生に関して戸籍に記載した事項若しくは出生の届出に係る届書に記載した事項を証明した書類
　二　同一の出産について，法第101条の規定による出産育児一時金（法，船員保険法（昭和14年法律第73号），国民健康保険法（昭和33年法律第192号），国家公務員共済組合法（昭和33年法律第128号），地方公務員等共済組合法（昭和37年法律第152号）及び私立学校教職員共済法（昭和28年法律第245号）の規定によるこれに相当する給付を含む。）の支給を別途申請していないことを示す書類（健康保険法施行規則86条・船員保険法施行規則73条）
○　市町村長（特別区の区長を含むものとし，地方自治法第252条の19第1項の指定都市にあっては，区長とする。第203条において同じ。）は，保険者又は保険給付を受けるべき者に対して，当該市町村（特別区を含む。）の条例で定めるところにより，被保険者又は被保険者であった者の戸籍に関し，無料で証明を行うことができる。
2　前項の規定は，被扶養者に係る保険給付を行う場合においては，被扶養者又は被扶養者であった者の戸籍について準用する。（健康保険法196条，船員保険法144条）

第5　戸籍証明

健康保険 被保険者/配偶者 出産育児一時金請求書

23　出産育児一時金請求書の出生に関する証明

（参考）

○　出産育児一時金に係る支給の請求書に添付すべき証明書に関する厚生省令の改正とこれに伴う証明事務の取扱いについて

$\begin{pmatrix} 平９．３．12民二452号法務局民事行政部 \\ 長・地方法務局長あて民事局第二課長通知 \end{pmatrix}$

　従来，健康保険法及び船員保険法の規定に基づく出産育児一時金及び配偶者出産育児一時金に係る支給の請求書（以下「請求書」という。）に添付すべき証明書の交付の請求には応じるべきではないとしていましたが（平成６年６月27日付け法務省民二第3945号当職回答），このたび，当該証明書に関する厚生省令が改正されたことにかんがみ，この取扱いを変更することとしますので，下記の点を了知の上，貴管下支局長及び市区町村長に周知方お取り計らい願います。

記

1　健康保険法施行規則第61条第１項及び船員保険法施行規則第47条ノ５第２項は，請求書には，市町村長，医師又は助産婦が分娩の事実を証明した書類を添付すべき旨規定していたが，平成９年厚生省令第５号「健康保険法施行規則及び船員保険法施行規則の一部を改正する省令」（本年４月１日施行）により，市町村長による証明の対象となるのは，分娩の事実ではなく，出生に関し戸籍に記載した事項又は出生届書に記載した事項であることが明確になったので，今後は，請求書に添付すべき証明書の交付請求に応じて差し支えない。

2　1の証明書は，無料で交付して差し支えない。

（事務連絡）

　　　出産育児一時金に係る支給の請求書に添付すべき証明書に関する
　　　厚生省令の改正に伴う証明事務の取扱いについて

$\begin{pmatrix} 同日法務局民事行政部戸籍課長・地方法務局戸 \\ 籍課長あて民事局第二課補佐官事務連絡 \end{pmatrix}$

　標記については，本日付け法務省民二第452号をもって民事局第二課長から通知されたところですが，その具体的な事務処理に当たっては，下記の点に留意するよう，貴管下支局長及び市区町村長に周知方お取り計らい願います。

記

1　出生届を受理した非本籍地市区町村長においては，出生届書に記載した事項に基づき，本籍地市区町村長においては，戸籍又は出生届書に記載した事項に基づき，証明書を交付する。

2　請求書及び証明書は，概ね別紙の様式によることが予定されているが，市区町村長による証明部分に設けられた本籍，筆頭者氏名，出生届出日，出生児氏

名及び出生年月日の各欄については，証明書の交付を請求する被保険者においてあらかじめ所要事項を記載するよう指導する。
3　出生児が多胎児である場合には，出生児氏名欄に，各児の氏名（名未定のときは，その数）を記載するよう指導する。
(【別紙】出産育児一時金請求書)（省略）

○　健康保険法施行規則及び船員保険法施行規則の一部を改正する省令の施行について

　　　　　　　　（平9．1．31保発8号庁保発1号各都道府県知事
　　　　　　　　　あて厚生省保険局長，社会保険庁運営部長通知）

　今般，健康保険法施行規則及び船員保険法施行規則の一部を改正する省令が，平成9年厚生省令第5号として別添のとおり公布され，同年4月1日から施行されることとなった。
　ついては，今回の改正の趣旨及び内容等は下記のとおりであるので，貴管下の被保険者，事業主，健康保険組合，船舶所有者，その他関係機関に対する周知方特段の御配意を願いたい。

記

第1　改正の趣旨
　　今回の改正は，健康保険及び船員保険の出産育児一時金及び配偶者出産育児一時金に係る支給の請求書（以下「請求書」という。）に添付すべき証明書類を明確化し，請求者の利便の向上を図るものであること。
　　また，船員保険における請求手続の簡素化を図るものであること。
第2　改正の内容
　　従来，健康保険法施行規則及び船員保険法施行規則においては，請求書に添付すべき証明書類の一つとして市区町村長が分娩の事実を証明した書類が規定されていたところであるが，市区町村長が証明することができる事項は，戸籍に記載されている事項又は届書に記載されている事項のいずれかであるため，これを明確に規定したものであること。
　　また，船員保険法施行規則においては，配偶者に係る請求書に添付すべき証明書類として，被扶養者たる配偶者であることの証明書類が規定されていたところであるが，この点については，被扶養者届提出時において既に承認されているため，当該証明書類に係る規定を削除することとしたものであること。
第3　市区町村長における証明事務に関する取扱い
　　今回の改正に基づく市区町村長における証明事務に関する取扱いの具体的内

容等については，法務省民事局から各法務局・地方法務局を通じ，市区町村長に対し別途通知がある予定であるので，了知されたい。

(写送付先　社会保険事務所長)

(【別添】官報告示)（省略）

24　身分証明書

　戸籍は，人が出生してから死亡するまでの身分関係を登録・公証している。しかし，犯罪・破産・成年被後見人の事項は，戸籍に記載されない。ただ，成年被後見人，禁錮以上の刑に処せられその執行を終わるまでの者などは，公職選挙法11条1項により選挙権および被選挙権を有しない。公選法に限らず，破産を加えた3身分を欠格条項とする法令は多い。

　このうち，犯罪人名簿による証明は，犯罪人名簿の取扱い（昭21.11.12内務省発地279通知）において「（犯罪人名簿は）何れも選挙資格の調査のために，調製保存しているのであるから，警察署，検事局，裁判所等の照会に対するものは格別これを身元証明等のために使用するやうなことは，今後絶対にこれを避けるのは勿論，恩赦に因り資格を回復した者については，速に関係部分を削除整理する等その者の氏名等を全く認知することができないやうにし，犯罪人の処理上些も遺憾なきよう」とされ，本人自身からの照会でも，また，本人に犯歴がない場合でも，犯罪の有無は証明すべきものではないとされている。

　したがって，犯罪人名簿に基づく証明は，全くの非公開であるため，次の申請書の例中，身分証明書には含まれないことになる。

戸籍に関する証明書の申請書

戸籍に関する証明書の申請書

市区町村長　あて　　　　　　　　　　　　　　平成　年　月　日

あなたの (窓口に来られた人)	住所	〒　―	
	フリガナ		電話
	氏名		（　）

必要な戸籍	本籍	
	筆頭者氏名	フリガナ

筆頭者からみて
あなたは
1　本人・夫・妻・父・母・子・祖父母・孫
2　その他（　　　　　　　）⇒　使いみちを下記に具体的に記入してください

使いみち
1　パスポート申請　2　公的年金受給申請（　　　　年金）
3　戸籍の届出　4　相続　5　その他

必要なものの番号を○でかこみ，通数を記入してください。

1	戸籍全部事項証明書（謄本）	通	8	身分証明書	
2	戸籍個人事項証明書（抄本）			必要な方の名前（　　　　　）	通
	必要な方の名前		9	記載事項証明書（戸籍・除籍）	
	（　　　　　　）			証明事項　（　　　　　　）	通
	（　　　　　　）	通	10	届出書記載事項証明書	
3	除籍全部事項証明書（謄本）	通	11	受理証明書	通
4	除籍個人事項証明書（抄本）			届出の種類　　　　　　　届	
	必要な方の名前（　　　　）	通		必要な方の名前（　　　　　）	
5	改製原戸籍謄本（昭和・平成）	通		届出日　　年　　月　　日	
6	改製原戸籍抄本（昭和・平成）				
	必要な方の名前（　　　　）	通		に届出	
7	附票の写し（全部）現・除・改	通			
	附票の写し（一部）現・除・改		12	その他	
	必要な方の名前（　　　　）	通		（　　　　　　　　　）	通

本人確認資料　　委任状添付　有・無
1　免許・旅券・住民票・その他（　　　　　　　　）
2　保険証・通帳・診察券・キャッシュカード
　　その他（　　　　　　　　　　）

受	作	検	交

本人以外の方が請求するときは、委任状が必要な場合があります。証明の申請にあたっては、ご本人確認をしております。窓口で確認資料のご提示をお願いいたします。

24　身分証明書

217

(1) 成年被後見人の登記の通知を受けていないことの証明

　精神上の障害により事理を弁識する能力を欠く常況にある者については，家庭裁判所は，本人，配偶者，4親等内の親族，未成年後見人，未成年後見監督人，保佐人，保佐監督人，補助人，補助監督人または検察官の請求により，後見開始の審判をすることができる（民法7条）。後見開始の審判を受けた者は，成年被後見人とし，これに成年後見人を付ける（民法8条）。

　成年被後見人の法律行為は，取り消すことができる（民法9条本文）。ただし，日用品の購入その他日常生活に関する行為については，この限りでない（民法9条ただし書）。

　平成11年法律149号による民法改正の施行（平12. 4. 1）前は，民法7条〔禁治産の宣告〕は，「心神喪失ノ常況ニ在ル者ニ付テハ家庭裁判所ハ本人，配偶者，4親等内ノ親族，後見人，保佐人又ハ検察官ノ請求ニヨリ禁治産ノ宣告ヲ為スコトヲ得」と定めていた。また，「禁治産ノ行為ハ之ヲ取消スコトヲ得」（旧民法9条），「禁治産者ハ之ヲ後見ニ付ス」（旧民法8条）ものとしていた。

　旧民法11条は，「心神耗弱者及ヒ浪費者ハ準禁治産者トシテ之ニ保佐人ヲ附スルコトヲ得」と定めていた。改正後（平12. 4. 1）の11条本文は，「精神上の障害により事理を弁識する能力が著しく不十分である者については，家庭裁判所は，本人，配偶者，4親等内の親族，後見人，後見監督人，補助人，補助監督人又は検察官の請求により，保佐開始の審判をすることができる。」と定め，「保佐開始の審判を受けた者は，被保佐人とし，これに保佐人を付する。」（民法12条）ものとした。つまり，禁治産者が成年被後見人，準禁治産者が被保佐人に改称された。

　このように，民法の一部を改正する法律（平11. 12. 8法149）及び任意後見契約に関する法律（平11. 12. 8法150）により，禁治産者・準禁治産者が成年被後見人・被保佐人に改められ，新たに補助制度および任意後見制度が創設された。また，後見登記等に関する法律（平11. 12. 8法152）の施行（平12. 4. 1）により，禁治産・準禁治産宣告の戸籍記載に代わる新たな公示方法として，成年後見登記制度が創設された。

成年後見登記制度は，成年後見人，保佐人，補助人の権限および任意後見契約の内容をコンピュータ・システムによって登記し，登記官が登記事項を証明した登記事項証明書（登記事項の証明書・登記されていないことの証明書）を発行することによって登記情報を開示する制度である。
　成年後見登記は，後見審判が開始されたときや，任意後見契約の公正証書が作成されたときなどに，家庭裁判所または公証人からの嘱託によって登記される。なお，成年後見登記事務は，全国で唯一東京法務局の後見登録課が取り扱っていたが，平成17年1月31日から，全国の法務局・地方法務局の本局において，登記事項証明書および登記されていないことの証明書の交付事務を取り扱うようになった。
　成年後見制度の創設に伴い，禁治産宣告・準禁治産宣告の公告および裁判所書記官から本籍地の市区町村長に対する通知の手続が廃止された（平成12年最高裁規則1号による改正前の家事審判規則28条，30条）。ただ，市区町村における選挙人名簿の作成その他の事務の便宜を図るため，登記官は，後見開始の審判に基づく登記またはその審判の取消しの審判に基づく登記をした場合には，これらの審判に係る成年被後見人の本籍地の市区町村長に対し，その旨を通知しなければならない（後見登記等に関する省令13条）。
　禁治産・準禁治産の宣告を戸籍に記載されている者は，申請により，後見登記をすることになる（後見登記等に関する法律附則2条1項・2項）。登記をしたときは登記官は市区町村長に通知し（同附則2条4項），通知を受けた市区町村長は，禁治産・準禁治産を削除した新たな戸籍を再製する（同附則2条5項）。ただ，申請をしない者や，なお改正前の規定が適用される浪費を原因とする（浪費者は，登記制度の対象外）準禁治産者については戸籍記載が引き続き残ることとなった。
　したがって，市区町村長は，登記官からの通知に基づく後見登記通知名簿と禁治産者・準禁治産者名簿を有して，その通知と宣告の有無を証明しているが，「受けていない」ことのみを証明し，「受けている」ことの証明は，登記制度があるので，行っていない。

(2) 破産手続の開始決定の確定通知の証明

　大日本帝国憲法と同時に公布され，明治23年7月1日から施行された衆議院議員選挙法から始まった参政権の欠格事項は，数次の改正を経て，公職選挙法の施行前（昭25.5.1）は，次のとおりだった。

　イ　禁治産者，準禁治産者，破産者
　ロ　受刑者
　ハ　選挙犯罪者
　ニ　華族の戸主
　ホ　軍　人
　ヘ　学生，生徒
　ト　一定の住所を有せざる者
　チ　貧困による生活のため公私の援助を受ける者

　このうち，破産者は，憲法14条〔法の下の平等〕による衆議院議員選挙法の改正法（昭22.3.31法43）により，準禁治産者は公選法の成立により，それぞれ削除された。

　ただ，破産宣告の場合は，裁判所から市区町村への通知が現行法令に規定されておらず，法務省民事局長通達（昭30.2.15民事甲283通達）に基づき，平成17年1月1日（旧破産法を廃して破産法が施行された。）からは，最高裁民事局長通達により，裁判所から本籍地市区町村に通知される取扱いになっている（最高裁民事局長平16.11.30通達）。

　ちなみに，破産の決定判決があると裁判所から本籍地の区長に通知されることになったのは，明治27（1894）年4月の司・民刑104号通達〈家資分散若クハ破産決定又ハ復権許可決定ノ通知ニ関スル件〉からである。また，市町村に破産者名簿の整備が義務付けられたのは，昭和2（1927）年1月29日の内務省訓令4号〈本籍人ノ破産者名簿整備方〉によってであった。

　なお，破産宣告または破産手続開始決定の通知を受けている場合も，その旨を証明している。

（様式例）

身　分　証　明　書

本　　籍

筆　頭　者

本人氏名

生年月日

　　　1　禁治産または準禁治産の宣告の通知を受けていない。

　　　2　後見の登記の通知を受けていない。

　　　3　破産宣告または破産手続開始決定の通知を受けていない。

　　上記のとおり証明します。

　　平成　年　月　日

市区町村長　|職印|

第5　戸籍証明

(参考)

○　戸籍事務司掌者に対する破産手続開始決定確定等の通知について（通達）

$\begin{pmatrix}平16.11.30民三113（総い-2）高等裁判所長官・\\地方裁判所長あて最高裁事務総局民事局長通達\end{pmatrix}$

標記の通知について，下記のとおり定めましたので，これによってください。

記

1　裁判所書記官は，次のいずれかのときは，破産者の本籍市区町村において戸籍に関する事務をつかさどる者（以下「戸籍事務司掌者」という）に対し，破産者について破産手続開始の決定が確定した旨を通知する。
  (1)　破産手続開始の決定が確定した日以後1月を経過した時点において，破産手続にかかる免責手続が係属していないとき
  (2)　破産手続開始の決定が確定した日以後1月を経過した後に，破産手続に係る免責許可の申立てがすべて取り下げられたとき
  (3)　破産手続開始の決定が確定した日以後1月を経過した後に，破産手続に係る免責許可の申立てのすべてについて，これを却下し，または棄却する裁判が確定したとき
  (4)　破産者について，免責不許可の決定が確定したとき
  (5)　破産者について，免責取消しの決定が確定したとき
2　裁判所書記官は，1に基づく通知をした後に破産手続に係る免責許可の決定または復権の決定が確定したときは，戸籍事務司掌者に対し，破産者について免責許可の決定または復権の決定が確定した旨の通知する。

　　　付　記

1　この通達は，破産法の施行の日（平成17年1月1日）から実施する。
2　この通達の実施前にされた破産の申立てまたはこの通達の実施前に職権でされた破産の宣告に係る破産事件については，なお従前の例による。

25　不受理申出書類記載事項証明書

　婚姻や協議離婚など届出によって効力を生ずる創設的な届出には，当事者双方の意思の合致が必要である。

　不受理申出の制度は，例えば婚姻や協議離婚において，一方にその意思がないのに，他方がその届出をするおそれがある場合などに，あらかじめその本籍地市区町村長に対して，自らを届出事件の本人とする届出がされた場合であっても，市区町村に出頭して届け出たことを自らが確認（本人確認）できない限り，その届出を受理しないよう申出をすることができるというものである。

　不受理申出の運用は，法務省通達により始まっていたが（離婚届等の不受理申出の取扱いについて（昭51．1．23民二900通達）），戸籍法の一部改正法（平19．5．11法35，平20．5．1施行）により，戸籍法27条の2〔創設的届出における本人確認・不受理申出〕が新設され，法制化された。この運用通達として，法務省民事局長通達「戸籍法及び戸籍法施行規則の一部改正に伴う戸籍事務の取扱いについて」（平20．4．7民一1000通達）が発出されている。

　不受理申出の対象は，認知，養子縁組，養子離縁，婚姻，離婚の5つの届出に限られ，従前6か月間とされていた不受理申出の有効期限は撤廃された（不受理申出を取り下げない限り有効である。）。

第5　戸籍証明

不受理申出書類記載事項証明書（平20.4.7民一1000通達）

不受理申出書類記載事項証明書

不受理申出 平成　年　月　日申出 　　　　　　長　殿	受付　平成　年　月　日 発収簿番号　第　　号 整理番号　　第　　号	発送　平成　年　月　日
	送付　平成　年　月　日 発収簿番号　第　　号 整理番号　　第　　号	長　印
	書類調査 ／ 戸籍調査	

申出人の表示	不受理処分をする届出事件の種別	□認知届　□養子縁組届　□養子離縁届 □婚姻届　□離婚届
	氏　名	
	生年月日	□明治　□大正　□昭和　□平成　　年　月　日
	住　所 [住民登録をしているところ]	〒　－
	本　籍	番地 　　　　　　　　　　　　　　　　　番 筆頭者の氏名
その他		

　上記届出がされた場合であっても，わたしが市区町村役場に出頭して届け出たことを確認することができなかったときは，これを受理しないよう申出をします。

申出人 署名押印	印

　上記事項は，不受理申出書に記載があることを証明します。

　平成　年　月　日

　　　　　　　　　　　　　　　　　　　　　　市区町村長　　職印

不受理取下書類記載事項証明書（平20．4．7民一1000通達）

不受理取下書類記載事項証明書

不受理申出の取下げ 平成　年　月　日取下げ 　　　　　　　　長　殿	受付　平成　年　月　日 発収簿番号　第　　号 整理番号　　第　　号	発送　平成　年　月　日 　　　長　印
	送付　平成　年　月　日 発収簿番号　第　　号 整理番号　　第　　号	
	書類調査　｜　戸籍調査	

取下げをする届出	届出事件の種別	□認知届　　□養子縁組届　　□養子離縁届 □婚姻届　　□離婚届	
		取　下　げ　時	不受理申出時（※）
	氏　　名 生年月日	年　月　日	年　月　日
	住　　所 [住民登録をしているところ]	〒　　－	〒　　－
	本　　籍	番地 　　　　　　　　番 筆頭者の氏名	番地 　　　　　　　　番 筆頭者の氏名
その他			

※取下げ時と異なるときだけ記載してください。

　上記届出がされた場合であっても，わたしが市区町村役場に出頭して届け出たことを確認することができなかったときは，これを受理しないよう申出をしていましたが，この申出について取下げをします。

申出人 署名押印	印

　上記事項は，不受理取下書に記載があることを証明します。

平成　年　月　日

　　　　　　　　　　　　　　　　　　　　　　市区町村長　[職印]

第5　戸籍証明

(参考)

○　**戸籍法及び戸籍法施行規則の一部改正に伴う戸籍事務の取扱いについて(抄)**

(平20．4．7民一1000通達)

第6　不受理申出（法第27条の2第3項から第5項まで）

　何人も，その本籍地の市区町村長に対して，あらかじめ，市区町村の窓口に出頭して，自己を特定するために必要な事項を明らかにする方法（規則第53条の4）により，自己を届出事件の本人とする縁組等の届出がされた場合であっても，自ら窓口に出頭して届け出たことを確認することができない限り，届出を受理しないよう申出をすること（以下「不受理申出」という。）ができることとされた。また，市区町村長は，当該申出がされた縁組等の届出があった場合には，窓口に出頭した者に対して，その者を特定するために必要な事項を確認するために資料の提供又は説明を求める方法により，当該申出をした者が窓口に出頭して届け出たことを確認し，その確認をすることができなかったときは，当該届出を受理することができないこととされた。この場合においては，市区町村長は，遅滞なく，当該不受理申出をした者に対して，その戸籍の附票又は住民票上の現住所に，転送不要の郵便物又は信書便物として送付する方法により，当該届出があったことを通知しなければならないものとされた（規則第53条の5による規則第53条の3の準用）。

　不受理申出については，次のとおり取り扱うものとする。

1　不受理申出の方法及び内容等
(1)　不受理申出は，申出人が自ら市区町村の窓口に出頭して，申出人を特定するために必要な事項を明らかにしてしなければならず（規則第53条の4第2項），市区町村長は，第1の5(1)アと同様の方法により，不受理申出をしようとする者を特定するために必要な事項を確認するものとする。ただし，やむを得ない理由により自ら市区町村の窓口に出頭して不受理申出を行うことができないときは，不受理申出をする旨を記載した公正証書又はその旨を記載した私署証書に公証人の認証を受けたもの（いずれも代理嘱託によるものを除く）を市区町村長に提出する方法により行うことができるものとする。
(2)　当該申出の受理又は不受理について疑義がある場合には，管轄法務局長等に照会をするものとする。
(3)　不受理申出は，書面を提出する方法により行うものとし，申出書の様式は，別紙6又は7に準じた様式とする。
(4)　不受理申出のあて先は，当該申出をしようとする者の本籍地の市区町村長である（法第27条の2第3項）が，その申出書は本籍地の市区町村の窓口の

ほか，非本籍地の市区町村の窓口においても提出することができるものとする。
(5) 不受理申出の申出書は，本籍地の市区町村長が保管するものとする。非本籍地の市区町村に当該申出書が提出された場合において，当該非本籍地の市区町村長がこれを受理したときは，非本籍地の市区町村長は，遅滞なく，これを本籍地の市区町村長に送付するものとする。
(6) 不受理申出をした者について本籍の変更があった場合には，原籍地の市区町村長は，保管中の当該不受理申出に係る申出書を変更先本籍地の市区町村長に送付するものとする。この場合においては，当該不受理申出は，変更先本籍地の市区町村長に対してされたものとして取り扱う。
(7) 不受理申出がされた場合には，これを受理した市区町村長は，当該申出書の欄外の適宜の場所に，受付の日時分及び市区町村の窓口に出頭した者を特定するために必要な事項の確認を記録するものとする。本籍地の市区町村長は，不受理申出がされたことを的確に把握するため，当該戸籍の直前に着色用紙をとじ込む等の方法を講ずるものとする。当該戸籍が磁気ディスクをもって調製されているときは，当該戸籍のコンピュータの画面上に不受理申出がされていることが明らかとなる方法を講ずるものとする。
(8) 不受理申出の申出書は，その取下げ（後記6）等による効力喪失後3年間これを保存するものとする。
2 不受理申出の有無の確認
市区町村長は，縁組等の届出があった場合には，窓口に出頭した者が当該届出についての届出事件の本人の全員であることを確認することができたときを除き，当該届出について不受理申出がされているか否かの確認を行うものとする。この場合において，非本籍地の市区町村に届出があったときは，当該非本籍地の市区町村長は，当該届出を受け付けた後遅滞なく，本籍地の市区町村長に対して，当該届出について不受理申出がされているか否かを電話等の方法によって確認するものとする。
3 届出不受理の通知の内容等
不受理申出がされたことによって縁組等の届出を受理することができなかった場合における当該不受理申出をした者に対する通知の内容等は，次のとおりとするものとする。
(1) 通知内容
届出年月日，事件名，届出人及び届出事件の本人の氏名並びに不受理申出に基づいて不受理とした旨を通知するものとする。

第5　戸籍証明

ここでの届出人と届出事件の本人との区分については，第5の2(2)アと同様のものとし，通知の様式は，別紙8に準じた様式とする。
(2) あて先
あて先は，不受理申出をした者の戸籍の附票又は住民票上の現住所である（規則第53条の5による規則第53条の3の準用）が，届出日以後に住所の変更がされている場合には，変更前の住所をあて先とするものとする。
(3) 送付方法
第5の2(2)ウと同様のものとする（規則53条の5による規則53条の3の準用）。
(4) 返送された場合の処理
第5の2(2)エと同様のものとする。
4　通知台帳
市区町村長は，通知の経緯を明らかにするため，適宜の様式により通知台帳を作成し，通知の年月日等を記録するものとする。通知台帳は，当該年度の翌年から1年間保存するものとする。
5　戸籍の訂正
縁組等の届出が受理された場合において，当該届出について届出に先んじて不受理申出がされていたことが当該届出による戸籍の記載がされた後に判明したときは，本籍地の市区町村長は，戸籍法第24条第2項の規定による管轄法務局又は地方法務局の長の許可を得て，戸籍の訂正をするものとする。
6　不受理申出の取下げ
(1) 不受理申出の取下げは，市区町村の窓口に出頭して行うものとする。この場合においては，第1の5(1)アと同様の方法等により，当該取下げをしようとする者を特定するために必要な事項を確認するものとする。ただし，やむを得ない理由により自ら市区町村の窓口に出頭して不受理申出の取下げを行うことができないときは，不受理申出を取り下げる旨を記載した公正証書又はその旨を記載した私署証書に公証人の認証を受けたもの（いずれも代理嘱託によるものを除く。）を市区町村長に提出することにより行うことができるものとする。
(2) 不受理申出の取下げは，書面を提出する方法により行うものとし，取下書の様式は，別紙9又は10に準じた様式とする。
(3) 当該取下げの受理又は不受理について疑義がある場合には，管轄法務局長等に照会をするものとする。
(4) 不受理申出の取下げについてのその他の取扱いは，1(4)及び(5)と同様のも

のとする。当該取下げがされた場合には，これを受理した市区町村長は，当該取下書の欄外の適宜の場所に，受付の日時分及び市区町村の窓口に出頭した者を特定するために必要な事項の確認を記録するものとする。本籍地の市区町村長は，当該戸籍の直前にとじ込まれた着色用紙を取り外す等の措置を講ずるものとする。当該戸籍が磁気ディスクをもって調製されているときは，当該戸籍のコンピュータ画面上に講じられた不受理申出がされていることが明らかとなる方法を消去する等の措置を講ずるものとする。

7　昭和51年1月23日付け法務省民二第900号通達「離婚届等の不受理申出の取扱いについて」及び平成15年3月18日付け法務省民一第750号通達「離婚届等不受理申出の取下げに係る取扱いについて」は，廃止するものとする。

（別紙）省略

26 死体（胎）埋火葬許可証交付済証明書

　死者の葬祭を行うに当たり，例えば，医薬品副作用被害者や公害健康被害者，あるいは労働災害による死亡者などの葬祭料の請求をするために，死亡届に基づく戸籍の記載事項証明書が交付される。しかし，法令に基づかないもの，例えば私的内規による書式のものは，戸籍記載事項証明書による交付ができないことから，これに代えて，「死体（胎）埋火葬許可証交付済証明書」が交付される。

　また，外国人が親族や知人の遺骨を本国に持ち帰る場合に，本国法で火葬を行った旨の証明書を必要とする場合に，死体（胎）埋火葬許可証交付済証明書が交付される。

26 死体（胎）埋火葬許可証交付済証明書

（様式例）

死体（胎）埋火葬許可証交付済証明書

死 亡 者 の 本 籍	
死 亡 者 の 住 所	
死 亡 者 の 氏 名	
性　　　　　別	男　　　女
出 生 年 月 日	明治　大正　昭和　平成　　年　　月　　日
死　　　因 （どちらかを○で囲む）	「1類感染病等」　　「その他」
死 亡 年 月 日 時	年　　月　　日　午前／午後　　時　　分
死 亡 の 場 所	
火葬または 埋葬の場所	
申請者の住所氏名および死亡者との続柄	住所　　　　　　　氏名　　　　　　続柄

　　　年　　月　　日付第　　号で上記のとおり死体（胎）埋火葬許可証を交付済であることを証明します。

　　　平成　年　月　日

　　　　　　　　　　　　　　　市区町村長　　　　職印

231

第6 住民票に基づく証明

　市区町村は，別に法律の定めるところにより，その住民につき，住民たる地位に関する正確な記録を常に整備しておかなければならない（地方自治法13条の2）。この規定は住民基本台帳法（昭42.11.10施行）制定の際，その附則7条により，新設された。住民基本台帳法は，市区町村において「住民の居住関係の公証，選挙人名簿の登録その他の住民に関する事務の処理の基礎とするとともに住民の住所に関する届出等の簡素化を図り，あわせて住民に関する記録の適正な管理を図るため，住民に関する記録を正確かつ統一的に行う住民基本台帳の制度を定め，もって住民の利便を増進するとともに，国及び地方公共団体の行政の合理化に資する」ことを目的にしている（同法1条）。

　公証とは，特定の事実または法律関係の存在を公に証明する行政行為で，公表された事柄は，反証のない限り公の証明力を持つ。反証のない限り，事実に合致するとの推定を受けるにとどまることから，その記録は，事実に反するとの反証で覆すことができないというものではない。

　住民基本台帳法の適用を受けない人は，日本の国籍を有しない人のうち外国人住民以外のもの（同法39条）及び皇族などの戸籍法の適用を受けない人（同法施行令33条）である。外国人住民とは，平21.7.15法77改正法（平24.7.9施行）により新設された住民基本台帳法30条の45〈外国人住民に係る住民票の記載事項の特例〉に規定された人をいう。つまり，中長期在留者・特別永住者・一時庇護許可者または仮滞在許可者・出生または国籍喪失による経過滞在者をいう。

　住民基本台帳とは，市区町村長が，住民全体の住民票を世帯ごとに編成した公簿をいい，住民票とは，個々の住民について作成された個人記録をいう。住民票の集合体が住民基本台帳なのであり，世帯を単位とする住民票の作成

は（同法6条2項），任意規定であり経過的措置とされる（旧住民登録法（昭26法律218，昭42廃止）3条は，世帯を単位として住民票を作製するものと定めていた。）。昭和60年および平成6年改正法により，住民票を磁気ディスクで調製するようになったが（平21.10.1現在，全ての市区町村において，住民基本台帳がコンピュータ処理されていることから，全ての住民票は，磁気ディスクをもって調製される個人票となっている。），住民基本台帳法6条〈住民基本台帳の作成〉3項の規定は，「市区町村長は，政令で定めるところにより，第1項（注：個人を単位とする住民票）の住民票を磁気ディスクをもつて調製することができる」として，2項（世帯を単位とする住民票）の世帯票を別にしている。

紙をもって作成する住民票の規格および様式は，旧住民登録法では，同法施行令に様式を定め，その一部を変更する場合，法務大臣の認容を受ける取扱いになっていた。しかし，住民基本台帳法では，法定していない。したがって，市区町村において自主的に様式を定めている。住民基本台帳事務処理要領（昭42.10.4法務省民事甲2671号・自治振150号ほか。以下「事務処理要領」という。）では，参考として様式例を示している。

住民票を磁気ディスクで調製する市区町村長は，「住民票に係る磁気ディスクへの記録，その利用並びに磁気ディスク及びこれに関連する施設又は設備の管理の方法に関する技術的基準」（昭61.2.4自治省告示15）に従って住民記録システムを運用しなければならない。また，事務処理要領も，磁気ディスクをもって住民票を調製する要領を規定している。この場合の留意点は，次のとおりである。

　イ　磁気ディスクをもって調製される住民票の仕様は，特に法定されていない。

　ロ　住民票の消除の方法は，具体的に定めておらず，住民票を消除したことが明確であり，かつ，消除された記録が，なお明らかとなるような方法により行えばよい。

　ハ　住民票の写しの交付の請求に対して交付する住民票に記録されている事項を記録した書類の様式および規格は，事務処理要領に示されている

紙による住民票の様式例および規格例に準じて取り扱うことが適当である。

事務処理要領第1〈総説〉の2〈定義〉によると，用語の意義は，次のとおりである（下線を引いた部分は，住民基本台帳事務処理要領の一部改正について（平24.2.10総行住17通知）による平24.7.9施行後のものである。）。

1）法　住民基本台帳法をいう。
2）令　住民基本台帳法施行令をいう。
3）規則　住民基本台帳法施行規則（平成11年自治省令第35号）をいう。
4）住民票省令　住民基本台帳の閲覧及び住民票の写し等の交付に関する省令をいう。
5）戸籍の附票省令　戸籍の附票の写しの交付に関する省令をいう。
6）公益性告示　住民基本台帳の一部の写しの閲覧についての公益性の判断に関する基準（平18年総務省告示第495号）をいう。
7）個人票　個人を単位として調製された住民票をいう。
8）世帯票　世帯を単位として調製された住民票をいう。
9）転入届　法第22条の規定による届出をいう。
10）転居届　法第23条の規定による届出をいう。
11）転出届　法第24条の規定による届出をいう。
12）世帯変更届　法第25条の規定による届出をいう。
13）本人確認情報　法第30条の5第1項に規定する本人確認情報をいう。
14）転出確定通知　令13条第3項の規定による通知をいう。
15）転出証明書　令第23条第1項に規定する転出証明書をいう。
16）住民基本台帳カード　法第30条の44第1項に規定する住民基本台帳カードをいう。
17）在留カード等　法第30条の45に規定する在留カード（出入国港において在留カードを交付されなかった中長期在留者に係る後日在留カードを交付する旨の記載がされた旅券を含む（規則第47条）。），特別永住者証明書，法第30条の46に規定する一時庇護許可書，仮滞在許可書をいう。
18）外国人住民　法第30条の45に規定する外国人住民をいう。

19) 中長期在留者　法第30条の45に規定する中長期在留者をいう。
20) 特別永住者　法第30条の45に規定する特別永住者をいう。
21) 一時庇護許可者　法第30条の45に規定する一時庇護許可者をいう。
22) 仮滞在許可者　法第30条の45に規定する仮滞在許可者をいう。
23) 経過滞在者　法第30条の45に規定する出生による経過滞在者又は国籍喪失による経過滞在者をいう。
24) 中長期在留者等　法第30条の46に規定する中長期在留者等をいう。
25) 入管法　出入国管理及び難民認定法（昭和26年政令第319号）をいう。
26) 入管特例法　日本国との平和条約に基づき日本の国籍を離脱した者等の出入国管理に関する特例法（平成3年法律第71号）をいう。

　事務処理要領の第1〈総説〉に6〈入管法及び入管特例法との関係〉が追加され，第2〈住民基本台帳〉の1〈住民票〉(1)〈様式及び規格〉にも外国人住民に係る事項が追加された。

　なお，住民基本台帳法7条12号に配給に係る規定が置かれているが，食糧管理法を廃して成立した「主要食糧の需給および価格の安定に関する法律」40条〈配給制度〉1項の実施を定める政令がいまだないので，その記載事項も存在しない状況にある。

事務処理要領第1の6, 第2の1(1)・(2)
第1　総　説
 6　入管法及び入管特例法との関係
　　外国人住民のうち，中長期在留者等の住民票の記載事項中本人の氏名，出生の年月日，男女の別，国籍・地域（法第30条の45に規定する国籍等をいう。以下同じ。）及び法第30条の45の表の下欄に掲げる事項は，入管法及び入管特例法に基づき中長期在留者等に交付された在留カード等の記載と一致しなければならない。
　　このため，法務大臣は，入管法及び入管特例法に定める事務を管理し，又は執行するに当たって，外国人住民の氏名，出生の年月日，男女の別，国籍・地域及び法第30条の45の表の下欄に掲げる事項に変更があったこと又は誤りがあ

ることを知ったときは，遅滞なく，その旨を当該外国人住民が記録されている住民基本台帳を備える市町村の市町村長に通知しなければならないこととされている（法第30条の50）。

第2　住民基本台帳
 1　住民票
  (1)　様式および規格
    ア　住民票（法第6条第3項の規定により磁気ディスクをもって調製される住民票を除く。以下このア及びイにおいて同じ）の様式は，法定されていないから，市区町村において住民の利便を考慮し，簡明かつ平易な様式について創意工夫されたい。なお，住民票は，原則として，個人又は世帯につき一葉とされることが望ましいが，法第7条第1号から第8号まで及び第13号に規定する事項（外国人住民にあっては，法第7条第1号から第4号，第7号，第8号及び第13号に規定する事項，通称，通称の記載及び削除に関する事項，国籍・地域，外国人住民となった年月日並びに法第30条の45の表の下欄に掲げる事項。）（以下「基本事項」という。）と法第7条第9号から第11号の2までに規定する事項（外国人住民にあっては法第7条第10号から第11号の2までに規定する事項。）（以下「個別事項」という。）とをそれぞれ別葉にする等複葉とすることも，それが統合管理されているものである限り，差し支えないものであること。

　　　参考までに，基本事項及び個別事項についての様式の例を示せば，おおむね，次のとおりである。

　　日本の国籍を有する者に係る住民票の様式例（略）

第6 住民票に基づく証明

外国人住民に係る住民票の様式例

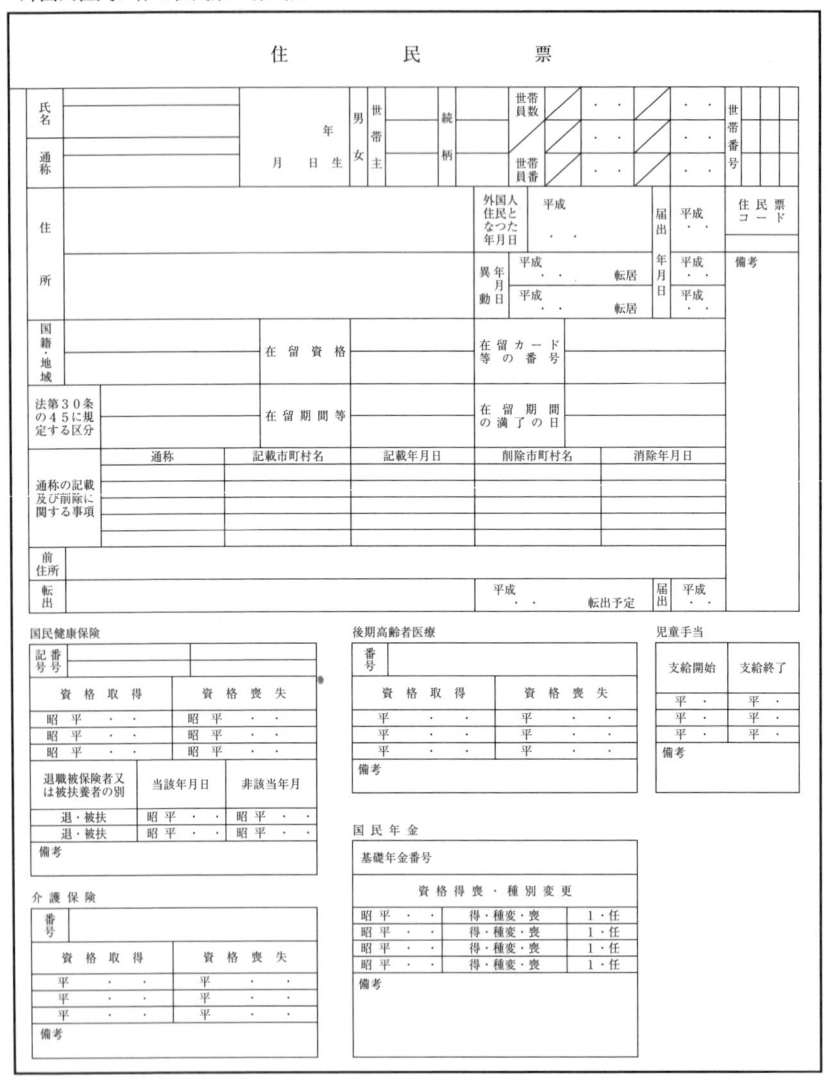

[住民票の様式図]

(注)

1～3 （略）

4　外国人住民の様式中，法第30条の45の表の上欄に掲げる者の区分に応じ，当該外国人住民について記載事項とならない同条の表の下欄に掲げる事項

については，空欄とすることで差し支えない。
 5　外国人住民の様式中，通称の記載の欄については，この例にならい，氏名の記載の欄と一体のものとして取扱うことが適当である。

【編注】

　なお，消除された外国人住民票は，日本人と同様に消除された日から5年間保存することとされている（住基法施行令34条）。保存期限を超え市区町村で保有していない外国人の在留情報の履歴は，法務省への請求により情報開示が可能であるとされている。

（注）
 1　（略）
 2　各人の記載欄は世帯員ごとに設けられるところ，様式例中，1には日本の国籍を有する者の記載欄の例を，2には外国人住民の記載欄の例を示している。
 3・4　（略）
 5　外国人住民の記載欄の例中，法第30条の45の表の上欄に掲げる者の区分

に応じ，当該外国人住民について記載事項とならない同条の表の下欄に掲げる事項については，空欄とすることで差し支えない。
  6 外国人住民の記載欄の例中，通称の記載の欄については，この例にならい，氏名の記載の欄と一体のものとして取扱うことが適当である。
  イ～エ （略）

(2) 記載事項（法第7条，法第30条の45）
 （注） 日本の国籍を有する者については，国籍・地域(ツ)，外国人住民となった年月日(テ)，法第30条の45の表の下欄に掲げる事項(ト)，通称(ナ)並びに通称の記載及び削除に関する事項(ニ)は記載事項とならない。また，外国人住民については，戸籍の表示(オ)，住民となった年月日(カ)及び選挙人名簿に登録されている旨(サ)は記載事項とならない。
 ア 氏名（法第7条第1号）
  日本の国籍を有する者については，戸籍に記載又は記録がされている氏名を記載（字体も同一にする。）する。世帯票の場合には，氏を同じくする世帯員が数人いる場合であっても，氏を省略することなく氏名を記載する。本籍のない者又は本籍の不明な者については，日常使用している氏名を記載する。
  外国人住民のうち，中長期在留者等については，在留カード等に記載されている氏名を記載する。
  なお，出入国港において在留カードを交付されなかった中長期在留者にあっては，後日在留カードを交付する旨の記載がされた旅券のローマ字表記の氏名を記載する。
  出生による経過滞在者又は国籍喪失による経過滞在者については，出生届，国籍喪失届又は国籍喪失報告に付記されているローマ字表記の氏名を記載する。ただし，これら戸籍の届出書等にローマ字表記の氏名の付記がない場合，住民票の氏名については同届出書等に記載されたカタカナ又は漢字による表記の氏名を記載する。なお，これら経過滞在者が後日在留資格を取得した等として，法務大臣からの通知がなされた場合は，同通知に基づき氏名の記載を修正する。
  非漢字圏の外国人住民について，印鑑登録証明に係る事務処理上氏名のカタカナ表記を必要とする場合には，これを備考として記入することが適当である。
  （中略）

また，氏名には，できるだけふりがなを付すことが適当である。その場合には，住民の確認を得る等の方法により，誤りのないように留意しなければならない。
　　　外国人住民のローマ字表記の氏名には，ふりがなを付さなくても差し支えない。
　イ　出生の年月日（法第7条第2号）
　　　日本の国籍を有する者については，戸籍に記載又は記録がされている出生の年月日を記載する。この場合において，年号を印刷しておき該当年号を○で囲むこと，又は生年月日の記載であることが明らかである限り，「明治，大正，昭和，平成」の年号を「明，大，昭，平」と，「10年10月10日」を「10.10.10」と略記することは，いずれも差し支えない。
　　　外国人住民のうち，中長期在留者等にあっては，在留カード等に記載されている生年月日を記載する。出生による経過滞在者又は国籍喪失による経過滞在者にあっては，出生届，国籍喪失届又は国籍喪失報告に記載された出生の年月日に基づいて西暦により記載する。なお，「2000年10月10日」を「2000.10.10」と略記することは差し支えない。
　ウ　男女の別（法第7条第3号）
　　　（略）
　エ　世帯主についてはその旨，世帯主でない者については世帯主の氏名および世帯主との続柄（法第7条第4号）
　　㈠・㈡　（略）
　　㈢　世帯主が外国人住民である場合の世帯主の氏名欄の記載方法
　　　　世帯主の氏名欄に通称を記載する必要はない。
　　㈣　実際に世帯主に相当する者が住民基本台帳法の適用から除外されている外国人である場合の世帯主の氏名の記載方法
　　　　実際に世帯主に相当する者が住民基本台帳法の適用から除外されている外国人である場合，世帯員のうち世帯主に最も近い地位にあるものの氏名を記載し，実際に世帯主に相当する外国人の氏名が確認できれば備考として記入する（法第6条第3項の規定により磁気ディスクをもって調製する住民票にあっては，記録する。以下同じ。）。
　　㈤　世帯主との続柄の記載方法
　　　　世帯主との続柄は，妻，子，父，母，妹，弟，子の妻，妻（未届），妻の子，縁故者，同居人等と記載する。
　　　　世帯主の嫡出子，養子及び特別養子についての「世帯主との続柄」は，

「子」と記載する。
　　内縁の夫婦は，法律上の夫婦ではないが準婚として各種の社会保障の面では法律上の夫婦と同じ取扱いを受けているので「夫（未届），妻（未届）」と記載する。
　　内縁の夫婦の子の世帯主（夫）との続柄は，世帯主である父の認知がある場合には「子」と記載し，世帯主である父の認知がない場合には「妻（未届）の子」と記載する。
　　縁故者には，親族で世帯主との続柄を具体的に記載することが困難な者，事実上の養子等がある。夫婦同様に生活している場合でも，法律上の妻のあるときには「妻（未届）」と記載すべきではない。
　　外国人住民について，世帯主との続柄を証する文書の添付が必要な場合においては，訳文とともに提出を求め，内容を確認する。
　　また，これが提出されず，事実上の親族関係が認められる場合には，世帯主との続柄は「縁故者」と記載する。
　オ　戸籍の表示（法第7条第5号）
　　本籍および筆頭者の氏名を記載する。
　　本籍のない者および本籍の明らかでない者については「本籍なし」または，「本籍不明」と記載することとなるが，これらの者については，戸籍法上による出生届または就籍手続を行うよう指導するのが適当である。
　カ　住民となった年月日（法第7条第6号）
　　日本の国籍を有する者について，同一市町村内（指定都市にあっては，その市）に引き続き住むようになった最初の年月日を記載する。ただし，外国人住民が日本の国籍を有することとなった場合における住民となった年月日については，外国人住民に係る住民票に記載された外国人住民となった年月日を記載する。
　　市町村の廃置分合または境界変更があったときは，その処分前の市町村の区域内に最初に住所を定めた年月日をそのままとし，その処分により修正すべきではない。
　キ　（略）
　ク　住所を定めた年月日（法第7条第7号）
　　（略）
　ケ　転入等をした者については，その届出の年月日（職権で記載した場合には，その年月日）（法第7条第8号）
　　転入届並びに法第30条の46及び法第30条の47に基づく届出により記載し

た者については，その届出の年月日，職権により記載した者については，その記載の年月日をそれぞれ記載する。
コ　従前の住所（法第7条第8号）
　　転入をした者について転出地の住所を記載する。従前の住所は，原則として，転出証明書に記載された住所と一致する。なお，法第30条の46及び法第30条の47に基づく届出をした者については，記載を要しない。
サ　選挙人名簿に登録されている旨（法第7条第9号）
　　（略）
シ　国民健康保険の被保険者の資格に関する事項（法第7条第10号，令第3条）
　　（略）
ス　後期高齢者医療の被保険者の資格に関する事項（法第7条第10号の2，令第3条の2）
　　（略）
セ　介護保険の被保険者の資格に関する事項（法第7条第10号の3，令第3条の3）
　　（略）
ソ　国民年金の被保険者の資格に関する事項（法第7条第11号）
　　（略）
タ　児童手当の支給を受けている者の資格に関する事項（法第7条第11号の2）
　　（略）
チ　住民票コード（法第7条第13号）
　㈠・㈡　（略）
　㈢　住民票コードを記載したときは，速やかに，当該記載に係る者に対し，その旨及び当該住民票コードを書面により通知する（法第30条の2第3項，令第30条の2第2項）。
　　なお，以前住民票コードを記載されたことのある国外転出者が国内に転入する場合は，都道府県知事又は指定情報処理機関から本人確認情報の提供を受け，以前記載された住民票コードを確認した上で，当該以前記載された住民票コードを住民票に記載する。
ツ　国籍・地域（法第30条の45）
　　在留カード等に記載されている国籍・地域を記載する（無国籍を含む。）。なお，出生による経過滞在者の国籍・地域欄については空欄とし，後日法

務大臣からの通知がなされた場合には，同通知に基づき職権で国籍・地域の記載の修正を行う。また，国籍喪失による経過滞在者の国籍・地域については，国籍喪失届や国籍喪失報告の記載を確認し，職権で国籍・地域の記載を行う。

テ　外国人住民となった年月日（法第30条の45）

　法第30条の45の表の上欄に掲げる者となった年月日又は住民となった年月日のうち，いずれか遅い年月日を記載する。

ト　法第30条の45の表の下欄に掲げる事項

　法第30条の45の表の上欄に掲げる者の区分に応じ，それぞれ同表の下欄に掲げる事項を記載する。

(ア)　中長期在留者

　A　中長期在留者である旨

　　中長期在留者であることについて記載するが，法第30条の45の表の上欄に掲げる者の区分に応じた欄を設け符号により記載する方法でも差し支えない。

　B　在留カードに記載されている在留資格，在留期間，在留期間の満了の日及び在留カードの番号

　　在留カードの表記に基づき，在留資格，在留期間，在留期間の満了の日及び在留カードの番号を記載する。

　　なお，在留カードとみなされる外国人登録証明書の提示があった場合においては当該外国人登録証明書の登録番号を記載し，後日在留カードを交付する旨の記載がされ，上陸許可証印が貼付された旅券の提示があった場合においては，当該証印下部に記載された交付することを予定する在留カードの番号を記載する。

(イ)　特別永住者

　A　特別永住者である旨

　　特別永住者であることについて記載するが，法第30条の45の表の上欄に掲げる者の区分に応じた欄を設け符号により記載する方法でも差し支えない。

　B　特別永住者証明書の番号

　　特別永住者証明書に記載されている特別永住者証明書の番号を記載する。

　　また，特別永住者証明書とみなされる外国人登録証明書の提示があった場合においては当該外国人登録証明書の登録番号を記載する。

(ｳ)　一時庇護許可者
    A　一時庇護許可者である旨
      一時庇護許可者であることについて記載するが，法第30条の45の表の上欄に掲げる者の区分に応じた欄を設け符号により記載する方法でも差し支えない。
    B　上陸期間
      一時庇護許可書に記載されている上陸期間を記載する。
      なお，上陸期間を経過する年月日（許可期限）を備考として記入することが適当である。
  (ｴ)　仮滞在許可者
    A　仮滞在許可者である旨
      仮滞在許可者であることについて記載するが，法第30条の45の表の上欄に掲げる者の区分に応じた欄を設け符号により記載する方法でも差し支えない。
    B　仮滞在期間
      仮滞在許可書に記載されている仮滞在期間を記載する。
      なお，仮滞在期間を経過する年月日（許可期限）を備考として記入することが適当である。
  (ｵ)　出生による経過滞在者
      出生による経過滞在者であることについて記載するが，法第30条の45の表の上欄に掲げる者の区分に応じた欄を設け符号により記載する方法でも差し支えない。
      なお，出生した日から60日を経過する年月日を備考として記入することが適当である。
  (ｶ)　国籍喪失による経過滞在者
      国籍喪失による経過滞在者であることについて記載するが，法第30条の45の表の上欄に掲げる者の区分に応じた欄を設け符号により記載する方法でも差し支えない。
      なお，国籍を失った日から60日を経過する年月日を備考として記入することが適当である。
ナ　通称（法第7条第14号，令第30条の25第1号）
  (ｱ)　通称（氏名以外の呼称であって，国内における社会生活上通用していることその他の事由により居住関係の公証のために住民票に記載することが必要であると認められるものをいう。以下同じ。）については，外

国人住民から通称の記載を求める申出書の提出があった場合において，当該申出のあった呼称を住民票に記載することが居住関係の公証のために必要であると認められるときは記載しなければならない（令第30条の26）。

　(イ) 外国人住民の様式中，通称の記載の欄については，第2－1－(1)の様式例にならい，氏名の記載の欄と一体のものとして取扱うことが適当である。

　(ウ) なお，通称には，できるだけふりがなを付すことが適当である。
　　　その場合には，住民の確認を得る等の方法により，誤りのないように留意しなければならない。

ニ　通称の記載及び削除に関する事項（法第7条第14号，令第30条の25第2号）

　(ア) 外国人住民に係る住民票に通称を記載した場合（第2－2－(2)－コ－(イ)による場合を除く。），当該通称を記載した市町村名（特別区にあっては区名。以下このイ及び第2－2－(2)－サにおいて同じ。）及び年月日を記載しなければならない（令第30条の27第1項第1号）。

　(イ) 外国人住民に係る住民票に記載されている通称を削除した場合，当該通称並びに当該通称を削除した市町村名及び年月日を記載しなければならない（令第30条の27第1項第2号）。

ヌ　（略）

2　住民票の記載等の手続
（以下省略）

（様式例）

住民票・印鑑・戸籍・身分証明書等　交付請求（申請）書

●窓口に来られた方の本人確認書類（運転免許証、健康保険証等）をご提示ください。
●代理人（戸籍証明では本人、配偶者、直系親族以外、住民票では本人、同一世帯員以外、身分証明では本人以外）が住民票・戸籍・身分証明書を請求するときは、委任状が必要です。

市区町村長　あて　　　　　　　　　　　　　　　　　　　　　　　　　　　　　平成　年　月　日

窓口に来られた方	住所					
	フリガナ			生年月日	電話	－ －
	氏名			明・大・昭・平・西　年　月　日	請求者との関係	本人・同じ世帯の方（続柄　　　） 代理人・その他（　　　　　　）

請求者（使う方）	住所	□窓口に来られた方と同じ（✓すれば、ご記入不要）
	フリガナ	□窓口に来られた方と同じ　　　　　　　　　　　　　生年月日
	氏名	□窓口に来られた方と同じ　　　　　　　　　（明・大・昭・平・西　年　月　日）
	使いみち	免許、パスポート、登記、年金、保険、その他（具体的にお書きください）

住民票等	どなたの証明が必要ですか	住所	□請求者に同じ		必要な証明書の種類と通数	
		フリガナ 世帯主	□請求者に同じ	生年月日 （明・大・昭・平・西　年　月　日）	世帯全員の住民票 世帯一部の住民票	通 通
		フリガナ 氏名	□請求者に同じ	生年月日 （明・大・昭・平・西　年　月　日）	記載事項証明 住民票の除票	通 通
		フリガナ 氏名	※2人目	生年月日 （明・大・昭・平・西　年　月　日）	その他の証明 （　　　　　　　）	通
	本籍・続柄をのせますか	続柄・世帯主名を（のせる・のせない） 本籍・筆頭者を（のせる・のせない）	他の指定	住民票コードをのせる・改製前 現在いない方（　　　　）ものせる		

●必ず印鑑登録証をご提示ください。（印鑑登録証がない場合は、印鑑証明を発行できません。）

印鑑証明	住所　□請求者に同じ	フリガナ 氏名		性別 男　女	生年月日 明・大・昭・平・西 年　月　日	請求通数 通
	住所　□請求者に同じ	※2人目 フリガナ 氏名		性別 男　女	生年月日 明・大・昭・平・西 年　月　日	請求通数 通

戸籍証明書等	どなたの証明が必要ですか	本籍	□請求者の住所に同じ		必要な戸籍証明書の種類と通数	
		筆頭者	□請求者に同じ	生年月日　明・大・昭・平　年　月　日	戸籍全部事項証明（戸籍謄本） 戸籍個人事項証明（戸籍抄本）	通 通
		必要な方の氏名	□請求者に同じ	生年月日　明・大・昭・平　年　月　日	除籍全部事項証明 除籍個人事項証明	通 通
	備考	□ 出生から死亡までの戸籍 □ 婚姻から死亡までの戸籍 □ 家系図作成（　方　家さかのぼり） □　　月　　日届出			除籍謄本 除籍抄本 改製原戸籍謄本（平成） 改製原戸籍謄本（昭和） 改製原戸籍抄本（昭和・平成）	通 通 通 通 通
	身分証明書　　　　通	戸籍の附票　　※改製原の附票には平成19年12月22日以前の住民登録地が記載されています。 □改製原戸籍　全員分　　通 □現在戸籍　　一部　　　通			受理証明書 記載事項証明書 その他の戸籍証明書 （　　　　　　）	通 通 通

第6　住民票に基づく証明

1 住民票の写し

　住民基本台帳に記録されている人は，市区町村長に対し，自己または自己と同一の世帯に属する人に係る住民票の写しまたは住民票記載事項証明書の交付を請求することができる（住民基本台帳法12条1項）。この場合，住民票の写しとは，紙の住民票の原本をそのまま写したもので，磁気ディスクによって調製されている住民票では「原本に記録されている事項を記載した書類」と法定されている（同法11条1項）。

　ちなみに，住所の方書を省略した住民票の写しの交付請求があった場合，これに応じるものとする（昭39. 5. 1民事甲1643回答）。また，昭60改正法により（昭61. 6. 1施行），12条〈本人等の請求による住民票の写し等の交付〉2項（現5項）に規定されている省略事項に，7条4号〈世帯主，世帯主氏名と続柄〉，5号〈戸籍の表示〉が追加された。

　なお，住民基本台帳法3条〈市町村長等の責務〉4項は，「何人も，第11条第1項に規定する住民基本台帳の一部の写しの閲覧又は住民票の写し，住民票に記載をした事項に関する証明書，戸籍の附票の写しその他のこの法律の規定により交付される書類の交付により知り得た事項を使用するに当たつて，個人の基本的人権を尊重するよう努めなければならない。」と定めている。

1　住民票の写し

(様式例)

世帯票

市区町村名			住　民　票		備　考
世帯主	②	③		③	
住所	④		平成 ⑥ 年 月 日	転居	⑧
	⑤				
	⑤		平成 ⑦ 年 月 日	転居	

	明治大正昭和平成 ⑪ 年 月 日生	男⑫女	続柄 ⑬	住民となった年月日 明治大正昭和平成 ⑭ 年 月 日	住民票コード ⑮
⑩					
本籍	⑯		筆頭者の氏名	⑱	備考 ⑳
	⑰			⑲	
昭和平成　年　月　日	⑳		から 転入 転居		
平成　年　月　日	㉑		へ 転居 転出予定	平成 ㉔ 年 月 日届出	
平成　年　月　日	㉒		へ転出	平成 ㉕ 年 月 日通知	

① 世帯共通欄
② 世帯主欄
③ 世帯主の予備欄
④ 住所欄
⑤ 住所欄の予備欄
⑥ 住所を定めた年月日欄
⑦ 住所を定めた年月日欄の予備欄
⑧ 世帯共通備考欄
⑨ 個人欄
⑩ 氏名欄
⑪ 出生年月日欄
⑫ 男女の別欄
⑬ 続柄欄
⑭ 住民となった年月日欄
⑮ 住民票コード欄
⑯ 本籍欄
⑰ 本籍欄の予備欄
⑱ 筆頭者の氏名欄
⑲ 筆頭者の氏名欄の予備欄
⑳ 記載事由欄
㉑ 個人消除事由欄（予定欄）
㉒ 個人消除事由欄（確定欄）
㉓ 個人備考欄
㉔ 個人消除備考欄（予定欄）
㉕ 個人消除備考欄の予備欄（確定欄）

（様式例）

個人票

ふりがな	生 年 月 日	男女の別	続 柄	住民となった年月日
氏名 ①	明治 大正 昭和 平成 ② 年 月 日生	男 ③ 女	④	明治 大正 昭和 平成 ⑤ 年 月 日
世帯主 ⑦	⑧	⑧		住民票コード ⑥

住民票 市区町村名

住所
⑨ 昭和 年 月 ⑩ 日届出
⑪ 平成 年 ⑫ 月 日転居 平成 年 ⑬ 月 日届出
⑪ 平成 年 ⑫ 月 日転居 平成 年 ⑬ 月 日届出

本籍
⑭ 筆頭者の氏名 ⑯
⑮ ⑰

前住所 昭和 平成 年 月 日 ⑱ から 転入 転居

転出
平成 年 月 日 ⑲ へ転出予定 平成 年 ㉒ 月 日届出
平成 年 月 日 ⑳ へ転出 平成 年 ㉓ 月 日通知

備考 ㉑

① 氏名欄
② 出生年月日欄
③ 男女の別欄
④ 続柄欄
⑤ 住民となった年月日欄
⑥ 住民票コード欄
⑦ 世帯主欄
⑧ 世帯主欄の予備欄
⑨ 住所欄
⑩ 届出年月日欄
⑪ 住所欄の予備欄
⑫ 住所を定めた年月日欄
⑬ 届出年月日欄の予備欄
⑭ 本籍欄
⑮ 本籍欄の予備欄
⑯ 筆頭者の氏名欄
⑰ 筆頭者の氏名欄の予備欄
⑱ 前住所欄
⑲ 消除事由欄（予定欄）
⑳ 消除事由欄の予備欄（確定欄）
㉑ 備考欄
㉒ 消除備考欄（予定欄）
㉓ 消除備考欄の予備欄（確定欄）

(様式例)

住民票の写しなどの交付請求書(郵便請求用)

（あて名）　　　市区町村長　　　　　　　　平成　　年　　月　　日

請求者 （手続きをする人）	住　所	〒　－
	フリガナ 氏　名	（氏名を自署する場合は、押印を省略することが出来ます。）　　　　㊞
	連絡先	※昼間、連絡が取れる連絡先を必ず記入してください。 TEL

下記の方との関係	□ 本人または同一世帯員 □ その他の人（　　　　　　　　　　　　　　　　　　　　　）

どなたのものが必要ですか	住　所	□ 上記住所と同じ	
	フリガナ 氏　名		明・大 昭・平　　・　・
	（全員のときは世帯主名）		明・大 昭・平　　・　・

何が必要ですか	□ 住民票の写し　　□ 記載事項証明　　□ その他の証明
	世帯全員　世帯一部　世帯全員　世帯一部　[　　　　　　　　] 　通　　　　通　　　　通　　　　通　　　　　　　　通
	住民票のなかに「本籍」「世帯主との続柄」の記載は必要ですか。（原則は省略です。） □ 省略でよい　　□ 本籍のみ必要　　□ 続柄のみ必要　　□ 本籍・続柄必要 ※　同一世帯以外からの請求の場合は、正当な請求である旨の証明書類が必要になります。

何に使いますか	使用目的、提出先等を具体的に記入してください。 　 　

251

2　広域交付住民票

　住民基本台帳法12条の4〈本人等の請求に係る住民票の写しの交付の特例〉第1項により，住民基本台帳に記録されている人は，住所地市区町村長以外の交付地市区町村長に対し，自己または自己と同一の世帯に属する人に係る住民票の写しで，7条〈住民票の記載事項〉のうち5号〈戸籍の表示〉，9号〈選挙人名簿〉，10号〈国民健康保険〉，10号の2〈後期高齢者医療〉，10号の3〈介護保険〉，11号〈国民年金〉，11号の2〈児童手当〉，12号〈米穀配給〉，14号〈政令で定める事項〉の記載を省略したものの交付を請求できる。

　交付地市区町村長は，特別の請求がない限り，7条4号〈世帯主，続柄〉および13号〈住民票コード〉に掲げる事項の全部または一部の記載を省略した写しを交付することができる（同法12条の4第4項後段）。外国人住民にあっては，7条10号から11号の2までの個別事項および14号の任意事項（通称の記載および削除に関する事項が住民票に記載されている外国人住民にあっては，任意事項ならびに通称および削除に関する事項）を省略したものを交付するとされている。

　この広域交付住民票は，特別の請求がある場合を除き，法7条4号および13号に掲げる事項（外国住民にあっては法7条4号および13号に掲げる事項，国籍・地域ならびに法30条の45の表の下欄に掲げる事項）については，省略してもよい。

　特に，住民票コードは，住民基本台帳法30条の42および30条の43において，告知要求の制限，利用制限等に係る規定が設けられているところであり，また，秘密保持義務によって保護されていることから，請求者が特別の請求を行った場合であっても，交付地市区町村長は，これらの規定の趣旨を請求者に十分説明し，その理解を得て，できる限り，住民票コードの記載を省略した住民票の写しを交付することが適当である（事務処理要領）。

　交付地市区町村長が住民票の写しを交付する場合には，その住民票の写しの末尾に住所地市区町村長からの請求に係る住民票に記載されている事項が住民基本台帳法12条の4第3項の規定により通知され，その通知に基づき作

成されたものである旨を記載する（住民基本台帳法施行令15条の4第2項）とともに，作成の年月日を記入して記名押印をする。

この記載は，次の例によることが適当である（事務処理要領第2の4(1)⑥ウ）。

〈世帯全員の場合〉

「この住民票の写しは，住所地市町村長から請求に係る住民票に記載されている世帯全員の事項が住民基本台帳法第12条の4第3項の規定により通知され，その通知に基づき作成されたものです。」

〈その他の場合〉

「この住民票の写しは，住所地市町村長から請求に係る住民票に記載されている事項が住民基本台帳法第12条の4第3項の規定により通知され，その通知に基づき作成されたものです。」

第6　住民票に基づく証明

外国人住民に係る住民票の写しの様式例

```
                    広域交付住民票

        住　　　所
        世　帯　主

   ┌──────────────────────────────────────┐
   │ 氏　　　名            │ 住民票コード        │
   │ 通　　　称            │ 生年月日            │
   │ 住所を定めた日         │ 性別      │ 続柄   │
 1 │ 外国人住民となった日    │ 届出の年月日※       │
   │ 国籍・地域※           │ 30条の45規定区分※  │
   │ 在留資格※            │ 在留カード等の番号※ │
   │ 在留期間等※          │ 在留期間の満了の日※ │
   │ □□から転入※                              │
   ├──────────────────────────────────────┤
   │ 氏　　　名            │ 住民票コード        │
   │ 通　　　称            │ 生年月日            │
   │ 住所を定めた日         │ 性別      │ 続柄   │
 2 │ 外国人住民となった日    │ 届出の年月日※       │
   │ 国籍・地域※           │ 30条の45規定区分※  │
   │ 在留資格※            │ 在留カード等の番号※ │
   │ 在留期間等※          │ 在留期間の満了の日※ │
   ├──────────────────────────────────────┤
   │ 氏　　　名            │ 住民票コード        │
   │ 通　　　称            │ 生年月日            │
   │ 住所を定めた日         │ 性別      │ 続柄   │
 3 │ 外国人住民となった日    │ 届出の年月日※       │
   │ 国籍・地域※           │ 30条の45規定区分※  │
   │ 在留資格※            │ 在留カード等の番号※ │
   │ 在留期間等※          │ 在留期間の満了の日※ │
   ├──────────────────────────────────────┤
   │ 氏　　　名            │ 住民票コード        │
   │ 通　　　称            │ 生年月日            │
   │ 住所を定めた日         │ 性別      │ 続柄   │
 4 │ 外国人住民となった日    │ 届出の年月日※       │
   │ 国籍・地域※           │ 30条の45規定区分※  │
   │ 在留資格※            │ 在留カード等の番号※ │
   │ 在留期間等※          │ 在留期間の満了の日※ │
   └──────────────────────────────────────┘
                                   枚中    枚目

   この住民票の写しは、住所地市町村長から請求に係る住民票に記載されている（世帯全員の）事項が
   住民基本台帳法第12条の4第3項の規定により通知され、その通知に基づき作成されたものです。

              平成　　年　　月　　日
                              市区町村長
                                 氏　　名          【印】

   ※　項目名を含め，出力しないことも可。
```

254

3　除住民票の写し

　住民基本台帳法7条〈住民票の記載事項〉は，転出の届出年月日など住民票の消除の手続に係る事項を規定していない。7条に規定する住民票は「現在」住民票を指すものであり，消除された住民票を含まないものと解されている。住民票の処理には，住民票の記載，消除または記載の修正があり，届出または職権により行われる（住民基本台帳法8条）。

　市区町村長は，その市区町村の住民基本台帳に記録されている者が転出をし，または死亡したときその他その者についてその市区町村の住民基本台帳の記録から除くべき事由が生じたときは，その者の住民票（その者が属していた世帯について世帯を単位とする住民票が作成されていた場合にあっては，その住民票の全部または一部）を消除しなければならない（住民基本台帳法施行令8条）。

　除住民票とは，転出，死亡および職権などにより消除された住民票をいう。もちろん，消除といっても廃棄処分するのでなく，住民票に「除票」の表示をするのである。世帯票の一部の人が消除される場合は，その人の欄を線で交差するなどによって表示する。全員転出を例にとると，電算システムの場合，転出届の受理，転出証明書の交付，転出先からの転入通知があるまで転出予定の住民票または除票，もしくは，除住民票（転出決定の除票）として記録されることになる。改製による除票は，改製原住民票と表示され，戸籍の附票も同じように，除附票，改製原附票の別がある。

　除住民票，改製原住民票は，住所表示の順，50音順もしくは消除・改製の年月日順に年度別の台帳として保存される。除住民票・改製原住民票，除附票，改製原附票の保存期間は，消除または改製された日から5年間である（住民基本台帳法施行令34条1項）。

　ちなみに，この保存期間は，最短限の期間を定めたものであり，その延長を制限するものではない。

第6　住民票に基づく証明

（様式例）

除かれた住民票

東京都杉並区　　1／1

住　所	阿佐谷南1丁目15番1号
世帯主	杉並　太郎

氏　名	杉並　太郎				住所を定めた年月日 昭和64年　1月　1日
生年月日	昭和33年　5月　5日	性別　男	続柄　世帯主		住民となった年月日 昭和64年　1月　1日

本　籍	東京都杉並区阿佐谷南1丁目715番地
筆頭者	杉並　太郎
前住所	平成　元年　1月10日　届出 東京都江東区江東1丁目1番1号
転出先	平成　7年10月　1日　転出 東京都荒川区荒川1丁目1番1号
備　考	平成　7年10月20日　職権消除　同日転出届

この写しは，除かれた住民票の原本と相違ないことを証明します。

平成　　年　　月　　日

市区町村長　　　　職印

4 改製原住民票

　市区町村長は，住民基本台帳または戸籍の附票に関する事務の処理に当たっては住民票または戸籍の附票に記載されている事項の漏えい，滅失およびき損の防止その他の住民票または戸籍の附票に記録されている事項の適切な管理のために必要な措置を講じなければならない（住民基本台帳法36条の2第1項）。市区町村長は，必要があると認めるときは，住民票を改製することができる。この場合においては，消除または修正された記録の移記を省くことができる（住民基本台帳法施行令16条）。

　必要があると認めるときとは，次の場合が具体例とされている。

　イ　住民票がき損または汚れたとき
　ロ　新たに記載する欄がなくなったとき
　ハ　様式または規格の変更
　ニ　戸籍法11条の2第1項の申出により戸籍の再製が行われた場合
　ホ　虚偽の届出もしくは錯誤による届出または市区町村長の過誤によりされた不実の記載が修正され，住民票に記載されている者から，修正に係る事項の記載のない住民票の改製の申出があった場合
　ヘ　法令による改製

　このような，記録・修正欄に余白がなくなったり（電算処理においても書込みを制限しているシステムが多い。），破れた汚れたなどの理由から新しく作り直された元の住民票を改製原（現と区別してハラと呼び，または前住民票とする。）住民票という。

　改製の記載は，備考欄に，「〇年〇月〇日改製」と記録される。現住民票にも「年月日改製」と記載される。この場合，改製原住民票の備考欄の記載は，原則として，現住民票に移記する必要はないとされる。ただ，磁気ディスクにより，個人履歴を作成しているので，その画面には，新旧住民票に記録されている備考その他の記録が表示される。

第6　住民票に基づく証明

(参考)

(現) 住民票

ふりがな	やまだ　たろう	生年月日	男女の別	続柄	住民となった年月日
氏名	山田太郎	明治 大正 昭和 平成　46年4月1日生	男 女	世帯主	明治 大正 昭和 平成　5年3月25日
世帯主	山田太郎				住民票コード 12345678901
住所	北町4丁目156番地	平成　　年　月　日届出			備考 平成20年10月1日改製
		平成　　年　月　日転居	平成　　年　月　日届出		
		平成　　年　月　日転居	平成　　年　月　日届出		
本籍	東京都○○市西町3丁目15番	筆頭者の氏名	山田太郎		
前住所	昭和 平成　20年9月26日西町3丁目15番2号		から	転入 転居	
転	平成　　年　月　日		へ	転出 予定	平成　　年　月　日届出
出	平成　　年　月　日		へ	転出	平成　　年　月　日通知

改製原住民票

ふりがな	やまだ　たろう	生年月日	男女の別	続柄	住民となった年月日
氏名	山田太郎	明治 大正 昭和 平成　46年4月1日生	男 女	世帯主	明治 大正 昭和 平成　5年3月25日
世帯主	山田太郎				住民票コード 12345678901
住所	東町1丁目6番地1	平成　5年4月2日届出			備考 平成20年1月12日戸籍届出により戸籍の表示修正
	南町1丁目20番3号	平成　7年5月1日転居	平成　7年5月10日届出		
	北町4丁目156番地 西町3丁目15番2号	平成　20年9月26日転居 20年1月10日転居	平成　20年10月1日届出 20年1月12日届出		平成20年10月1日改製により消除 改製原住民票
本籍	東京都多摩川市西山町1丁目1番地	筆頭者の氏名	山田一郎		
	東京都○○市西町3丁目15番		山田太郎		
前住所	昭和 平成　5年3月25日東京都多摩川市西山町5丁目3番4号		から	転入 転居	
転	平成　　年　月　日		へ	転出 予定	平成　　年　月　日届出
出	平成　　年　月　日		へ	転出	平成　　年　月　日通知

258

5　戸籍の附票の写し

　市区町村長は，戸籍を単位として戸籍の附票を作成しなければならない（住民基本台帳法16条1項）。戸籍の附票の記載事項は，戸籍の表示・氏名・住所・住所を定めた年月日である（同法17条）。戸籍の附票に記録されている人またはその配偶者，直属尊属もしくは直系卑属は，これらの人が記録されている戸籍の附票を備える市区町村の長に対し，これらの人に係る戸籍の附票の写しの交付を請求できる（同法20条1項）。

　戸籍が単位なので，夫婦と氏を同じくする子ごとに作成される。したがって，婚姻，分籍などの届出により編製される新戸籍には，その附票が作成される（住民基本台帳法施行令18条1項）。既にある戸籍に入った人については，既にある戸籍の附票に記録される（同条2項）。

　住所地の市区町村長は，転入，転居，国外への転出の届出があったときは，本籍地の市区町村長に通知し（住民基本台帳法19条1項），通知を受けた本籍地市区町村長は，戸籍の附票に新住所と住所を定めた年月日を記録する。

　公職選挙法の一部改正により（平10. 5. 6法47），在外選挙が創設され（同法36条の6），住民基本台帳法17条の2〈戸籍の附票の記載事項の特例等〉と同法施行令34条〈保存〉2項が新設された（平11. 5. 1施行）。戸籍の附票には，在外選挙人名簿に登録された人（20歳以上）および日本国憲法の改正手続に関する法律（平22. 5. 18施行）に基づいて在外投票人名簿に登録された人（18歳以上）について，その旨および登録された市区町村名を記載しなければならない（住民基本台帳法17条の2第1項）。市区町村の選挙管理委員会は在外選挙人名簿または在外投票人名簿に登録若しくは抹消したときは，その旨を本籍地の市区町村長に通知しなければならない（同条2項）。

　戸籍の附票の保存年限は，除籍または改製によって消除された日から5年間保存する（住民基本台帳法施行令34条1項）。ただし同法施行令34条2項の新設により，存外者（戸籍の附票の最終住所が国内でない人）に係る全部消除された戸籍の附票の保存年限は80年に伸長された（平11. 5. 1施行）。

戸籍の附票における記録事項

①	②	年　月　日　作成 年　月　日　改製		年　月　日　により消除		
	本籍 ③		氏名 ④			
	名	番号	住　所	住所を定めた年月日	在外選挙人名簿 登録市町村名	記載事由
⑤	⑭	1　1 　　2 　　3 　⑥ 4 　　5	⑨ ↕ ⑩ ↕	・⑪・ ・　・ ・　⑫・ ・　・ ・　・	⑬	⑦ ↕ ⑧ ↕
		2　1 　　2 　　3 　　4 　　5		・　・ ・　・ ・　・ ・　・ ・　・		
		3　1 　　2 　　3 　　4 　　5		・　・ ・　・ ・　・ ・　・ ・　・		

① 共通欄　　　　　　　　　⑧ 記録事由欄の予備
② 戸籍の附票記録事由　　　⑨ 住所
③ 本籍　　　　　　　　　　⑩ 住所欄の予備
④ 筆頭者氏名　　　　　　　⑪ 住所を定めた年月日
⑤ 個人　　　　　　　　　　⑫ 住所を定めた年月日欄の予備
⑥ 番号　　　　　　　　　　⑬ 在外選挙人名簿登録市町村名
⑦ 記録事由　　　　　　　　⑭ 名欄

5　戸籍の附票の写し

（様式例）

	全部証明

改製日	平成　年　月　日
本　　籍	東京都高尾市一丁目6番地1
氏　　名	山川　太郎
附票に記録されている者	【名】太郎 【在外選挙人名簿登録市町村名】 東京都三鷹市（平16・02・19登録，平16・02・20通知） 【住所】東京都三鷹市高島田一丁目5番10号 【所定日】平成14年1月15日 【住所】アメリカ合衆国 【住定日】平成15年9月16日
	以下余白

この写しは戸籍の附票の原本と相違ないことを証明します。
平成　年　月　日
　　　　　市区町村長　　　　　　　　職印

（様式例）
改製原附票

改製原附票	昭和60年3月4日 作成 平成20年10月1日 改製により消除	本籍 東京都○○市戸倉一丁目六番地一	氏名 山田 太郎

番号	記載事項欄	住所	住所を定めた年月日	在外選挙人名簿登録市区町村名	名
① 1	昭和60年3月4日転入届出	東京都○○市多摩川二丁目六番地一	昭和59年4月1日		太郎
① 2	昭和60年10月9日通知	東京都多摩川市多摩川七丁目一五番地二六	昭和60年10月8日		
① 3	昭和61年1月29日転入届出	東京都○○市戸倉一丁目六番地一	昭和61年1月26日		
① 4	昭和63年8月1日住居表示変更	東京都○○市戸倉一丁目七番三号	年月日		
① 5	平成20年10月1日転居届出	東京都○○市本町一丁目二番三号	平成20年9月25日		
② 1	①の1と同じ	①の1と同じ	昭和59年4月1日		花子
② 2	①の2と同じ	①の2と同じ	昭和60年10月8日		
② 3	①の3と同じ	①の3と同じ	昭和61年1月26日		
② 4	①の4と同じ	①の4と同じ	年月日		
② 5	①の5と同じ	①の5と同じ	平成20年9月25日		
③ 1			年月日		
③ 2			年月日		
③ 3			年月日		
③ 4			年月日		
③ 5			年月日		

(参考)
戸籍の附票の記載事項の特例（住民基本台帳法17条の２）に係る連絡図

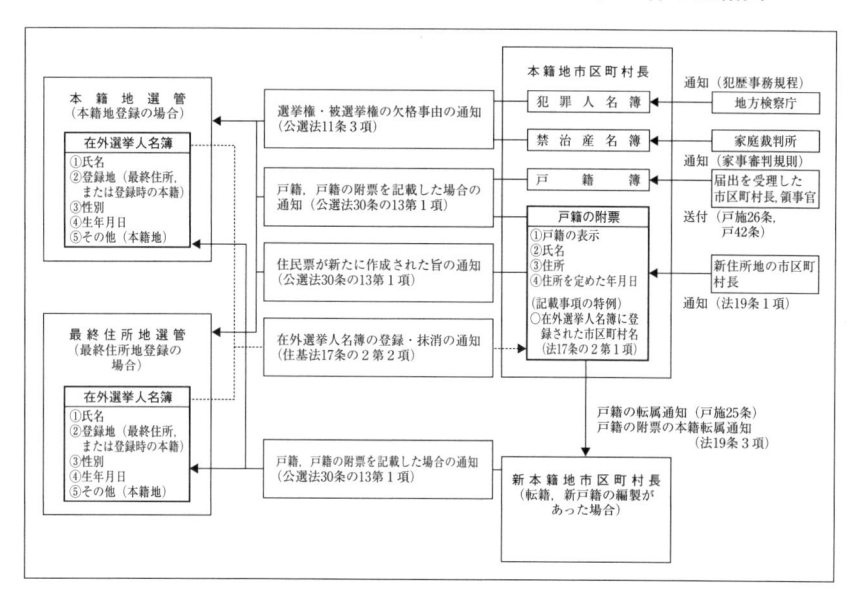

```
┌─────────────────────────────────────────────────────────────────────────┐
│                                    本籍地市区町村長      通知（犯歴事務規程）│
│   本籍地選管      ─選挙権・被選挙権の欠格事由の通知─  犯罪人名簿 ←────  地方検察庁│
│ (本籍地登録の場合)                 （公選法11条3項）                          │
│   在外選挙人名簿                                     禁治産名簿 ←── 家事審判規則│
│  ①氏名                                                                家庭裁判所│
│  ②登録地（最終住所，                戸籍，戸籍の附票を記載した場合の  戸 籍 簿 ←── 通知（届出を受理した│
│   または登録時の本籍）               通知（公選法30条の13第1項）                  市区町村長，領事官）│
│  ③性別                                             戸籍の附票         送付（戸施26条，│
│  ④生年月日                                        ①戸籍の表示            戸42条）│
│  ⑤その他（本籍地）                                ②氏名                      │
│                                   住民票が新たに作成された旨の通知  ③住所   新住所地の市区町│
│                                   （公選法30条の13第1項）          ④住所を定めた年月日   村長│
│                                                                  (記載事項の特例)│
│                                                                  ○在外選挙人名簿に登  通知（法19条1項）│
│                                                                   録された市区町村名│
│  最終住所地選管                    在外選挙人名簿の登録・抹消の通知 （法17条の2第1項）│
│ (最終住所地登録の                  （住基法17条の2第2項）                    │
│     場合)                                                                  │
│   在外選挙人名簿                                                             │
│  ①氏名                                              戸籍の転属通知（戸施25条）│
│  ②登録地（最終住所，                                戸籍の附票の本籍転属通知│
│   または登録時の本籍）                                    （法19条3項）      │
│  ③性別                           戸籍，戸籍の附票を記載した場合の            │
│  ④生年月日                       通知（公選法30条の13第1項）   新本籍地市区町村長│
│  ⑤その他（本籍地）                                          （転籍，新戸籍の編製が│
│                                                              あった場合）    │
└─────────────────────────────────────────────────────────────────────────┘
```

　戸籍の附票は，戸籍を単位として作成されているため，一戸籍にある人の全てがその戸籍から消除されると，その戸籍の附票の記録も全て消除され除票となる（住民基本台帳法施行令19条）。この場合，例えば，転籍後の新戸籍の附票には，除附票の住所履歴が移記されない。また，戸籍の附票が改製されると，改製前の戸籍の附票は，改製原附票になる。

　この除附票と改製原附票の謄本・抄本について，住民基本台帳法施行令34条1項の保存年限5年間が経過したため，廃棄処分したとして交付に応じない市区町村が多い。

　しかし，5年で廃棄処分するには，除附票と改製原附票は余りにも貴重である。本籍から居住関係を一覧できる（省略されずに全てを一覧できるのは謄本のみ）唯一の公簿である。相続登記においては，過去の住所と現在の住所が連続していることの証明が求められる。遠い程に過去を証明することは難しく，とりわけ，転勤が多く，しかも高齢社会において，戸籍の附票はその

不可欠な情報となっている。

(参考)

相続登記を申請される方へ

1　はじめに
　(1)　相続人が複数いる場合は，被相続人名義の不動産（□登記済証　□登記事項証明書（又は要約書）　□固定資産税通知書等で確かめて下さい）を誰が相続するのか，あらかじめ協議しておく必要があります。
　(2)　相続放棄をする場合は，自己のために相続が開始したことを知った時から3か月以内に家庭裁判所に申し立てをする必要があります。
　(3)　登記申請の期間に制限はありませんが，権利関係を正しく登記事項に反映させるためにも早期に登記することが望まれます。
2　相続登記に必要な書類
　□　(1)　登記申請書
　　　　　本書の登記申請書の記載例を参考にして下さい。
　□　(2)　被相続人の戸籍謄本・除籍謄本：死亡された方が生まれて入籍した当時（少なくとも10歳頃から）の戸籍（除籍）から死亡するまでの全部（死亡された方　　　　　　　　　　　）
　　　　　なお，市区町村に除籍謄本を申請する場合は，「相続登記に使用」する旨を申し出て下さい。
　□　(3)　相続人全員の戸籍謄本または戸籍抄本（　　　，　　　，　　　）
　　　　　（被相続人の最終の戸籍に在籍されている方については不要です。）
　□　(4)　相続関係説明図（相続関係説明図を提出した場合は，相続証明書（戸籍，除籍謄本等）はお返しします。）
　□　(5)　遺産分割協議書（相続人全員の印鑑証明書付き）
　　　　　民法900条の法定相続分による場合は必要ありません。
　　　　　（相続登記に添付する印鑑証明書，住民票は，作成後3か月を経過したものでも構いません。）
　□　(6)　所有者となる方の住民票の抄本または住民票の謄本（　　　　　）
　　　　　（住民票コードを記載した場合は省略可）
　□　(7)　委任状
　　　　　相続人自身が申請できない場合は代理人による申請となり，委任状が必要です。
　□　(8)　固定資産の評価証明書（当年度内のものに限ります。）
　　　　　登録免許税を算定するために必要ですので，相続する不動産を管轄する市役所等の固定資産税担当課（青森市は，納税支援課証明窓口）に申請して取り寄せてください（有料）。
　　　　　なお，登記申請に使用する場合に限り，当局に備え付けてある「地方税法422条の3による評価通知書交付依頼書」に必要事項を記

載した上，当局の確認印を受けたものを上記担当課に申請すれば無料で「固定資産価格通知書」の交付を受けられます。
- □ (9) その他
    被相続人の登記事項の住所が，被相続人の最後の住所や本籍と異なる場合は，それぞれが同一人であることを証する書面が必要です。
    同一人であることを証する書面としては，
    □死亡された方の住民票の除票（本籍の記載のあるもの）
    □死亡された方の戸籍の附票または除籍の附票（記載内容から同一人であることが明らかである場合）
    □登記済証（権利証）の写し（原本は登記完了後返却します。）
    等が必要です。
3 申請書記載上の留意事項
 (1) 登記申請書は，Ａ４判の上質紙に記載してください（コピー用紙でも可。）
 (2) 記入はパソコン（ワープロ）を使用して入力するか，黒インクまたは黒色ボールペンを使用してください。
4 登記に必要な費用
  相続登記に必要な登録免許税は，不動産の固定資産評価額の0.4％です。（評価額が1,000万円であれば４万円）。
  これにより計算した額が1,000円未満の場合は，1,000円となります。
  この登録免許税は，相当額の「収入印紙」を申請書に添付することにより納めていただくことになります。

6 住民票記載事項証明書

　住民票記載事項証明書とは，市区町村長が住民からの請求を受けて，住民票の記録事項のうち，必要なものについて，その事項が住民票に記録されていることを証明するものである（住民基本台帳法12条1項）。この証明は，行政証明として行われていたが，昭60改正により（昭61.6.1施行），「住民票に記録されている事項に関する証明書」の交付請求が住民基本台帳法12条〈本人等の請求による住民票の写し等の交付〉1項に追加されて法定証明になった。

　請求者において必要とされる事項に限っての証明であることから，住民票の写しに比べて第三者が知り得る住民票の記録事項があらかじめ限定されるため，法定化された。住民票の写しの交付請求があった場合でも，その請求事由から住民票記載事項証明書で目的が達成されるなら，請求者の了解を得た上で，この証明書を交付するものとされている（事務処理要領第2-4(1)①イ(ケ)）。

　この証明書の様式は法定されておらず，請求者が持参する書類に証明することができ，持参しなかった場合は，所定の様式により証明する。

　証明事項において，請求の対象者を特定するために必要な住所および氏名は省略できない。氏名のフリガナは，省略できる。消除された住民票に係る記載事項証明書を交付する場合は，その過去の時点を特定する必要がある。備考欄を設けて「上記の住民票の記録事項は，○年○月○日現在の内容です」と付記するか，証明文を「上記は，○年○月○日現在（又は○年○月○日から○年○月○日まで），住民票に記録されていた事項と相違ないことを証明します」として過去の時点を特定することになる。

（様式例）
住民票記載事項証明書

住民票記載事項証明書

市区町村

住所			世帯主	

	氏名	生年月日	性別	住民となった年月日	住民票コード
1					
2					
	氏名	生年月日	性別	住民となった年月日	住民票コード
	氏名	生年月日	性別	住民となった年月日	住民票コード
	氏名	生年月日	性別	住民となった年月日	住民票コード
	氏名	生年月日	性別	住民となった年月日	住民票コード

上記の事項は，住民票に記録があることを証明します。

平成　年　月　日

市区町村長　　　職印

(参考)
○ **住民票記載事項証明書の電算処理**
　住民票記載事項証明書は，基本的に，住民票の記載事項のうち証明を求める者が必要とする事項について証明を行うものであるから，市町村があらかじめ証明する事項を決めておくことはできないが，標準的な事項（例えば氏名，出生の年月日，男女の別，住所）を決めておき，これらの事項についての証明の請求があった場合に，その証明書を電子計算機処理により作成することは差し支えない。ただし，請求者が必要としない事項まで出力することのないよう配慮する必要がある（昭61.2.4自治振通知12問25（要旨））。

7 居住証明書

　住民の居住関係の公証は，住民基本台帳法の目的となっている（同法1条）。日本国憲法22条1項は，「何人も，公共の福祉に反しない限り，居住，移転及び職業選択の自由を有する。」と定めている。この居住の自由とは，住所または居所を定める自由とされる。この場合，各人の生活の本拠をその者の住所とする（民法22条）。住所が知れない場合には，居所を住所とみなす（民法23条1項）。日本に住所を有しない人は，その人が日本人または外国人のいずれであるかを問わず，日本のおける居所をその人の住所とみなす（同条2項）。ただし，準拠法を定める法律に従いその人の住所地法によるべき場合は，この限りでない（同条2項ただし書）。

　住民の住所に関する法令の規定は，地方自治法10条1項〈住民の意義〉に規定する住民の住所と異なる意義の住所を定めるものと解釈してはならない（住民基本台帳法4条）。地方自治法10条1項に規定する住所とは，民法22条と同じく生活の本拠である。住所の意義は，往々にして各法令において異なり，住民に煩瑣な労を強いていた。このため，4条を置いて，住民基本台帳法は施行されたのであり（昭42.11.10施行），本法と地方自治法を除く他の法令においても，その住所に関する規定の解釈は民法22条と一致させなければならないことになる。

　住所が単数か複数かについては，諸説分かれているものの，住民基本台帳法3条3項により，住民にも正確な届出義務を課し，それが1人につき住所を1か所に限定する選挙人名簿に登録されることから，唯一のものとして生活の本拠が定めなければならない。したがって，「およそ法令において人の住所につき法律上の効果を規定している場合，反対の解釈をなすべき特段の事由のない限り，その住所とは各人の生活の本拠を指すものと解するを相当とする。」（最大判昭29.10.20民集8巻10号1907頁）のであり，その生活の本拠は，住民票の居住関係の記録により公証されてきた。

　これらの措置に加え，市区町村長は調査権を有し（住民基本台帳法34条），届出には罰則をもって正確性を担保しているにもかかわらず，転入届・転居

届により生活の本拠が記録されるという手続に論拠を置き，居住の主観的意思が介在しているとして，隣人や民生委員に現に生活の本拠としている事実を証明させている機関が多い。都市に限らず，日本は無縁社会化している。近所付き合いがないどころか，隣人の居住実態さえ知り得ないのが現状である。それは，隣人であっても，民生委員であっても例外ではない。もちろん，住民票は，居住関係の事実を証明できるものでないが，これ以上の証明力を有するものは他になく，その証明力を否定して，住民に他の証明方法を求めることは，何より住民基本台帳法の立法の趣旨に反している。

　実態調査をするまでもないが，住民票の住所に不信感を抱いている機関が，改めて要求するのが，居住証明書である。つまり，住民票に記録されている住所を改めて居住証明書により証明されなければ，信用できないということである。

(様式例)
居住証明書

居　住　証　明　願

　　　　　　　　　　　　　　　　　　　平成　年　月　日

市区町村長　殿

「　　　　　　　　　」が居住地であることを証明願います。

　　　　　　　住所　〒　－

　　　　　　　氏名　　　　　　　　㊞

　　　　　　　電話　　　　（　　）

居　住　証　明　書

上記の通り住民票に標記の住所が記録されていることを証明します。

平成　年　月　日

　　　　　　　　　　　　　　　　市区町村長　[職印]

8 転入届に添付される住所の異動に関する文書

　転入をした人は，転入をした日から14日以内に，氏名・住所など住民基本台帳法22条1項に定める事項を市区町村長に届け出なければならない。この届出には，住民基本台帳法施行令23条に定める転出証明書（住所の異動に関する文書）を添付しなければならない（同法22条2項）。市区町村長は，転出届があったときは（付記転出届または海外転出の場合を除く。），転出証明書を交付しなければならない（同法24条1項）。

　転入届は，転出届と異なり，郵送によってできない。

　14日以内の期間計算は，民法140条の適用により，初日は算入されない。付記転出届は，住民基本台帳ネットワークシステム2次稼動により（平15.8.25），住民基本台帳カードの交付を受けている人に許された転入転出手続の特例によるもので（同法24条の2），転出証明書の代わりになることから転入時の転出証明書の添付が不要になる。

　海外に転出する人は，転出証明書が交付されないので，海外から転入する場合の住所の異動に関する文書は，パスポートになる。いずれの市区町村にも住民登録をしなかったため，転出証明書がない人は，戸籍の謄抄本と戸籍の附票の写しを添付する（昭42.10.4自治振150）。

　転出証明書は，届出書の複写を用いる方法（届出書には転出証明書に必要な事項が全て記入されている。），住民票の写しを用いる方法（届出書により住民票に転出先，転出予定年月日などを記録した住民票を作成する。）によっても作成できる。消除された住民票の写しによっても作成できる。これらの方法によるものは，転入届に添付すべき書類として発行した旨の市区町村長の証明文が不可欠である。

8 転入届に添付される住所の異動に関する文書

(様式例)

(1) 転出証明書

　住所地市区町村から区域外に転出する人は，あらかじめ氏名・転出先・転出の予定年月日を市区町村長に届け出なければならない（住民基本台帳法24条）。また，転出届の場合，急に住所を異動することが決定し，前住所地で届出を行う時間的余裕がない場合も考えられることから，郵送により届出を行うことが認められている（昭43.3.26自治振41通知問18）。

　転出の形態には，世帯全員が転出する場合〔全部転出〕，世帯の一部の人が転出する場合〔一部転出〕，海外へ転出する場合〔海外転出〕の別がある。世帯主が一部転出し，残された世帯員が2名以上の場合には，世帯主変更を要する。

　世帯主変更は，転出年月日が届出年月日以後の場合，届出年月日に事実が生じたものとして処理される（備考欄に「届出年月日世帯主変更　同日届出」と記録）。転出年月日が届出年月日より前の場合，転出年月日において世帯変更があったものとして処理される（備考欄に「転出年月日世帯主変更　届出年月日届出」と記録）。

　海外へ転出する旨の届出があった場合も取扱いに変わりはないが，転出証明書は交付されない。なお，短期出張，海外旅行などで転出先の住所が認定できない場合，転出届の対象にならない。

（様式例）

転出証明書（システム出力によるもの）

	転　出　証　明　書				
届出日	平成　年　月　日	異動日	平成　年　月　日	異動事由	全部転出
新住所				世帯主	
旧住所				世帯主	

	氏　名	生年月日	性別	続柄	住民票コード
1	本　籍			筆頭者	
	国民健康保険 / 後期高齢者医療 / 介護資格 / 国民年金（種別・記号番号）/ 児童手当 / 備考				

	氏　名	生年月日	性別	続柄	住民票コード
2	本　籍			筆頭者	
	国民健康保険 / 後期高齢者医療 / 介護資格 / 国民年金（種別・記号番号）/ 児童手当 / 備考				

上記の方について，当○○から転出する旨の届出があったことを証明します。

　　平成　年　月　日

　　　　　　　　　　　　　　　市区町村長　　　　　　印

※転入した日から14日以内に転入地の市区町村長に必ず届け出てください。

第6　住民票に基づく証明

（様式例）

○　転入転出手続の特例関係様式集（平15.5.27総行市205「住民基本台帳ネットワークシステム2次施行における運用上の留意事項について」）

付記転出届

※　住民異動届についての様式の例は住民基本台帳事務処理要領に定められているところであるが，付記転出届用の様式を定め，ホームページ，広報誌などに掲載する場合は，次のような様式例が考えられる。

付記転出届

付　記　転　出　届

付記転出届を行う場合は，転入届時に住民基本台帳カードの提出が必要となります。
（転出証明書は不要となります）
△△△△長　様

届出年月日	平成15年8月18日	届出人	住民　太郎　㊞
転出予定年月日	平成15年8月25日	連絡先※	03－XXXX－XXXX

住所	新	東京都千代田区一番町25番地	世帯主	新	住民　太郎
	旧	千葉県千葉市○○区△△		旧	住民　太郎

	氏　　名	生年月日※	性別※	住民票コード
1	じゅうみん　たろう 住民　太郎	明大昭平　22年5月3日	男・女	12345678900
2	じゅうみん　はなこ 住民　花子	明大昭平　29年10月14日	男・女	09876543219
3		明大昭平	男・女	
4		明大昭平	男・女	
5		明大昭平	男・女	

※付記転出届を郵送する場合は，日中の連絡先を必ず記入してください。
住民票コードがわからない場合は，生年月日と性別を記載してください。
国民健康保険，国民年金，介護保険，税関係などで別途窓口に来ていただく必要がある場合もあります。
なお，カードが一時停止の場合は受付できません。

（付記転出届帳票項目案）

① 届出年月日
② 転出予定年月日
③ 届出人氏名
④ 届出人印鑑
⑤ 届出人連絡先
⑥ 新住所
⑦ 旧住所
⑧ 新世帯主氏名
⑨ 旧世帯主氏名
⑩ 氏名
⑪ 生年月日
⑫ 性別
⑬ 住民票コード

(2) 転出証明書に準ずる証明書

　転出届は，あらかじめ行うこととされているが，急に住所を異動することが決定し，その住所を去るまでの間に届出をする時間がないような場合には，転出後14日以内に届出をすることとされている。

　転出届をすべき期間を経過してしまった人から届出があった場合には，転出届を受理することができないので，転出証明書を交付することもできない。

　また，いったん転出証明書の交付を受けたが，その転出証明書を亡失・滅失・汚損・破損してしまった人については，その再交付を請求することができるが（住民基本台帳法施行令24条2項），既に職権で住民票が除かれている場合がある。

　既に住民票が除かれている人から再交付の請求があった場合には，転出証明書を再交付することはできない。

　このような事情により転出証明書の交付（再交付）ができない場合には，転出証明書の代わりに転入届に添付すべき書類として発行した旨を記載した転出証明書に準ずる証明書または消除された住民票の写しを交付するものとされている。

　転出証明書に準ずる証明書，消除された住民票の写し，いずれの場合にも，「転入届に添付すべき書類として発行した」旨を記載する。

　転出証明書に準ずる証明書の記載内容は，転出証明書と同様である。

（様式例）

転出証明書に準ずる証明書

届出の日	平成　年　月　日	全部・一部	異　動　事　由　　1. 転入居　2. 転出　3. 世帯変更　4. 職権記載　5. 職権消除　6. 職権修正　7. 職権回復　8.（ー）	届出人	_____ 電話（　）
異動の日	平成　年　月　日				

住所	新		世帯主	
	旧		世帯主	

本　籍		筆頭者	

	氏　　　　名	生年月日	性別	続柄	住民票コード	備考
1		明・大・昭・平 年　月　日	男 女			
2		明・大・昭・平 年　月　日	男 女			
3		明・大・昭・平 年　月　日	男 女			
4		明・大・昭・平 年　月　日	男 女			
5		明・大・昭・平 年　月　日	男 女			

□上記の方について、当○○から転出する旨の届出があったことを証明します。
□この書類は、転入届に添付すべきものとして発行したものです。

　　平成　　　年　　　月　　　日

　　　　　　　　　　　　　　　　　　　　市区町村長　　　　　㊞

（注意）転入した日から14日以内に転入地の市区町村長に必ず届けてください。

（参考）

○　転出届を郵送してきた場合は、転出証明書を届出人に交付すべきである。なお、転出にかかる者が国民健康保険の被保険者であり、かつ、転出届に被保険者証が添えられていない場合には、届出人に対し転出証明書を交付する際、被保険者証の返還を求めるなど必要な措置を講じなければならない。〔昭43・3・26自治振41通知問18（要旨）〕

○　住民票を職権で消除した後に、転出証明書の交付を求められた場合は、転出証明書の発行はできないが、転入届に添付すべき書類として発行した旨を記載

のうえ，転出証明書に準ずる証明書または消除された住民票の写しを交付する取扱いとすることが適当である。なお，その者が従前国民健康保険の被保険者であった場合には被保険者証の返還を求めるなど必要な措置を講じなければならない。〔昭43・3・26自治振41通知問19（要旨）〕

○（問）　1年前から就職のため転出していたが，転出時に転出届をせず現在に至っているが，このたび本人が本採用となることに内定したので転出証明書が必要であり，その際に当初入社した年月日と転出年月日との差があり不都合な事態が生じるので，実際に転出した1年前の転出証明書の交付申請があった場合，この取扱いはどのようにすればよいか。

　　（答）　設問の場合，本人が実際に転出した1年前にさかのぼって転出証明書を発行することはできないので，次によって取り扱われたい。
1　すでに住民票を職権で消除している場合は，昭和43年3月26日づけ自治振第41号自治省振興課長から各都道府県総務部長あて通知による住民基本台帳法に関する質疑応答第19問（住民票を職権消除した後の転出証明書の取扱い）の答による。
2　住民票が消除されず現在に至っている場合は，転出の事実を確認のうえ，すみやかに住民票を職権で消除した後，1の例によって取り扱う。〔昭45・11・30自治振284秋田県総務部長あて回答〕

9 不在住証明書

　不在住証明書は，住民票（消除されたものを含む。）に記録されていないことを証明した書面である。住所の表示の差異を修正する場合，その誤りの住所は，住民票に記録されていないことを証明することによって，否定するのである。
　例えば，被相続人の不動産登記簿上の住所が誤って登記されている場合，この反対資料を提出することによって間接的に同一人性を疎明するのである。
　不動産登記簿上の住所には不動産登記簿上の氏名に係る住民票が存在しないことの証明により，被相続人たる登記名義人の住所が誤って記載されていたことの疎明資料とし，被相続人の不動産登記簿上の氏名と戸籍謄本上の氏名とが差異しないとして，その同一人性が認定されるのである。
　不在住証明書は，住民票の写し・住民票記載事項証明書の法定証明と異なり，市区町村長が慣行的に発行してきた。住所・氏名などについて，そのような事実が住民票の記録にないことを消極的に反対証明するので，現在，住民登録のない人のほか，次の場合にも，この証明書が発行されている。

　イ　現に住民登録されているが，住民票に記録された住所の表示，氏名などと，申請された証明内容が異なる場合
　ロ　現在および過去の町名，丁目，番地，住所番号などと，申請された証明内容が異なる場合
　ハ　証明する住所が，住居表示実施前の表示で申請された場合

(様式例)

不在住証明書

不 在 住 証 明 願

住所	
氏名	

現在, 上記表示に該当する住民票がないことを証明願います。

　平成　　年　　月　　日

　市区町村長　　　　　殿

　　　　　　　　　　　　　　　　　　住　所

　　　　　　　　　　　　　　　　　　氏　名　　　　　　㊞

上記のとおり相違ないことを証明します。

　平成　　年　　月　　日

　　　　　　　　　　　　　　　市区町村長　　　　　職印

10　住所の表示の変更証明書

　住居表示に関する法律（昭37.5.10施行）2条〈住居表示の原則〉によると，市街地にある住所もしくは居所または事務所，事業所その他これらに類する施設の所在する場所を住居という。この住居を表示するには，都道府県，郡，市区町村の名称を冠するほか，街区方式または道路方式（道路名およびその道路に接し，またはその道路に通ずる通路を有する建物その他の工作物に付けられる住居番号を用いて表示する方法をいう。）のいずれかの方法による。

　街区方式では，町または字の名称ならびに街区符号（○番）・住居番号（○号）を用いて表示する。町に丁目を設定した場合は，その丁目を表示し，中高層住宅は，室番号を含めて表示する（未実施の場合は，土地の地番号で表示する。）。

都道府県（郡）市区町村	○町○丁目	○番	○号－○○ 室番号
行政区画	町名	街区符号	住居番号

　市区町村長は，住居表示台帳を備え，請求があったときはその写しを関係人に閲覧させなければならない（住居表示に関する法律9条）。また，住居表示の変更・廃止があった場合には，住民基本台帳・選挙人名簿などの公簿を職権で修正し，住居表示の変更に係る証明書は無料で発行する（同法6条，7条）。

　住所の表示の変更があった場合の住民票の処理は，住民基本台帳法施行令12条〈職権による住民票の記録〉2項7号に定められている。

　行政区画，郡，区，市区町村内の町もしくは字もしくはこれらの名称の変更，地番の変更または住居表示の実施もしくは変更に伴い住所の表示の変更があったときは，住所の記録の修正をし，その事由「○○につき職権修正」などの例により，その事由を備考欄に記録し，ならびにその事由の生じた年月日および記録の修正をした年月日を記録する。

都道府県，郡，市区町村の名称は，別個に住民票に印刷して表示することとして差し支えなく，都道府県の名称は，指定都市などにおいては，省略できる。住所について，土地の地番号をもって表示する場合，「大字〇〇」や「字××」のように従来から「大字」や「字」を付している場合，これらを省略することは適当でない。

　団地，アパートなどの居住者は，必要に応じてアパート名，居室の番号まで表示し，間借人が別個に世帯を設けている場合は，「何某（間貸人氏名）方」まで表示する。

(様式例)

住居表示の変更証明書

証　明　書

氏名，名称又は施設の名称		
住　　所 本　　籍 ⎫の表示 施設の場所 ⎭	実施前	○県○市　　大字　　番地
	実施後	○県○市　　丁目　番　号
住居表示の実施期日		平成　　年　　月　　日

　住居表示に関する法律3条1項および2項の規定に基づき上記のとおり住居表示の変更があったことを証明します。

　平成　　年　　月　　日

○県○市長　　○○　　［職印］

注）この様式は，「住居表示の変更に伴う事務処理について（昭37・11・20自治省行政局長）」の通達に示されている。

10　住所の表示の変更証明書

地番の整理に伴い市区町村長が住所更正をしたことの証明書

証　明　書

旧地番	○県○市　　町　　丁目　　番地	世帯主氏名
正地番	○県○市　　町　　丁目　　番地	平成　年　月　日 職権により住所更正
新地番	○県○市　　町　　丁目　　番地	平成　年　月　日 地番整理により更正

上記の通り住所を更正したことを証明します。

平成　年　月　日

　　　　　　　　　　　　　　　　　　○県○市長　○○　　[職印]

285

第7 印鑑登録証明書

　印鑑登録証明書は，不動産の登記，自動車の新規登録，公正証書の作成など法令の規定に基づき提出を義務付けられている。

　印鑑登録証明事務は，印鑑法といったような根拠法律はなく，市区町村の自治事務として条例や規則，要領（昭49. 2. 1自治振10）などに基づいて行われている。

　印鑑の登録を行うことのできる人は，その市区町村の住民基本台帳に記録されている人に限られる。

　なお，15歳未満，成年被後見人は登録を行うことができない，外国人住民票の対象にならない駐留アメリカ軍人などは，「外国人ノ署名押印及無資力証明ニ関スル法律」によりサインで登記などの手続が行えるようになっている（明32. 7. 17施行）。

1 登録印鑑

　登録できる印鑑は1人1個に限られ，次のような印鑑は登録することができない。

① 印影の大きさが一辺の長さ8ミリメートルの正方形に収まるもの，または25ミリメートルの正方形に収まらないもの
② 住民に記録されている氏名や氏または名の組み合わせによるものでないもの
③ 職業，資格，その他氏名以外の事項を表しているもの
④ ゴム印やエボナイト印など押圧や温度の変化などにより変形しやすいもの
⑤ 氏名の彫刻や輪郭などに著しい欠損があるもの

⑥　印影に輪郭がないもの
⑦　合成樹脂プレス製の印鑑など大量に作られ同じ印影がある三文判など

2 印鑑登録証・印鑑登録者識別カード，住民基本台帳カード

　印鑑を登録した場合，市区町村長は「印鑑登録証」を交付する。また，市区町村長は，印鑑登録されている人を識別するための磁気または集積回路をもって調製された「印鑑登録者識別カード」を印鑑登録証の代わりに交付することができる。

　条例により，住民基本台帳カードを印鑑登録証または印鑑登録者識別カードとして利用することもできる。

　住民基本台帳カードの利用の方法には，次の2つがある。
① 　住民基本台帳カードの券面に登録番号を記載して印鑑登録証として利用する。
② 　住民基本台帳カードの条例利用領域または磁気テープなどを利用して印鑑登録証または印鑑登録者識別カードとして利用する。

　上記①の方法による場合は，住民基本台帳カードを提示し，登録者暗証番号を照合することにより印鑑登録証として利用する。

　上記②の方法による場合は，住民基本台帳カードの基本利用領域および他の利用領域とは独立した条例利用領域または磁気ディスクなどに，あらかじめ必要な事項を記録しておき，交付申請に当たって，カードを提示し，登録者暗証番号を照合することで，印鑑登録証または印鑑登録者識別カードとして利用する。

3 電子署名による印鑑登録証明書の交付

　市区町村長は，書面により印鑑登録証明書の交付申請があったときは，印鑑登録証および印鑑登録証明書交付申請書の記載事項と印鑑登録原票とを照合して，印鑑登録証明書を交付する。

印鑑登録者識別カード（このカードとして利用できる住民基本台帳カードを含む。）の交付を受けている人は，端末機により，印鑑登録証明書の交付を受けることができる。

　さらに，電子署名に係る地方公共団体の認証業務に関する法律（平14法153）2条1項または電子署名及び認証業務に関する法律（平12法102）2条1項に規定する「電子署名」を利用した印鑑証明書の交付申請の方法がある。これは，印鑑の登録を受けている人が，市区町村長の使用に係る電子計算機と申請者の使用する電子計算機とを電子通信回線で接続した電子情報処理ネットを使用して，印鑑登録証明書の交付申請を行うものである。

　申請者は登録番号その他の印鑑登録原票との照合に必要な事項を入力する。市区町村長は，この電子署名を行った人を確認するために必要な次に掲げる電子証明書のいずれかと併せて証明書を送信する。

① 電子署名に係る地方公共団体の認証業務に関する法律3条1項に規定する電子証明書
② 電子署名及び認証業務に関する法律4条に規定する認証事業者が作成した電子証明書

　なお，これまで法人格を持たなかった自治会・町内会などの地縁団体も，平成3年の地方自治法の改正（平3.4.2法24，即日施行）により，地域的な共同活動のための不動産または不動産に関する権利等を保有するため市区町村長の認可を受けたときは，その規約の定める目的の範囲内において権利を有し，義務を負うこととなり（地方自治法260条の2），これに伴い認可地縁団体の代表者は，市区町村長に対し，書面により認可地縁団体印鑑の登録を申請することができることになった。

第7　印鑑登録証明書

(様式例)

印鑑登録証明書

印影	氏名		生年月日	明治大正昭和平成	年　月　日	男・女
	住所					

この写しは，登録された印影と相違ないことを証明します。

　平成　　年　　月　　日

　　　　　　　　　市区町村長　　　　　　　職印

3　電子署名による印鑑登録証明書の交付

（様式例）

印 鑑 登 録 申 請 書

登録番号

市 区 町 村 長 殿　　　　平成　　年　　月　　日　　1 新規　2 切替　3 再交付

登録印鑑	登録申請者	住所	〒 電話　（　　）		
		フリガナ氏　名		世帯主氏　名	
		生年月日	明治大正昭和平成	年　月　日　性別　男 ・ 女	

登録印鑑をお貸しください。この欄は、窓口職員が押印しますから

代理人	住所	〒	
	氏名	電話　（　　）	印

確認	1 免許証（　　　　） 2 許可証（　　　　） 3 官公署発行の身分証明書 4 在留カード等 5 既登録者の保証書 6 聴聞	文書照会	発送番号　第　　　号
			発送年月日　平成　年　月　日
			回答期限　平成　年　月　日

受付	照会	係長	手数料	登録証受領印	登録年月日
			円		平成　年　月　日
					受領者氏名

注意事項
1　この申請は、本人が申請してください。やむを得ない理由で代理人がする場合は、「代理人選任届」が必要です。
2　登録の申請をする場合は、本人であることを証明する文書（免許証、許可証、身分証明書、保証書など）が必要です。
3　本人を証する文書がない場合または、代理人による申請は郵便で本人確認をして登録することになります。
4　15歳未満および成年被後見人または禁治産者は登録できません。
5　太わくの中だけ書いてください。

上記申請者は本人であることを保証します。　　登録番号　　　　　　登録印影

保証書	住所	〒 電話　（　　）	
	氏名		明治大正昭和平成　年　月　日生

291

第7 印鑑登録証明書

(様式例)

代理人選任届

代理人 住 所 〒 　－

氏 名

生年月日　西・明・大・昭・平　　年　　月　　日

上記の者を代理人に選任し

印鑑条例〇条の規定に基づき　　　☐ 印鑑登録申請

印鑑条例〇条〇項において準用する〇条〇項の規定および〇条〇項の規定に基づき　　☐ 印鑑登録証の再交付申請及び印鑑登録証の受領

印鑑条例〇条〇項において準用する〇条〇項の規定に基づき
☐ 印鑑登録廃止届
☐ 登録印鑑亡失届
☐ 印鑑登録証亡失届

を委任したので届け出ます。

平成　　年　　月　　日

市区町村長　　　殿

| 印 |

委任者　住　所

氏　名

備　考
1　この書類は、登録申請者または登録者が、自らが記入し印を押してください。
2　委任事項は、該当する☐に☑印をつけてください。
3　印鑑登録申請の場合は、登録しようとする印を押してください。

担当および提出先
電　話

3　電子署名による印鑑登録証明書の交付

（参考）

（表面）

□ 印　鑑　登　録　申　請　（暗　証　番　号　届）　書
　　□ 印鑑登録申請　　　　□ 暗証番号届
□ 住　民　基　本　台　帳　カ　ー　ド　交　付　申　請　書

市区町村長　　殿
下記のとおり申請します。　　　　　　　　平成　　年　　月　　日

（太線の枠内だけ記入してください。）

申請者（届出者）

〒
住　所

かたがき（アパート名など）

フリガナ　　　　　　　　　　　　　　　　　　　生年月日　　　　　性別
　　　　　　　（電話　　－　　－　　）　明治・大正・昭和・平成　　男
氏　名　　　　　　　　　　　　　　　　　　　　　年　　月　　日　　女
　　　　　　　　　　　　　　　　印

1　本　人
2　代理人（下欄に記入してください）（電話　　－　　－　　）
住　所

かたがき（アパート名など）

氏　名　　　　　　　　　　　　　　　　印

登録する
印　鑑

⇒

係員が窓口で押印しますので、登録する印鑑をお貸しください。

※暗証番号は「0000」以外の4桁の数字を記入してください。

| 印鑑登録証・住基カード暗　証　番　号 | | | | |

本　人　確　認　の　方　法
1　免許証
　（　　　　　　　　　　）
2　許可証
　（　　　　　　　　　　）
3　官公署発行の身分証明書
4　在留カード等
5　既印鑑登録者の保証書

文　書　照　会			
発送番号	第		号
発送年月日	平成　　年　　月　　日		
提出期限	平成　　年　　月　　日		

登録証受領印	登録年月日
	平成　　年　　月　　日
	受領者氏名

登録番号

手　数　料　　　４５０　　円

受付	照会	入力	審査	係長

293

第7　印鑑登録証明書

(裏面)

<table>
<tr><td colspan="4" align="center">保　証　書</td></tr>
<tr><td colspan="4" align="right">平成　　年　　月　　日</td></tr>
<tr><td colspan="4">表記の申請者(届出者)は，本人に相違ないことを保証します。</td></tr>
<tr><td rowspan="4">保証人</td><td>住　所</td><td colspan="2">〒
　
かたがき(アパート名など)</td></tr>
<tr><td>フリガナ</td><td>(電話　　－　　－　　)</td><td>生　年　月　日</td><td>登録印鑑</td></tr>
<tr><td>氏　名</td><td></td><td>明治・大正・昭和・平成

　　年　　月　　日</td><td></td></tr>
</table>

(注意事項)

1　この申請または届出は，本人がしてください。やむを得ない理由で代理人がする場合は，「代理人選任届」を添えてください。

2　本人が自ら申請または届出する場合は，官公署の発行した免許証・許可証・身分証明書で写真をちょう付したものもしくは在留カード・特別永住者証明書を提示したとき，または保証書により本人であることの保証がされたときは即日登録または交付ができます。

3　保証書は，本○○において印鑑の登録を受けている方（未成年者，被後見人，被保佐人および被補助人を除く。）による署名と登録印鑑の押印が必要です。

4　本人が自ら申請または届出する場合でも，上記免許証等の提示，保証書の提出がない場合および代理人による申請または届出の場合は，即日登録または交付できません。照会書を送付しますので，回答書に必要事項を記入し，登録する印鑑（印鑑登録の申請以外は認印）を押印してお待ちください。

5　暗証番号は，自動交付機をご利用の際に必要となります。また，カードは厳重に保管し，暗証番号は他人に知られないよう注意してください。

6　15歳未満および成年被後見人は，この申請または届出はできません。

7　登録できない印鑑がありますのでご注意ください。

3　電子署名による印鑑登録証明書の交付

（参考）

郵便局での証明書の受付・交付

　○○郵便局では，9時から17時まで「住民票の写し」や「印鑑登録証明書」などの証明書の受け付け・交付を行っています。ぜひ，ご利用ください。

業務内容（取り扱う証明書の種類）

証明書の種類	請求できる人
住民票の写し	請求される住民票に記載されている人からの請求に限ります。
住民票記載事項証明書	請求される住民票に記載されている人からの請求に限ります。持参した様式への証明はできません。
印鑑登録証明書	本人からの請求に限ります。 磁気カードの印鑑登録証の提示が必要です。
戸籍謄本・全部事項証明 戸籍抄本・個人事項証明 戸籍一部事項証明	請求する戸籍に記載されている人からの請求に限ります。
除籍・改製原戸籍謄本・全部事項証明，改製原戸籍抄本・個人事項証明，除籍一部事項証明	請求する除かれた戸籍に記載されている人からの請求に限ります。
戸籍の附票の写し	請求する戸籍の附票に記載されている人からの請求に限ります。
外国人登録原票記載事項証明書	本人からの請求に限ります。 外国人登録証明書の提示が必要です。

※窓口で本人確認をさせていただきますので，次のいずれかを必ず持参してください。

・運転免許証
・パスポート
・国民年金手帳
・その他公的機関が発行した身分証明書

おことわり

・郵便局における証明書の交付は，専用FAXの送受信によって行いますので，請求から交付まで少々お時間がかかります。あらかじめご了承ください。
・無料の証明書（公的年金や恩給等の手続きに使用するもの）は取扱いません。
・2012年4月1日における取扱いです。
　お問い合わせ先　市区町村　Tel　　（　　　　　）

第8 外国人登録原票の写し・登録原票記載事項証明書・登録証明書に基づく証明書の廃止

　外国人登録法は，廃止された（平24.7.9）。この法の4条の3〈登録原票の開示〉に規定されていた外国人登録原票の写し・登録原票記載事項証明書（登録原票に登録した事項に関する証明書）は，根拠法を失った。これらの証明書は，経過措置が講じられず，また，外国人の市区町村長に対する，これらの開示請求（同法4条の3第2項）も根拠規定を失った。外国人登録証明書に基づく証明書は，法定証明ではないが，外国人住民票の作成により，転出証明書など転入届の添付文書が交付されることから，この証明書は不要になった。

　住民基本台帳法の改正法（平21.7.15法77）附則3条〈外国人住民に係る住民票に関する経過措置〉により，基準日現在（平24.5.7）又は基準日後に「市区町村の外国人登録原票に登録されていること」「施行日（平24.7.9）において市区町村の外国人住民に該当する者であると見込まれること」の要件に該当する外国人に対して仮住民票が作成された。仮住民票の記載事項は，その外国人本人に通知され（附則3条5項），返送に基づく修正・消除（不現住の場合，仮住民票は消除される。）を経て施行日に住民票に移行した。

　仮住民票の作成に当たっては，外国人登録原票の記載が基本になったが，外国人登録法の廃止により（平24.7.9），転出先市区町村への送付や原票閉鎖の根拠が失われ，原票そのものは，入管法および入管特例法の改正法（平21.7.15法79）附則33条により（市区町村長は，施行日（平24.7.9）の前日において備えている登録原票を，施行日以後，速やかに，法務大臣に送付しなければならない），法務省に返納された。

　このように，登録原票を公簿にして証明する外国人登録原票の写し・登録原票記載事項証明書は廃止された。ただ，外国人住民票により，市区町村長

297

第8　外国人登録原票の写し・登録原票記載事項証明書・登録証明書に基づく証明書の廃止

が証明できない事項については，法務大臣に，外国人登録原票の写しの開示請求をすることになる。法務大臣は，これを行政文書として，行政機関の保有する個人情報の保護に関する法律（平17.10.21施行）・行政機関の保有する情報の公開に関する法律（平13．4．1施行）に基づき開示する（登録原票記載事項証明書は交付されない。）。

　法務省行政文書管理規則に基づき定められた標準文書保存期間基準によると，登録原票の保存期間は30年とされている（その職務の遂行上必要があると認めるときは保存期間の延長を行うことができるとされている。）。

　もちろん，市区町村長は，外国人登録原票の法務省への返納前・返納後を問わず，本人より住所や通称名の遍歴，家族事項の履歴等が必要なため情報の開示請求があった場合には，外国人登録原票に基づき保有する情報について，開示することが可能である。返納された登録原票に基づき市区町村が独自に保有する情報は，個人情報保護条例・情報公開条例に規定される行政文書として取り扱われることになる。

　なお，改正法施行後の未切替の外国人登録証明書は，改正入管法附則15条2項および改正入管特例法附則28条2項において規定された有効期限まで在留カードまたは特別永住者証明書とみなされる。したがって，未切替登録証明書がみなし在留カードまたはみなし特別永住者証明書とみなせる期間内であれば異動届後の住居地の裏面記載は可能である。

（参考）
　【改正入管法附則15条2項】
　　登録証明書が在留カードとみなされる場合における有効期間
　1　永住者
　　　施行日から起算して3年を経過する日（施行日に16歳未満の者については，施行日から起算して3年を経過する日または16歳の誕生日のいずれか早い日）
　2　特定活動（別表第1の5の表）
　　　在留期間の満了の日または施行日から起算して3年を経過する日のいずれか早い日
　3　その他の在留資格の者

在留期間の満了の日(施行日に16歳未満の者については,在留期間の満了の日または16歳の誕生日のいずれか早い日)

【改正入管特例法附則28条2項】
登録証明書が特別永住者証明書とみなされる場合における有効期間
1 施行日に16歳に満たない者
  16歳の誕生日
2 施行日に16歳以上の者であって,登録等を受けた日後の7回目の誕生日が施行日から起算して3年を経過する日までに到来するもの
  施行日から起算して3年を経過する日
3 施行日に16歳以上の者であって,登録等を受けた日後の7回目の誕生日が施行日から起算して3年を経過する日後に到来するもの
  その誕生日

第8　外国人登録原票の写し・登録原票記載事項証明書・登録証明書に基づく証明書の廃止

別記第２号様式（第２条関係）
外国人登録原票の写し（廃止）

第8　外国人登録原票の写し・登録原票記載事項証明書・登録証明書に基づく証明書の廃止

（様式例）
外国人登録原票記載事項証明書（廃止）

下記の者は、外国人登録法の規定に基づき登録されており、登録原票に記載された事項と相違ないことを証明する。

平成○年○月○日

○○市（区）町村長　○○○○　印

2枚中　1枚目

登録原票記載事項証明書

氏　名	（通称名）　（デビッド　ベッカム） BECKHAM DAVID ROBERT JOSEPH			
生年月日　性別	1975年　5月　2日　男			
国　籍	英国	登録証明書番号	㊑999123401	
居　住　地	○○市本町1丁目15番22-101号			
世帯主の氏名	BECKHAM DAVID ROBERT JOSEPH		世帯主との続柄	本人
在留の資格	興行	在留期間	2002年　5月26日　～　2002年8月24日	
旅券番号	UK 00000000	旅券発行年月日	2002年　5月15日	
職　業	サッカー選手	上陸許可年月日	2002年　5月26日	
出　生　地	LEYTONSTONE, LONDON			
国籍の属する国における住所又は居所	SIR MATT BUSBY WAY, OLD TRAFFORD, MANCHESTER			
勤務先の名称 勤務先の所在地	ワールドカップ　イングランド代表 ○○県○○町○○1660-1			
備　考				

301

第8　外国人登録原票の写し・登録原票記載事項証明書・登録証明書に基づく証明書の廃止

（様式例）
登録証明書に基づく証明書（廃止）

下記のとおり外国人登録証明書に記載されていることを証明する。（又は、「本証明は、登録証明書の記載内容についての証明である。」）

平成○年○月○日

○○市（区）町村長　○○○○　㊞

登録証明書に基づく証明書

1枚中　1枚目

氏　　名 （通称名）	（○○　○○） △△				国　籍 中国
生年月日　性別			1965年10月1日　男		登録証明書番号 ㊙269001010
居　住　地	○○市○○3丁目4番5－607号				
世帯主の氏名 （通称名）	△△				世帯主との続柄 本人
在留の資格	人文知識・国際業務	在留期間	2002年4月1日～2004年3月31日		
	氏　　名		国　籍	生年月日	性別	世帯主との続柄	登録証明書番号
家 族 欄	△△		米国	1965年1月1日	女	妻	㊙269001111
	【　以　下　余　白　】						
備　考							

302

第8　外国人登録原票の写し・登録原票記載事項証明書・登録証明書に基づく証明書の廃止

（様式例）
登録済証明書による原票記載事項証明書（廃止）

外国人登録証明 登録原票記載事項証明書 登　録　済　証　明　書		証第　　　　号

国　籍　_____
氏　名　_____　男　女
　　　　　_____年　月　日生

　上記の者は、外国人登録法の規定により登録済であり、原票（登録番号　第　　　号）には下記のとおり記載されていることを証明します。
記

登　録　の　年　月　日	平成　　年　　月　　日
国籍の属する国における住所または居所	
出　　生　　地	
職　　　　　業	
上 陸 し た 出 入 国 港	上陸許可年月日　　年　月　日
旅　券　番　号	第　　　号　旅券発行年月日　年　月　日
在　留　資　格	
在　留　期　間	年　月　日～　年　月　日
居　住　地　の　地　番	
世　帯　主　の　氏　名	
世　帯　主　と　の　続　柄	
勤務所または事務所の名称および所在地	
備考	

　　　　平成　　年　　月　　日

　　　　　　　　　　市区町村長　　　　職印

第9 旧外国人登録制度の概要

　旧外国人登録制度は，以下のとおりだった。
　旧外国人登録法3条〈新規登録〉1項により，日本に入国した外国人はその上陸の日から90日以内に，または日本国内で外国人になった人や外国人として出生した人はその事由が生じた日から60日以内に，それぞれの居住地の市区町村長に対して，氏名その他所定の事項を記載した「外国人登録申請書」と旅券（パスポート），写真2葉を提出して，登録の申請をしなければならなかった。
　日本政府は，この「登録」の実施によって在留外国人の居住関係と身分関係を明確にすることができた。また，この登録により，外国人の出入国管理のみならず，教育，福祉，医療において，外国人の資格を公証することにもなった。
　「外国人登録」の対象は，日本に在留する「外国人」で，それは「日本の国籍を有しない者のうち，入管法の規定による仮上陸の許可，寄港地上陸の許可，通過上陸の許可，乗員上陸の許可，緊急上陸の許可および遭難による上陸の許可を受けた者以外の者」だった（外登法2条1項）。いずれの国の国籍も有しない無国籍人も「日本国籍を有しない」人なので「外国人」とされた。しかし，外国の国籍を有する人であっても，日本国籍との重国籍者は「外国人」とは扱われなかった。
　日本国籍を有しない人であっても「外国人登録法上の外国人」の範囲に入らない人，「入管法の許可を受けた一時的日本上陸者」は全て「登録」から除外された（登録の除外者）。
　外国人登録法の条文には明記されていなかったが，在留外国人に該当していても，条約，国際慣習法，その他の理由によって「登録」を免除される場合があった。例えば，外交関係に関するウィーン条約，領事関係に関するウィーン条約，国際連合の特権及び免除に関する条約，日本国における合衆

国軍隊の地位に関する協定等々の適用を受ける外国人は,「登録」を免除された（登録の免除者）。

更に,「日本国政府の承認した外国政府若しくは国際機関の公務に従事する者又はその者と同一の世帯に属する家族の構成員としての活動」を行うものとして「公用」（入管法別表第1の1）の在留資格を付与された外国人も,「登録」を免除する取扱いを受けた。

以上の登録除外者と免除者以外の在留外国人は,全て市区町村への外国人登録を義務付けられた。

登録原票の写しと登録原票記載事項証明書は,従前,外国人登録法上に開示に関する根拠規定がなく,もっぱら本人からの請求により,通達に基づき「外国人登録済証明書」として交付されていた（昭38.7.8管登4279回答,昭47.10.23管甲7025回答）。外国人登録事務が法定受託事務とされ,平成12年4月1日に施行された改正外国人登録法では,「登録原票の開示」を定めた4条の3が設けられた。

登録原票の写しは,原票の指紋欄に指紋が押捺されているときは,この指紋欄を黒インク等で抹消した上で作成,交付されていた。

登録原票記載事項証明書の様式は特に法定されていなかったので,「外国人登録済証明書」の様式を用いて,名称を「登録原票記載事項証明書」に訂正・変更した上で,引き続き使用することが可能だった。

また,居住地変更登録申請と同時に登録原票記載事項証明書の交付請求があった場合に,前住地市区町村から登録原票がその時点で送付されていないと,登録原票に係る証明書を交付することができない。

そこで,外国人登録証明書の裏面に新居住地を記載し,この登録証明書の記載に基づいて証明書を作成し,交付していた。

この証明書は,登録原票に基づく証明ではないので,「登録原票記載事項証明書」とは異なる「登録証明書に基づく証明書」と称されていた。

(参考)
外国人登録法（登録原票の開示等）
第4条の3　市町村の長は，次項から第5項までの規定又は他の法律の規定に基づく請求があつた場合を除き，登録原票を開示してはならない。
2　外国人は，市町村の長に対し，当該外国人に係る登録原票の写し又は登録原票に登録した事項に関する証明書（以下「登録原票記載事項証明書」という。）の交付を請求することができる。
3　外国人の代理人又は同居の親族（婚姻の届出をしていないが，事実上当該外国人と婚姻関係と同様の事情にある者を含む。以下同じ。）は，市町村の長に対し，当該外国人に係る登録原票の写し又は登録原票記載事項証明書の交付を請求することができる。
4　国の機関又は地方公共団体は，法律の定める事務の遂行のため登録原票の記載を利用する必要があると認める場合においては，市町村の長に対し，登録原票の写し又は登録原票記載事項証明書の交付を請求することができる。
5　弁護士その他政令で定める者は，法律の定める事務又は業務の遂行のため登録原票の記載を利用する必要があると認める場合においては，市町村の長に対し，登録原票記載事項証明書の交付を請求することができる。ただし，登録原票の記載のうち，第4条第1項第3号から第7号まで及び第15号から第17号までに掲げる事項以外のものについては，それらの開示を特に必要とする場合に限る。
6　前3項の請求は，請求を必要とする理由その他法務省令で定める事項を明らかにしてしなければならない。

第10 納税証明書

　「代表なければ課税なし」の原則から，租税を課す権能は，国会のみに属している。日本国憲法84条は，「あらたに租税を課し，又は現行の租税を変更するには，法律又は法律の定める条件によることを必要とする。」〔No new taxes shall be imposed or existing ones modified except by law or under such conditions as law may prescribe.〕と定めている。

　地方公共団体の組織及び運営に関する事項は，地方自治の本旨に基づいて，法律でこれを定める（憲法92条）。この法律とは，地方自治法であり，「地方公共団体は，法律の定めるところにより，地方税を賦課徴収することができる」と規定し（地方自治法223条），これを受けて，地方税法は，「地方団体は，この法律の定めるところによつて，地方税を賦課徴収することができる。」と規定している（地方税法2条）。

　現在，税目の数は，利子割・法定外税を除いても40を数えるが，それらの税目を地方税は地方税法の中で全て規定し，国税においては，税目ごとに個別法を立て（贈与税は相続税法で規定），他に租税特別措置法で特例を一本化している。

　納税の意味は，税金を納めたということであるが，納税証明は，広義に租税に関する証明の意味でも使われている。

　租税に係る債権債務は，複雑で膨大なことから，最も早く電算処理が国税において始まった。このため，法令に詳細に交付手続が規定されている証明書であっても，レシートの発行のようにシステム化している。

　なお，社会保障の給付額は，所得により区分されている。この場合，法の明確な定め又は本人の同意が無ければ，税務吏員に係る守秘義務（地方税法22条）は解除されない。

第10 納税証明書

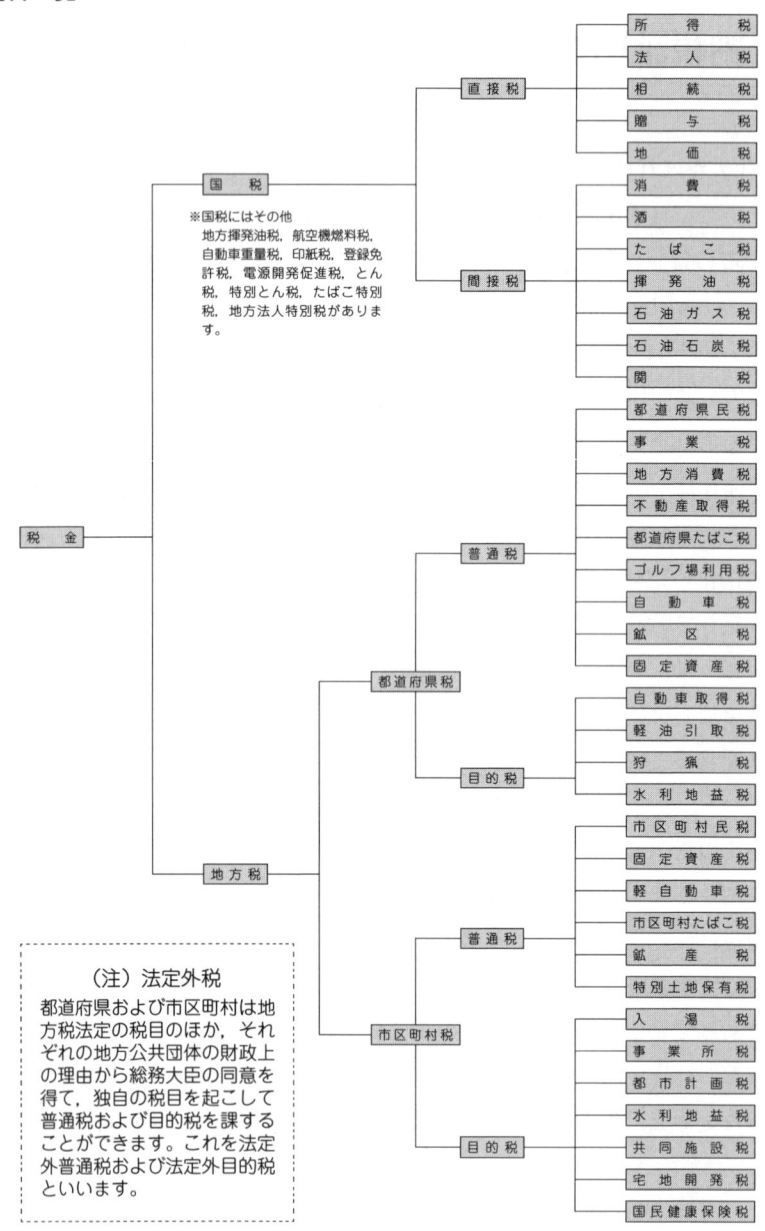

（参考）
税目一覧

```
税金
├─ 国税
│   ├─ 直接税
│   │   ├─ 所得税
│   │   ├─ 法人税
│   │   ├─ 相続税
│   │   ├─ 贈与税
│   │   └─ 地価税
│   └─ 間接税
│       ├─ 消費税
│       ├─ 酒税
│       ├─ たばこ税
│       ├─ 揮発油税
│       ├─ 石油ガス税
│       ├─ 石油石炭税
│       └─ 関税
│   
│   ※国税にはその他
│   地方揮発油税，航空機燃料税，
│   自動車重量税，印紙税，登録免
│   許税，電源開発促進税，とん
│   税，特別とん税，たばこ特別
│   税，地方法人特別税があります。
│
└─ 地方税
    ├─ 都道府県税
    │   ├─ 普通税
    │   │   ├─ 都道府県民税
    │   │   ├─ 事業税
    │   │   ├─ 地方消費税
    │   │   ├─ 不動産取得税
    │   │   ├─ 都道府県たばこ税
    │   │   ├─ ゴルフ場利用税
    │   │   ├─ 自動車税
    │   │   ├─ 鉱区税
    │   │   └─ 固定資産税
    │   └─ 目的税
    │       ├─ 自動車取得税
    │       ├─ 軽油引取税
    │       ├─ 狩猟税
    │       └─ 水利地益税
    └─ 市区町村税
        ├─ 普通税
        │   ├─ 市区町村民税
        │   ├─ 固定資産税
        │   ├─ 軽自動車税
        │   ├─ 市区町村たばこ税
        │   ├─ 鉱産税
        │   └─ 特別土地保有税
        └─ 目的税
            ├─ 入湯税
            ├─ 事業所税
            ├─ 都市計画税
            ├─ 水利地益税
            ├─ 共同施設税
            ├─ 宅地開発税
            └─ 国民健康保険税
```

（注）法定外税
都道府県および市区町村は地方税法定の税目のほか，それぞれの地方公共団体の財政上の理由から総務大臣の同意を得て，独自の税目を起こして普通税および目的税を課することができます。これを法定外普通税および法定外目的税といいます。

第10 納税証明書

(様式例)

国民健康保険 限度額適用／限度額適用・標準負担額減額 認定申請書（台帳）

下記のとおり申請するとともに，所得基準確認のため，世帯主及び世帯員の収入等の状況について，税務担当課の課税資料を閲覧することに同意します。

市区町村　殿　　　　　　　　　　　　　　平成　年　月　日　　受付印

　　住　所　＿＿＿＿＿＿＿＿＿＿＿＿＿＿＿＿＿＿＿
　　　　　　　　　　　　　　　　　　　方
　　世帯主氏名　　　　　　　　　　　㊞
　　性　別　　　電話（自宅　　—　　—　　）（日中　　—　　—　　）

被保険者証記号番号		診療の事由	1 病気　2 けが（　　　）
対象者	氏名	生年月日	
		性　別　　続柄	

国民健康保険入院時食事療養長期認定申請書（台帳）

上記減額認定書における減額対象者について下記のとおり申請します。

市区町村　殿　　　　　　　　　　　　　　平成　年　月　日　　受付印

　　住　所　＿＿＿＿＿＿＿＿＿＿＿＿＿＿＿＿＿＿＿
　　　　　　　　　　　　　　　　　　　方
　　世帯主氏名　　　　　　　　　　　㊞

(長期入院該当年月日　平成　年　月　日)

申請日の前1年間の入院期間（日数）	④ 平成　年　月　日から 平成　年　月　日まで　　日間計　日
名　称　入院した保険医療機関等	
所在地	
① 平成　年　月　日から 　平成　年　月　日まで　日間計　日	⑤ 平成　年　月　日から 平成　年　月　日まで　　日間計　日
② 平成　年　月　日から 　平成　年　月　日まで　日間計　日	⑥ 平成　年　月　日から 平成　年　月　日まで　　日間計　日
③ 平成　年　月　日から 　平成　年　月　日まで　日間計　日	⑦ 平成　年　月　日から 平成　年　月　日まで　　日間計　日

交付番号		長期該当年月日	平成　年　月　日
交付調査日	平成　年　月　日	平成　年　月　日	平成　年　月　日	平成　年　月　日
発効期日	平成　年　月　日	平成　年　月　日	平成　年　月　日	平成　年　月　日
有効期限	平成　年　月　日	平成　年　月　日	平成　年　月　日	平成　年　月　日
適用区分				
退職区分	一般・退本・退家	一般・退本・退家	一般・退本・退家	一般・退本・退家
再交付理由				

第10　納税証明書

（参考）

高額療養費制度のご案内

ひと月の医療費の自己負担額が高額になったとき，支払い後に申請すると世帯の自己負担限度額を超えた額が高額療養費として支給されます。

70歳未満　の方の自己負担限度額(月額)　平成18年10月から

市民税所得区分		3回目まで	4回目以降　注5)
A	上位所得者　注1)	150,000円＋(実際にかかった医療費－500,000円)×1％	83,400円
B	一般	80,100円＋(実際にかかった医療費－267,000円)×1％	44,400円
C	非課税	35,400円	24,600円

70歳以上(前期高齢者)　の方の自己負担限度額(月額)　平成18年10月から

市民税所得区分		外来（個人単位）	外来＋入院（世帯単位）	
現役並み所得者　注2)		44,400円	80,100円＋(実際にかかった医療費－267,700円)×1％	4回目以降　注5)　44,400円
一般		12,000円	44,400円	
低所得者	Ⅱ　注3)	8,000円	24,600円	
	Ⅰ　注4)		15,000円	

入院時の食事代や診断書料，特別の病室料，容器料など保険適用外のものは高額療養費の対象となりません。また，ひと月の医療費とは月の初日から末日までの受診日を基準として金額を計算します。

注1）上位所得者とは，基礎控除後の年間所得額の世帯員の合計が600万円を超える世帯をいいます。
注2）現役並み所得者とは70歳以上の国保被保険者のうち，課税所得が145万円以上ある人が同一世帯にいる人をいいます。
注3）低所得Ⅱとは，世帯主および世帯全員が市民税非課税の人をいいます。
注4）低所得Ⅰとは，世帯主および世帯全員が市民税非課税で，かつ各種収入等から必要経費と控除を差し引くと0円になる人をいいます。（年金収入の場合80万円を控除額とする）
注5）○○市国保の被保険者として同じ世帯で過去12ヶ月間に4回以上，高額療養費の支給を受ける場合，4回目から自己負担限度額が下がります。（70歳以上の外来のみの高額療養費の支給月は回数に数えません。）
注6）非自発的失業者（雇用保険の特定受給資格者及び特定理由離職者）として保険料の軽減の対象となる方は，対象期間の給与所得を30／100として計算し，自己負担限度額を判定します。

※　70歳未満の方は，21,000円（2分の1特例該当者は半額）以上の医療費の自己負担額が2ヶ所以上または二人以上いて，その合計額が自己負担限度額を超える場合，超えた額が高額療養費として支給されます。
・「21,000円」は，月の初日から末日までの1ヶ月間に受診し，支払った金額を計算します。
・同じ病院，診療所ごとに計算します。同じ病院でも，入院と外来は別々に計算します。
・同じ病院，診療所の中でも医科と歯科は別計算です。
・調剤は，処方箋を出した医科，歯科それぞれと合算します。
・限度額適用認定証を提示して支払った自己負担額も合算の対象となります。
・重度心身障害者などの医療費がある世帯の合算は，お問合せください。
※　70歳以上の方は，自己負担額の金額に係らず合算し，その合計額が自己負担限度額を超える場合，超えた額が高額療養費として支給されます。
※　70歳未満の方が高額療養費該当の場合，70歳以上の方の自己負担額は高額療養費に該当します。

証提示にもかかわらず自己負担限度額が適用されなかった場合や，支給月数4回目以降（上記 注5）でも3回目までの自己負担額で支払った場合は，差額の支給申請ができます。
高額療養費は世帯主に支給します。
高額療養費の支給申請期間は，受診月から2年間です。

高額療養費支給申請に必要なもの
　保険証，領収書，印鑑（スタンプ印不可），世帯主名義の普通預金通帳，70歳以上の方は高齢受給者証

所得の申告をしていない方がいる世帯の場合，70歳未満の方は上位所得者の区分で，70歳以上の方は低所得の区分以外で計算されますので，所得がなくても申告をしてください。

※　高額療養費に該当しなくても市県民税，所得税の医療費控除に該当することもありますので，領収書を保存することを勧めます。

1 国　税

　全国の税務署がネットワークで結ばれ，完全に電算化されている国税においては，次のようなe-Tax証明が進展している。

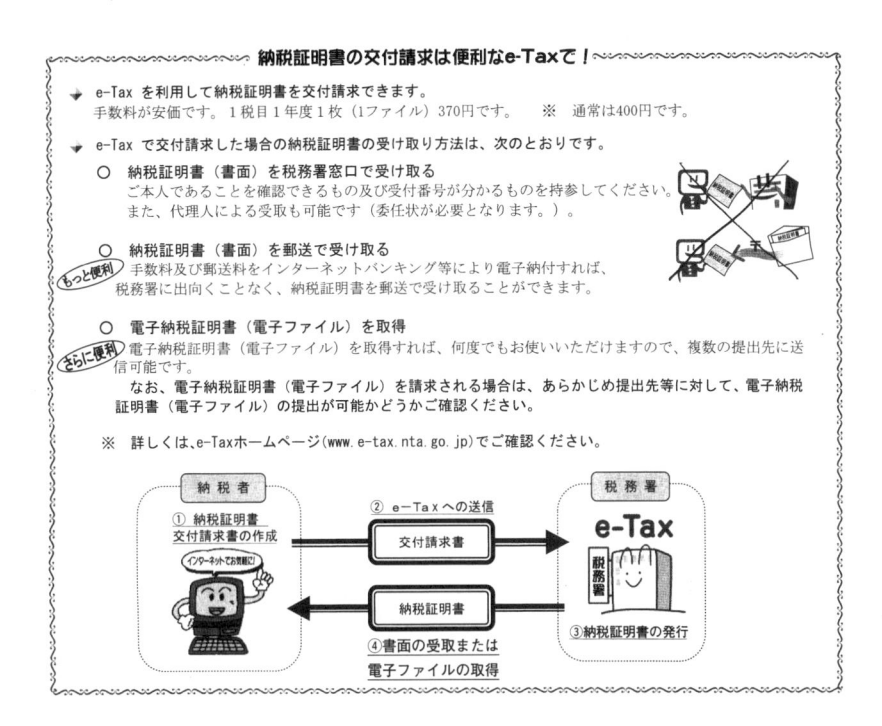

```
～～～～～～～～～　納税証明書の交付請求は便利なe-Taxで！　～～～～～～～～～

▶ e-Tax を利用して納税証明書を交付請求できます。
    手数料が安価です。1税目1年度1枚（1ファイル）370円です。　※　通常は400円です。
▶ e-Tax で交付請求した場合の納税証明書の受け取り方法は、次のとおりです。

  ○　納税証明書（書面）を税務署窓口で受け取る
      ご本人であることを確認できるもの及び受付番号が分かるものを持参してください。
      また、代理人による受取も可能です（委任状が必要となります。）。

【もっと便利】
  ○　納税証明書（書面）を郵送で受け取る
      手数料及び郵送料をインターネットバンキング等により電子納付すれば、
      税務署に出向くことなく、納税証明書を郵送で受け取ることができます。

【さらに便利】
  ○　電子納税証明書（電子ファイル）を取得
      電子納税証明書（電子ファイル）を取得すれば、何度でもお使いいただけますので、複数の提出先に送
      信可能です。
      なお、電子納税証明書（電子ファイル）を請求される場合は、あらかじめ提出先等に対して、電子納税
      証明書（電子ファイル）の提出が可能かどうかご確認ください。

  ※　詳しくは、e-Taxホームページ（www.e-tax.nta.go.jp）でご確認ください。
```

【納税者】　　　② e-Taxへの送信　　　【税務署】
① 納税証明書　　→　交付請求書　→　e-Tax
  交付請求書の作成　　　　　　　　　　③ 納税証明書の発行
　　　　　　　　　←　納税証明書　←
　　　　④ 書面の受取または
　　　　　電子ファイルの取得

　また，納税証明書の請求に当たっての留意事項や納税証明書交付請求書の記載要領について，次のようなパンフレットを作成して納税者への周知徹底を図っている。

税務署

納税証明書を請求される方へ
～請求に当たっての留意事項・納税証明書交付請求書の記載要領～

1　納税証明書の種類

　税務署で発行する納税証明書には，次の種類がありますので，**必要となる納税証明書の種類・税目・年分・枚数について，納税証明書の提出先等に**あらかじめご確認ください。

納税証明書の種類	証明内容
納税証明書「その1」	納付すべき税額，納付した税額および未納税額等
納税証明書「その2」	「申告所得税」又は「法人税」の所得金額
納税証明書「その3」	未納の税額がないこと
納税証明書「その3の2」	「申告所得税」と「消費税及び地方消費税」に未納の税額がないこと（個人用）
納税証明書「その3の3」	「法人税」と「消費税及び地方消費税」に未納の税額がないこと（法人用）
納税証明書「その4」	証明を受けようとする期間に，滞納処分を受けたことがないこと

（注）1　証明することができる「年分」については期間の制限がありますので，詳しくは税務署にお尋ねください。
　　　2　コンビニエンスストアで納付（納付の委託）をした場合，納付済の納税証明書の発行が可能となるのは，納付の委託をしてから約3週間後となりますので，ご注意ください。

2　納税証明書を請求する際に必要なもの

　納税証明書を請求するために来署される際には，次のものを持参していただく必要があります。

1 国税

(お願い) 1 最近において申告・納税したものに係る納税証明書（その1，その3，その3の2，その3の3）を請求される場合には，その「申告書控」及び「領収証書」を持参してください。納税が確認できない場合には納付済みの納税証明書を発行できませんので，ご協力をお願いします。

2 納税証明書は，納税者の皆様の大切な情報を証明するものですから，窓口にお越しになった方の確認等を行わせていただいておりますので，ご協力をお願いします。

必要なもの	留意事項
納税証明書交付請求書	「納税証明書交付請求書の記載要領」を参照の上，必要事項を記入し持参してください。
手数料（収入印紙または現金）	手数料の現金納付は，来署される場合に限り可能です。
ご本人であることを確認できるもの	（例） 運転免許証，健康保険証，住民基本台帳カード（顔写真付）など （法人の代表者本人，代理人本人であることを確認できるもの。）
印鑑	ご本人の印鑑（法人の場合は申告書などに押印した代表者の印鑑。代理人の方が来署される場合は代理人の方の印鑑。）
ご本人（法人の場合は代表者）からの委任状	代理人の方（ご家族，従業員の方を含む）が来署される場合に必要です。 　委任状には，必ず，ご本人が署名・押印（法人の場合は代表者の署名及び申告書等に押印した代表者の印鑑の押印）してください。 ※ 委任されたかどうかを委任者ご本人に電話で確認させていただく場合がありますので，あらかじめご了承ください。

(注) 納税証明書交付請求書および委任状は，国税庁ホームページ（www.nta.go.jp）からダウンロードすることもできます。

第10　納税証明書

3　納税証明書交付請求書

納税証明書交付請求書

収入印紙ちょう付欄
（消印しないでください）

税務署長　あて

年　月　日

【代理人記入欄】
代理人の方のみ記入してください。
住所

氏名　㊞

※代理人の方が請求される場合は委任状が必要です。

住　所
（納税地）

（フリガナ）
氏　名　又　は
法人名及び
代表者氏名　㊞

信託の名称：

下記のとおり、納税証明書の交付を請求します。

記

証明書の種類	□ その1	□ その2	□ その3 □ その3の2 □ その3の3	□ その4
証明を受けようとする税目 (該当する税目にレ印を記入してください。)	□ 申告所得税 □ 法人税 □ 消費税及び地方消費税 □ その他（　　税）	□ 申告所得税 □ 法人税	□ 申告所得税 □ 法人税 □ 消費税及び地方消費税 □ その他（　　税） ※その3の2、その3の3の場合は記入する必要はありません。	
証明を受けようとする国税の年度	年分　自　年月日 　　　至　年月日 年分　自　年月日 　　　至　年月日 年分　自　年月日 　　　至　年月日	年分　自　年月日 　　　至　年月日 年分　自　年月日 　　　至　年月日 年分　自　年月日 　　　至　年月日		
証明を受けようとする事項	・納付すべき税額 ・納付済額 ・未納税額 □法定納期限等 □源泉徴収税額 □未納税額のみ （□には、必要な場合にレ印を記入してください。）	所得金額 ※申告所得税の証明の場合、所得種類別の証明も可能です。 □には証明を受けようとする事項にレ印を記入してください。 □総所得金額の証明 □事業所得金額の証明 □上記以外の所得金額の証明	未納の税額がないこと ※その3の2は「申告所得税」と「消費税及び地方消費税」に、その3の3は「法人税」と「消費税及び地方消費税」に未納税額がないこととなります。	次の期間について、滞納処分を受けたことがないこと 自　年月日 至　年月日
証明書の請求枚数	枚	枚	枚	枚

証明書の使用目的	□資金借入　□入札参加指名願　□登録申請(更新)　□保証人 □その他（　　　　　　）

※税務署整理欄

本人（代理人）確認方法	□運転免許証　□パスポート　□身分証明書（　　　） □健康保険証　□住民基本台帳カード(顔写真付)　□その他（　　　）	確認者
委任事実の確認	□電話照会　□印影照会　□申告書等確認　□その他（　　　）	

□収入印紙 □現　金	その1 その2 その3 その4	税目数	年度 年度	枚 枚 枚 枚	円 円 円 円	合計 (内現金　円)	円	確認者	証明番号

整理番号

納付一連番号　　領収担当者印

316

4　納税証明書交付請求書の記載要領

(1) 納税者の方の住所・氏名（法人の場合には納税地，法人名及び代表者氏名）を記入し，押印（法人の場合は申告書などに押印した代表者の印鑑の押印）してください。

　代理人の方が来署される場合は，「代理人記入欄」についても住所・氏名を記入し，押印してください。

(2) 「証明書の種類」欄に☑を付けてください。複数種類の証明書についての交付請求も可能です。

(3) 「証明を受けようとする税目」欄に☑を付けてください。

(4) 「証明を受けようとする国税の年度」欄に年度等を記入してください。

　申告所得税については「年分」を，法人税については「事業年度」又は「連結事業年度」を，「消費税および地方消費税」については「課税期間」を記入してください。

　連結申告に係る「連結事業年度」の場合には，「年分」欄に㊜と併せて記入してください。

(5) 「その1」の証明書を請求される方で，「法定納期限等」，「源泉徴収税額」又は「未納税額のみ」の証明が必要な場合には，「証明を受けようとする事項」欄の該当欄に☑を付けてください。

　「その4」の証明書を請求される方は，「証明を受けようとする期間」を記入してください。

(6) 申告所得税について「その2」の証明書を請求される方は，所得種類別の証明も可能ですので必要に応じて，「証明を受けようとする事項」欄の該当欄に☑を付けてください。「上記以外の所得金額の証明」の場合には，かっこ内に所得の種類を記入してください。

(7) 「証明書の請求枚数」欄に必要枚数を記入してください。

(8) 「証明書の使用目的」欄の該当欄に☑を付けてください。「その他」の場合には，かっこ内に使用目的を記入してください。

　※代理人の方が来署される場合は，代理人の方に納税証明書の使用目的を

あらかじめお伝えください。
(9) その他，ご不明な点は税務署にお尋ねください。

5　委任状の様式

```
                          委　任　状

  （代理人）　　住　　所 ＿＿＿＿＿＿＿＿＿＿＿＿＿＿＿＿＿

              　氏　　名 ＿＿＿＿＿＿＿＿＿＿＿＿＿＿＿＿＿

          私は，上記の者を代理人と定め，下記の事項を委任します。
                              記
          次に掲げる納税証明書の請求及び受領に関する権限（種類・税目・年
          分・枚数を記入してください。）
          １．種類＿＿＿＿　税目＿＿＿＿税　年分＿＿＿＿　枚数＿＿＿枚
          ２．

      平成　　年　　月　　日
  （委任者）　　住　　所（納税地）＿＿＿＿＿＿＿＿＿＿＿＿＿

              　氏　　名
                （法人名及び代表者氏名）＿＿＿＿＿＿＿＿　㊞
```

(注)　1　委任状の作成に当たっては，委任者の方が自署・押印（法人の場合は申告書等に押印した代表者の印鑑の押印）してください。
　　　2　委任状はこの様式に限りません。

6　郵送で請求される場合のご注意

　納税証明書を郵送で請求される方は，次の書類を税務署へ送付してください。
(1) 必要事項を記載した納税証明書交付請求書

(2) 手数料に相当する収入印紙

　収入印紙は，納税証明書交付請求書の所定の箇所へはってください（絶対に消印しないでください。）。

　<u>郵送で請求される場合，手数料の現金納付はできません。</u>

(3) 所要の切手をはった返信用封筒

　納税証明書は1枚当たりおおよそ5ｇ程度です。

　なお，書留郵便等で受領をご希望の方は，通常の郵便料金に書留郵便料金又は簡易書留郵便料金を加算した合計金額に相当する切手が必要です。

　納税証明書は，請求をされたご本人または法人（代理人本人を含む）の住所（納税地）又は事務所等以外には送付できませんので，あらかじめご了承ください。

(注) 請求されたかどうかご本人に電話で確認させていただきます。

2 市区町村税

　市区町村に与えられた税目のうち，基幹税目は，固定資産税（東京23区の課税団体は東京都）と住民税である。固定資産税と都市計画税は，所有することに担税力を見出して課税するもので，現実の担税力と無関係である。担税力とは租税の支払い能力であり，要は所得額である。地租から続く固定資産税のこのような特質は，平成に入ってからの金融不況の時代には，残酷な税金となる。収入が減少したマイホーム所有者にとって，それを手放さない限り，固定資産税から逃れられない。生活防衛できないこのような税目は，国税にも都道府県税にも割り当てられていない（都道府県の固定資産税は大規模償却資産である。）。

　国税の所得税は，所得と納税の時期が一致する現年課税であるが，その所得を課税標準にして翌年に課税するのが，住民税である。つまり，所得と納税の時期が，1年ずれるわけである。これも，デフレ不況の時代で就職先が減少しているため，失業した納税者を，担税できない窮地に追い込んでいる。雇用保険の失業給付は，収入とされないが，これも一時的である。

　地方税法323条〈市区町村税の減免〉本文は，「市区町村長は，天災その他特別の事情がある場合において市区町村民税の減免を必要とすると認める者，貧困に因り生活のため公私の扶助を受ける者その他特別の事情がある者に限り，市区町村の条例の定めるところにより，市区町村税を減免することができる。」と定めている。この減免は，納税義務者の申出により，納税義務を消滅させるものである。

　前年に所得があった人であっても，その年における所得が皆無となったため，または甚しく減少したため生活が著しく困難となったと認められる人については，その状況に応じて適宜減免することが適当である（平12. 4. 1自治企12通知）。担税力が薄弱になった人について，徴収猶予または納期限の延長によっても納税が困難である場合の救済措置である。

(参考)

個人住民税の納税が困難な方へ

　次のような場合，納期限前の個人住民税について条例減免を受けられます。

○　災害によって住宅，家財が罹災された場合
○　生活保護を受けている場合または生活保護に準ずる場合
○　前年の所得が一定額以下で，1ヶ月以上失職によって所得が無い場合
　　　　　　　　　　　　　　　　　　　　　　　　　　　……など
○　ご相談の際は，「印鑑」・「納税通知書」と，できるだけ次のものをご用意ください。

申請の理由	お持ちいただくもの
災害を受けた場合	り災証明など
生活保護を受けている場合 (生活保護に準ずる場合)	保護証明など (収入，生活状態がわかるもの)
会社倒産，人員整理による解雇，疾病による失職	雇用保険受給者資格者証・給与証明書（疾病による失職の場合は診断書・入院証明書）など

○　診断書を提出できない場合，本人が申し出できない場合にも，ご相談ください。

　　　　　　　　　　市区町村税務課
　　　　　　　　　　　　TEL　　（　　　）

第10 納税証明書

(様式例)

税 減 免 申 請 書

　　　　　　　　　　　　　　　　　　　　　　　　年　　月　　日

市区長村長　殿

　　　　　　　　　申請者住所

　　　　　　　　　氏名　　　　　　　　　　　　　　㊞
　　　　　　　　　（法人の場合は，名
　　　　　　　　　　称・代表者の氏名）

　税の減免を受けたいので，次のとおり申請します。

年度	税目	期別	第　　期分	税額	円
減免を受けようとする理由					

(注意)　1　この申請書は，納期限内に提出してください。
　　　　2　減免を受けようとする理由の欄は，できるだけ詳しく記入してください。
　　　　3　事実を証明する書類を添付してください。

決 議 書　　No.

市区町村長	総務部長	主管課長	主管係長	担当者	発議	・	・
					決裁	・	・
					区分	許可・不許可	

税額	賦課額	円	減免額	円	差引納付額	円
理由	適用規定					

今後到来する納期に係る納付税額の取扱い	収納簿等冊番号	冊　　　号

(様式例)

罹災証明書

<table>
<tr><td colspan="5" style="text-align:right">年　　月　　日

消防署長殿

　　　　申請人　住　所
　　　　　　　　電　話
　　　　　　　　氏　名　　　　　　㊞</td></tr>
<tr><td colspan="5" style="text-align:center">り　災　証　明　申　請　書</td></tr>
<tr><td>1</td><td>使　用　目　的
又　は　提　出　先</td><td></td><td>2　必要枚数</td><td>枚</td></tr>
<tr><td>3</td><td>申請人とり災
対象物との関係</td><td colspan="3">所有者・管理者・占有者・担保権者・その他（　　　　）</td></tr>
<tr><td>4</td><td>り　災　年　月　日
及　び　時　分</td><td colspan="3">年　　　月　　　日　　　時　　　分ごろ</td></tr>
<tr><td>5</td><td>り　災　物　件
の　所　在　地</td><td colspan="3">市
区　　　　　町　　丁目　　番　号</td></tr>
<tr><td>6</td><td>証　明　内　容</td><td colspan="3"></td></tr>
<tr><td colspan="2">手数料の減免
※
　　有　・　無</td><td>※　手　数　料</td><td>※　登　録　印</td><td>※受領印</td></tr>
</table>

備　考
　(1)　あて名は，「○○消防署長」と記入してください。
　(2)　代理人の場合には，委任状を添えて申請してください。
　(3)　3欄の記載については，該当するものを○で囲んでください。その他に○をした場合
　　　は，その内容を（　）の中に記入してください。
　(4)　4，5，6欄については，消防職員の指示により記入してください。
　(5)　※印の欄には，記入しないでください。

第10　納税証明書

（様式例）

市区町村税証明書交付申請書

(あて名) 市区町村長　　該当する□に"レ"をつけてください。　平成　年　月　日

(注意)
窓口にこられた方の本人確認書類（運転免許証等）が必要です。ご本人の場合は法人名、代表者名等を記入し、代表者印（又は支店長印、営業所長印等）を押してください。ご本人または同居で同一世帯内の夫・妻・親・子以外の方は委任状等が必要です。

どなたの証明が必要ですか（納税義務者等）

氏名（名称）	(フリガナ)	㊞（申請者が法人の場合のみ押印） 明・大・昭・平　年　月　日生
住所（所在地）		連絡先電話番号　　－
1月1日現在の住所		

窓口にこられた方（上記と同じ場合は記入不要）

氏名（名称）	(フリガナ)	明・大・昭・平　年　月　日生
住所（所在地）		連絡先電話番号　　－
証明が必要な方との続柄	□本人　□夫・妻　□親・子　□代理人　□賃借人 □その他（　　　）	

何に使いますか。（提出先など）

□扶養　□児童手当　□保育所　□学校（奨学金、授業料免除）
□健康保険　□特定疾患　□年金　□公営住宅　□特定/高齢・優良賃貸住宅
□金融機関　□信用保証協会　□保証人　□売買
□法務局　□裁判所　□入国管理局　□税務署　□その他（　　　）
□中小企業融資　□下水道貸付　□指名登録　□その他（　　　）
□軽自動車検

どの証明が必要ですか。

□住民税に関する証明

□所得（課税）額証明 （記入された年の1月～12月中の所得） 平成　　年分　　通	□非課税証明 平成　　年分　　通

あわせて証明が必要な同居の方	(フリガナ) 氏名 明・大・昭・平　年　月　日生	□所得額証明 平成　年分　通	□非課税証明 平成　年度　通

□固定資産税に関する証明

□評価額証明　□訴訟用　□競売用　□車庫証明　□無資産証明　□その他（　　）
平成　年度　通　特別に必要な証明項目（　　　　　　　　　）
　　　　　　　　　　　固定資産の所在地
□土地　□所有固定資産全部　_____
□家屋　□所有固定資産一部　_____
□償却資産

□納税に関する証明

□個人住民税	平成　年度　通
□法人住民税	事業年度（平成　年　月　日～　年　月　日）平成　年度　通
□固定資産税・都市計画税	平成　年度　通
□その他の市区町村税（　　　）	平成　年度　通
□市区町村税に滞納がないことの証明	通
□軽自動車車検用	車輌番号

住所地確認　端末証明書
住所地確認　端末証明書

確認	運転免許証 身分証明書 健康保険証 その他 （　　）	担当者 （　　）	分納等納税係確認 証明可　担当者　納税係長 証明不可	証明手数料 合計　　　円	免除 公法人 生活保護 （　　）

324

(様式例)

所得・課税証明書交付申請書

平成　年　月　日

市区町村長宛

申請者	住　所	
	フリガナ	
	氏　名	㊞　印鑑(シャチハタ等ゴム印は不可)がない場合は身分証を提示してください
(窓口に来られた方)	証明を受ける方との関係	□ 本　人　　□ 同居の親族(続柄：　　　) □ 代理人(本人および同居の親族以外の方) ※委任状が必要です
	電話番号	－　　　－

次のとおり証明書の交付を申請します。

必要な証明書の種類・年度・通数	□ ①所得証明書……課税額の記載なし	□ 23年度(22年1月～12月分)各　通
	□ ①課税証明書……所得内容の記載なし	□ 22年度(21年1月～12月分)各　通
		□ 21年度(20年1月～12月分)各　通
	□ ③所得課税証明書……全項目記載	□ 年度(　年1月～12月分)各　通

使用目的	□ 融資　　□ 児童手当　　□ 乳幼児医療助成 □ 公営住宅　□ 児童扶養手当　□ 高額医療 □ 扶養　　　□ 奨学金・授業料免除　□ 特定疾患 □ 年金　　　□ 就学援助　　□ 裁判所へ提出 □ 保育園(所)　□ 幼稚園就園奨励費　□ その他(　　　)

どなたの証明が必要ですか (証明を受ける方)	現住所	□申請者住所に同じ	
	課税された年の1月1日の住所 ※2参照	□現住所に同じ	
	フリガナ		
	氏　名		課税された年の1月1日の姓が異なる場合【　　】に記入してください
	生年月日	明・大・昭・平　年　月　日	
	併せて証明が必要な同居の親族	(フリガナ) 氏名　　　　　　【　】 明・大・昭・平　年　月　日生	(フリガナ) 氏名　　　　　　【　】 明・大・昭・平　年　月　日生

(注意事項)
※1　□は該当する箇所にレ印を記入してください。
※2　課税された年の1月1日とは、平成23年度の場合、平成23年1月1日になります。
　　　住民税は前年の所得に対し翌年1月1日現在の住所地で課税され、証明書が交付されます。
※3　該当する年度の所得について申告がない方は、別途申告が必要となる場合があります。
　　　(非課税の方も同様です)
※4　手数料は1人1年度1通につき300円です。
※5　法人で申請される場合は、代表者印もしくは支店長など印(会社名および代表者が入っているもの)を申請者欄に押印してください。また、申請書のほか別途本人からの委任状が必要です。

備考欄	

第10　納税証明書

（様式例）

固定資産税証明書交付申請書

市町村長宛　　　　　　　　　　　　　　　　　　　　平成　年　月　日申請

次のとおり証明書の交付を申請します。

申請者 (窓口に来られた方)	住所　　　　　　　　　　　　　　　電話番号 　　　　　　　　　　　　　　　　　（　）　－
	フリガナ
	氏名(名称および代表者の氏名)　　　　　　　　　　㊞　印鑑がない場合は身分証を提示してください。
所有者 (どなたの所有の資産の証明が必要ですか) □単有名義 □共有名義	証明を受ける方との関係 □本人　□同居の親族(続柄　　　)　□代理人　□その他(　　)
	住所(申請者欄の住所と同一の場合は,「同上」と記入してください。)
	フリガナ
	氏名(名称および代表者の氏名)　申請者欄と同一の場合は、「同上」と記入してください。

証明書の種類　　※該当する番号を○で囲み、必要年度等をお書きください。　備考欄

1　資産証明書：資産の所在地番、地目(家屋の種類)、地積(床面積)が表示されます。
2　評価証明書：1のほか固定資産評価額が表示されます。
3　公課証明書：2のほか課税標準額、税額が表示されます。
4　課税証明書：年税額のみが表示されます(資産内容は表示されません)。

どの資産について必要ですか。　　使用目的
1　資産全部　2　土地全部　　1　資産確認　　2　登記関係　　3　金融機関提出
3　家屋全部　4　資産一部　　4　裁判所提出　5　税務署提出　6　その他(　　　　)

年度・通数　　平成　　年度　　　通

※資産が一部の場合、または資産証明書を本人、同居の親族以外の方が請求する場合は、必要な所在地番を記入してください。

土地・家屋の別	資産の所在
土地 家屋	
土地 家屋	
土地 家屋	

注）1　本人および同居の親族以外の方が申請する場合は、原則として委任状が必要です。
　　2　賦課期日（1月1日）以後の所有者の方が申請する場合は、1月2日以後の所有者であることが確認できる書類（登記事項証明書、売買契約書）の提示が必要です。
　　3　相続登記のために評価証明書を申請する場合、所有者と同居されていた親族以外の方は、相続人を確認する書面の提示が必要です。
　　4　競売物件を取得しようとする方で評価証明書を申請する方は、資産にかかる関係書類の提示が必要です。
　　5　法人で申請する場合は、代表者印もしくは、支店長等印（会社名および代表者の入ったもの）を申請者欄に押印してください。その場合は委任状は不要となります。

交付第　　　号

平成　　年　　月　　日

市区町村処理欄	
件数	件
金額	円

(様式例)

固定資産評価証明書交付依頼書

市町村長　殿

登記申請人の住所氏名	都道府県	市区町村	番地			
土地又は家屋の所在地	家屋番号	地目または種類	地積または床面積	所有者	備考
			㎡		
			㎡		
			㎡		
			㎡		
			㎡		
摘要	不動産登記申請のため				

　　上記資産の評価証明書を交付願います。
　　　　平成　　年　　月　　日

　　　　　　　　　　　　　法　務　局　　　支　局
　　　　　　　　　　　　　地方法務局　　　出張所　登記官　㊞

第　　　号

固定資産評価証明書

土地又は家屋の所在地	家屋番号	地目または種類	地積または床面積	昭和　年度価格	所有者
			㎡		
			㎡		
			㎡		
			㎡		
			㎡		
摘要	不動産登記を管轄登記所に提出のため				

　　上記のとおり固定資産課税台帳に登載されていることを証明します。
　　　　平成　　年　　月　　日

　　　　　　　　　　　　　　　　　　　　　　　市町村長　㊞

第10　納税証明書

（様式例）

完納（納税済）証明書交付申請書

市区町村長宛

平成　年　月　日
※太ワクの中を記入してください

申請者 (窓口に来られた方)	住所	
	フリガナ	
	氏名 (名称および代表者氏名)	㊞　印鑑がない場合は身分証を提示してください。
	証明を受ける方との関係	□ 本人　　□ 同居の親族（続柄：　　） □ 代理人（委任状が必要です）
	電話番号	（　　　　）　　－

次のとおり証明書の交付を申請します。

使用目的	本市区町村申請用	□入札指名願 □行政財産目的外使用許可申請 □その他（　　　　）申請	必要な通数 　　　　通
	上記以外申請用	□金融機関等融資申請　　□その他（　　　） 必要な税目： □全ての税 □住民税(特別徴収者含む) □法人住民税　　□事業所税 □固定資産税　　□その他 □軽自動車税　　（　　　） □国民健康保険税	必要な年度 　　　　年度 必要な通数 　　　　通

納税義務者 (証明を受ける方)	住所	□申請者住所に同じ
	フリガナ	
	氏名（名称）	
	生年月日	(明・大・昭・平)　　年　　月　　日　※法人については無記入

備考欄		証明手数料	市役所提出用　1通300円 その他提出用　1年度1通300円

※本人および同居の親族以外の方が申請する場合は、委任状が必要になります。
※太枠内に必要事項を記入してください。□は該当する箇所にレ印を記入してください。
※法人で申請される場合は、代表者印もしくは、支店長等印（会社名及び代表者の入ったもの）を申請者欄に押印してください。その場合、委任状は不要となります。
※納付日によっては、領収書または領収書のコピーの提示を求める場合があります。
※申請内容によっては、会社、団体等の印鑑証明書や商業登記簿等を提示していただく場合があります。

交付第　　　　号
平成　　年　　月　　日

(様式例)

軽自動車税納税証明申請書 (継続検査用)

(注意事項)
※窓口で申請する場合は,車検証または車検証の写しを持参して申請してください。
※太枠内に必要事項を記入してください。□は該当する箇所にレ印を記入してください。
※納付日によっては,領収書または領収書のコピーの提示を求める場合があります。

平成　年　月　日

市区町村長宛

申請者 (窓口に来られた方)	住　　所	
	フリガナ	
	氏　　名	
	証明を受ける方との関係	□ 本　人　　　　□ 同居の親族 続柄：　　） □ 代理人
	電話番号	－　　　－

次のとおり証明書の交付を申請します。

必要な継続検査する車両番号		
使　用　目　的	軽自動車継続検査用	
納税義務者 (証明を受ける方)	車検証の住所	□申請者住所に同じ
	フリガナ	
	氏　名 (名　称)	

備　考　欄		※証明手数料無料

交付第　　　　　号
平成　　年　　月　　日

第10　納税証明書

(様式例)

別記様式第1号（自動車の保管場所の確保等に関する法律施行規則1条4項）　　　警察署長提出用 副

自動車保管場所証明申請書

車　名	型　式	車台番号	自動車の大きさ
			長さ □□□ センチメートル 幅　 □□□ センチメートル 高さ □□□ センチメートル

自動車の使用の本拠の位置	
自動車の保管場所の位置	

自動車の保管場所の位置欄記載の場所は、申請に係る自動車の保管場所として確保されていることを証明願います。

　　　　　　　　　　　　　　平成　　年　　月　　日
警　察　署　長　殿
　　　　　　　　　　　　　〒
　　　　　　　　　　　　　住　所
　　　　　　　申　請　者　(フリガナ)
　　　　　　　　　　　　　氏　名
　　　　　　　　　　　　　　　　　　　　　　　印
　　　　　　　　　　　　　　　　　　　（　　）局　　番

第　　　号　　自動車保管場所証明書

自動車の保管場所の位置欄記載の場所は、上記申請に係る自動車の保管場所として確保されていることを証明する。
　　　　　　　　　　　　　　　　年　　月　　日
　　　　　　　　　　　　　　　　　　　　警　察　署　長

署　長	副署長	課　長	課長代理	係　長	取扱者

使用権原	自己・共有	連絡先	氏名 電話	新規	前車 現車	車両番号

（備考）
1）添付書類は、保管場所使用権原疎明書面（自己所有の車庫の場合）または保管場所使用承諾証明書（他人から借りる車庫の場合）および保管場所の所在図・配置図であり、車庫証明用固定資産課税台帳登録事項の証明書または土地登記事項証明書が必要とされる。
2）保管場所の要件は、「使用の本拠の位置と保管場所の位置との距離が2キロメートルを超えないこと」・「保管場所に自動車の全体が収容できること」・「保管場所等の正当な使用権原を有していること」・「保管場所が店舗、倉庫、作業場等他の用途、目的に使用されていないこと」とされている。

(様式例)

資 産 所 在 証 明 願

年　月　日

市　町　村　長　殿

　　　　　　　　　　　　　　申請人住所　〒　　－

　　　　　　　　　　　　　　名前

次の資産が，　年1月1日現在固定資産課税台帳に登録されていることを証明願います。

　資産の表示

　　所　在　地

　　家屋番号

　　種　　類

　　構　　造

　　床　面　積

　　登記上の所有者

　上記のとおり相違ないことを証明します

　平成　年　月　日

　　　　　　　　　　　　市町村長　　　　　　　　　［職印］

注) 資産の表示は，家屋のみの場合の例である。

第11 内容証明

　日本国憲法21条2項後段は,「通信の秘密は,これを侵してはならない」と定めている。大日本帝国憲法（明23.11.29～昭22.5.2）も,「日本臣民ハ法律ニ定メタル場合ヲ除ク外信書ノ秘密ヲ侵サルヽコトナシ」と定めていた（26条）。この場合,信とは,人の言葉が本心と一致することであり,信書とは,書状・手紙を指す。この信書の秘密の不可侵は,法律の留保を伴っていたので,郵便法（明33.10.1施行）14條・16條の2に,郵便官署の郵便物を開披し得る場合が規定されていた。また,大日本帝国憲法の施行前,既に,郵便犯罪罰則（明6.5.1施行）3條は,「大蔵司法ノ両卿ハ条理適当ノ場合ニ於テハ郵便伝送ノ信書其他ヲ開封或ハ梗留シ及ヒ他ニ之ヲ開封或ハ梗留スル事ヲ許スノ権アリトス然レトモ之ヲ開封セハ必ス之ヲ駅逓頭ニ報告スヘキ事」と定めて,大蔵・司法の両卿に信書の開封と梗留（差押え）を許す権限を与えていた。

　通信は,紙の信書に限らず,電話・携帯など電信も含み,日本国憲法におけるそれらの秘密は,法律によっても侵すことができないものである。しかし,刑訴法100条〔郵便物の押収〕2項は,裁判所は「郵便物,信書便物又は電信に関する書類で法令の規定に基づき通信事務を取り扱う者が保管し,又は所持するものは,被告事件に関係があると認めるに足りる状況のあるものに限り,これを差し押え,又は提出させることができる。」と定めている。監獄法（明41.10.1施行）50条〈接見・信書の制限〉も,「接見ノ立会・信書ノ検閲其他接見及ヒ信書ニ関スル制限ハ命令ヲ以テ之ヲ定ム」と定めていた。

　監獄法に替わる刑事収容施設及び被収容者等の処遇に関する法律（平17.5.27法律50）も,次のように定めている。

(信書の検査)
第127条 刑事施設の長は、刑事施設の規律及び秩序の維持、受刑者の矯正処遇の適切な実施その他の理由により必要があると認める場合には、その指名する職員に、受刑者が発受する信書について、検査を行わせることができる。
2 （省略）
(信書の内容による差止め等)
第129条 刑事施設の長は、第127条の規定による検査の結果、受刑者が発受する信書について、その全部又は一部が次の各号のいずれかに該当する場合には、その発受を差し止め、又はその該当箇所を削除し、若しくは抹消することができる。（以下省略）

wirettapping（交信者の同意を得ずに通信内容を調べること）も、合法化された。刑訴法に222条の2が新設され（「通信の当事者のいずれの同意も得ないで電気通信の傍受を行う強制の処分については、別に法律で定めるところによる。」）、犯罪捜査のための通信傍受に関する法律（平11.8.18法137）が施行されている（平12.8.1施行）。実行以前の将来の犯罪を捜査する目的での傍受も許されており、憲法が定める通信の秘密の絶対的不可侵につき懸念が拡大している。

(1) **証明方法**

内容証明は、いついかなる内容の文書を誰から誰あてに差し出したかを郵便物の謄本（写し）で日本郵便が証明している。郵便局では、謄本に日付の入ったスタンプが押され、何日に受け付けたという証明文が記載されて、文面の内容が公証されるとともにこの公証日付によって確定日付が付与される。内容証明が確定日付あるものとされるのは、民法施行法（明31.7.16施行）5条〔確定日付〕1項6号の規定による。

内容証明郵便は、同じ文面のものを3通作成し（コピー可）、1通を郵便局が保管し、1通を差出人に返し、1通を配達する。配達証明を付けると、郵便受けに入れ届けるのではなく、受領印を得て相手に到達したことを証明する配達になる。

また、電子内容証明サービス（e内容証明）では、インターネットで24時間受付を行っている。

内容証明（Certification of contents）は、郵便法（昭22.12.12法165，昭23．4．1施行の10条を除き昭23．1．1施行。その附則2条により明33.10．1施行の郵便法（明33．3．13法54）は廃止された。）44条〈特殊取扱〉1項により実施されている。

　郵便法44条1項は、「会社は、この節〈注：郵便物の特殊取扱〉に定めるところによるほか、郵便約款の定めるところにより、書留、引受時刻証明、配達証明、内容証明及び特別送達の郵便物の特殊取扱を実施する。」と規定している。内容証明の取扱いにおいては、会社において、その郵便物の内容である文書の内容を証明する（郵便法48条1項）。この取扱いにおいては、郵便認証司による58条1号の認証を受けるものとする（同条2項）。

　郵便法58条〈職務〉は、「内容証明の取扱いに係る認証（総務省令で定めるところにより、当該取扱いをする郵便物の内容である文書の内容を証明するために必要な手続が適正に行われたことを確認し、当該郵便物の内容である文書に当該郵便物が差し出された年月日を記載することをいう。）をすること」（郵便法58条1号）を郵便認証司の職務にしている。この郵便認証司とは、郵便法59条〈任命〉により、総務大臣が任命した、会社推薦の郵便事業会社員である（平19.10．1施行）。

　郵便法58条1号の認証は、郵便法施行規則（平15．1.14総務省令5）14条〈内容証明の取扱いに係る認証の方法〉1項により、次に掲げるところにより行うものとされる。

○　**郵便法施行規則**
〈内容証明の取扱いに係る認証の方法〉
第14条　法第58条第1号の認証は、次に掲げるところにより行うものとする。
一　内容証明の取扱いをする郵便物の内容である文書（以下この項において「内容文書」という。）及び内容文書の内容を証明するために必要な手続（以下この条において「証明手続」という。）に従って作成された内容文書の謄本（証明手続において当該内容に係る情報が電子計算機により記録される場合にあっては、当該情報を含む。以下この項並びに次条第1項及び第4項において「謄本等」という。）により内容文書と謄本等の内容が符合することを確認するこ

とその他の証明手続が適正に行われたことを確認すること。
二　内容文書及び謄本等に，次に掲げる方法により当該郵便物が差し出された年月日（以下「差出年月日」という。）を記載すること。
　イ　別記様式第1による印章のいずれかを押す方法（電子計算機その他の機器を使用して当該印章の印影を表示する方法を含む。）
　ロ　差出年月日及び「郵便認証司」の文字を記載し，これに署名し，又は記名押印する方法

別記様式第 1（郵便法施行規則14条関係）

(1) 元号を表記する場合

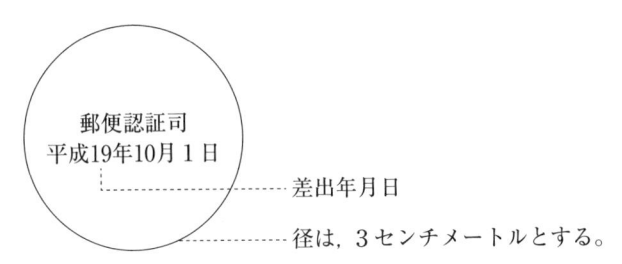

郵便認証司
平成19年10月 1 日 ------ 差出年月日
------ 径は，3 センチメートルとする。

(2) 元号を省略する場合

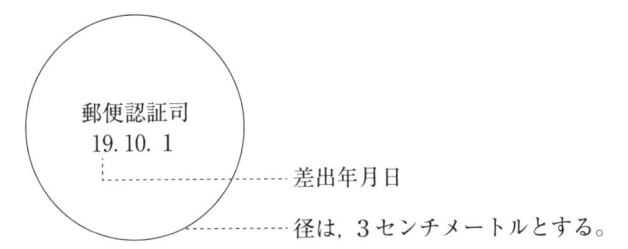

郵便認証司
19.10. 1 ------ 差出年月日
------ 径は，3 センチメートルとする。

(参考)
購入契約解除の内容証明による通知書例

通　知　書

　私は貴社より，平成○○年○○月○○日初級英会話の教材一式を代金○○万円で買い受ける契約をいたしましたが，今般，本書面をもって右契約を解除いたします。

　平成　　年　　月　　日

埼玉県草加市中央５丁目６番７号

山田四郎　㊞

東京都渋谷区神南２丁目３番５号

　　ＪＥＣ株式会社

　　東京支店長　海野八郎　殿

(備考)
　特定商取引に関する法律（昭51．6．4法57）9条〈訪問販売における契約の申込の撤回等〉1項は，契約後，理由の如何を問わず8日間以内なら契約を解除できるクーリング・オフ（cooling-off）を定めている。これは，口頭で伝えても効力を有しないため，配達証明付きの内容証明郵便で行うことになる。

(参考)

内容証明郵便物差出しのしおり

第1　内容証明の制度
　内容証明とは，郵便物の内容である文書について，何年何月何日にいかなる内容のものを誰から誰にあてて差し出したかということを，差出人が作成した謄本によってＪＰ会社が証明する制度をいいます。

内容証明は，債権者が債権の消滅時効の完成を防ぐため，債務履行の請求を行う場合など，権利義務の得喪に関して差し出した郵便物の文書内容を，後日の証拠として残しておく必要のある場合に利用されます。
　また，内容証明郵便物は，配達証明と併せて利用され，郵便物が受取人に配達されたことまで確認する場合が多くなっております。

第2　内容証明とすることができる郵便物
　次の条件を満たしたものに限られます。
1　文書1通のみを内容としたものであること。
　【解説】
　　文書1通のみを内容とするものでなければならないことから，文書以外の物品を封入することはできない。従って，為替証書，小切手，写真，図面のようなものは，それ自体を単独で差し出すことは勿論，文書に添付して差し出すことも認められません。
2　書留（一般書留）とした通常郵便物であること。
3　郵便物の内容たる文書は，次の文字または記号によって記載したものであること。
　⑴　仮　名
　⑵　漢　字
　⑶　数　字
　⑷　英　字（固有名詞に限る）
　⑷　括　弧（例：（　），「　」，等）
　⑹　句読点（，。）
　⑺　その他　一般に記号として使用されているもの
　　　（％，＠，※，〒のように一見して判別に容易なもの。）

第3　内容証明郵便物の差し出し
1　内容証明郵便物の取扱局
　　配達業務を行っている郵便局及び予め指定されている配達業務を行っていない郵便局に差し出すことができます。
2　差出方法
　　次のものを窓口に提出してください。
　⑴　内容文書（受取人に送付するもの。）
　⑵　内容文書の謄本2通（引受局の控え及び差出人の控え）
　⑶　差出人および受取人の住所（又は居所）氏名を記載した封筒
　⑷　内容証明料に相当する額の郵便切手等

第4　謄本の作成方法
　内容証明郵便物の謄本は，次の方法によって作成してください。
1　謄本の行数および字数
　　1行20字（記号，句読点等は1個を1字とします）以内，1枚26行以内であること。
　　ただし，謄本を横書きで作成するときは，1行13字以内，1枚40行以内又は1行26字以内，1枚20行以内とすることができます。
2　謄本の文字を訂正，挿入又は削除した場合
　⑴　その字数及び箇所（○行○字目○字抹消，○字追加等）を欄外又は

末尾の余白に差出人が記載し，これに捺印してください。
3 　謄本が2枚にわたる場合
　　謄本の枚数が2枚以上になるときは，各葉の綴り目に郵便物の差出人の印章で契印しなければなりません。
　　注1：この場合，契印に使用する印章は，必ずしも内容文書の差出人の印章と同一でなくともかまいません。
　　注2：内容文書への契印は，任意とします。
4 　内容証明料金
　(1) 　普通の内容証明
　　　謄本1枚の場合……420円
　　　謄本が1枚を超える場合は，1枚増すごとに250円を加えた額。

謄本(枚)	1	2	3	4	5	6	7	8
料金(円)	420	670	920	1,170	1,420	1,670	1,920	2,170

　(2) 　同文の内容証明（同一内容の文書を2通以上差し出す場合）
　　　ア 　謄本1枚の場合
　　　　郵便物が2通のとき………630円（420円＋210円）
　　　　2通を超え1通増すごとに210円を加えた額。
　　　イ 　謄本2枚の場合
　　　　郵便物が2通のとき……1,005円（670円＋335円）
　　　　2通を超え1通増すごとに335円加えた額。

第5 　謄本の再度証明請求
　内容証明郵便物を差し出した後に，謄本を亡失した若しくは更に謄本の必要が生じたという場合には，新たに内容文書の謄本を差出郵便局に提出して証明（その郵便物が内容証明郵便物として差し出された旨の証明）を受けることができます。
〈請求の要件等〉
1 　郵便物を差し出した日から5年以内の請求であること。
　　注：請求の際は，受領証を提出してください。
2 　内容証明郵便物を差し出した郵便局へ請求します。
3 　再度証明を請求できる者は，差出人（その相続人を含む。）又は差出人から委任を受けた者に限られます。
　　注：受取人は，差出人から委任を受けた場合を除いて請求することができません。
4 　新たに作成した謄本を提出します。
5 　所定の料金を郵便切手等により納付します。

第6 　謄本の閲覧請求
　内容証明郵便物の差出人は，謄本の閲覧請求をすることができます。
〈請求の要件等〉
1 　郵便物を差し出した日から5年以内の請求であること。
　　注：請求の際は，受領証を提出してください。

> 2 内容証明郵便物を差し出した郵便局へ請求します。
> 3 再度証明を請求できる者は，差出人（その相続人を含む。）又は差出人から委任を受けた者に限られます。
>   注：受取人は，差出人から委任を受けた場合を除いて請求することができません。
> 4 所定の料金（420円）を郵便切手により納付します。

(2) 国家基盤たる郵便

 そもそも郵便は，国家が成立する基盤である。駅（人馬・船を常備する，情報・物資の交通機関）制の設置は，大化改新でも詔(みことのり)され（646），鎌倉幕府は，駅が宿(しゅく)に発展する中で，駅路の法を定めた。江戸に入府した家康は，伝馬制を施行し（1590），京坂～名護屋間に飛脚を設置した（1591）。東海道に53の宿駅が置かれ（1601），幕府文書の逓走・幕吏の交通の用に供した。幕府とは別に，紀伊・尾張藩は大名飛脚を発足させた。

 1615年，公用継飛脚の利用資格が無かった大坂城代・京都所司代詰めの幕吏の，江戸の家族との通信のため，月3度の東海道伝馬の御定賃金による利用が許可された。 1663年には，大坂4軒，江戸7軒の飛脚問屋による月3度の東海道各宿駅伝馬が許可され，この町飛脚は，3都（江戸，大坂，京）飛脚と呼ばれた。3都飛脚には，町人に限らず，大名や幕府までもが文書を託送するようになった。飛脚問屋は書状から生糸・絹・金銀へと取扱い範囲を拡大した。

 元禄3（1690）年に来日したドイツ人ケンプエルは，「街道に沿いたる主要な村落には，各々1軒のPosthaus（問屋場）ありて，数多くの馬・駅夫・郵便その他旅行に必要なるものは，何時にても一定の賃銀にて便ずるよう，また人馬の疲れ果てまた傭い切れとなりたる時，これを交換するよう設備しあり。かかる交換所または郵便局を，日本語にてShuKuという。宿駅には将軍および藩主の文書を郵送するため，昼夜とも郵便脚夫の準備あり。この者はその文書を携えて，絶間なく駆足にて少しの遅滞なく次の郵舎まで持行くべく，その文書は発信者の定紋を描きて黒く漆したる小箱に入れ，これを肩に担い，常に2人連れにて走り，1人故障起れば，他の1人が代りて文箱

を持って先方に急ぐなり。将軍の書信を持ちたる郵便ならば，何人もこれを避けて，彼の疾駆する防げとなるべからず」と「日本道中紀」に書き遺している。

　問屋場とは，宿駅に1か所（2か所の場合は交代制）置かれた道中奉行が管轄する役場だった。その長の職名が問屋役で，本陣を役場にし，庄屋・名主も兼務した。問屋役の補佐に年寄役，帳場に常勤する帳付役が置かれ，馬指・人足指が現場を指事した。また，道中紀にあるように，信書は御紋箱に入れられて逓送されており，その秘密を侵す行為など想定外であった。

　シーボルトは，町飛脚の様子（1826）について，「江戸参府紀行」の中で，次のように記述している。

　「手紙の普通便と速達便とはこの国第一の商業都市である大坂に中心をおき，そこからふたつの主要都市京都および江戸に，諸大名の城下町に，そして外人との貿易都市である長崎に向かって活発に往来する。……蠟びきの布で包んだ手紙入りの小箱を棒にくくりつけ大声で叫びながら次の宿場にたどりつき他の者に渡すと，下にもおかずさらに先へと運んでゆく。重要な手紙を運ぶときには不慮の事故に備えて2人の配達人を使う。これらの走者を日本では飛脚という。……こうした定期的な郵便のほかに，いつでも飛脚便を出すことができるがその料金は季節や天候の関係でまちまちである。……わが国（ドイツ）の株式取引と同様に行なわれる大坂の商売，特に米や干物の商売にはこいう飛脚便を盛んに用いる。」

　江戸〜大坂間に金飛脚が営業を始めた（1671）。飛脚問屋が認可され（1782），日英和親条約が結ばれ（1854），イギリスは在日郵便局を開設した（1860）。

　明治政府は，駅逓事務を内国事務局に所属させ（1868. 2. 3），駅逓司を創設して会計官の元に置いた（1868. 4. 27）。駅逓司は民部省に移管され（1869. 4. 8），横浜の燈明台役所〜裁判所間の電信架設により，官用通信が始まった（1869. 8. 9）。新式郵便の開設が布告され（1871. 1. 24），郵便が創業された（1871. 3. 1）。大蔵省に移管された（1871. 7. 27）駅逓司が駅逓寮に改称され（1871. 8. 10），郵便規則が定められた（1871. 12. 5）。既に現金書留郵便は始まっていたが（1871. 7. 15），書簡および書籍類の取扱い（1872. 1. 10）・

海外郵便（1872.3.1）が開始され，郵便が全国に実施された（1872.7.1）。

駅逓寮が内務省に移され（1874.1.9），飛信逓送規則（1874.2.25）・郵便為替規則（1875.1.2）・電信条例（1874.12.1）が施行された。また，郵便料金が全国均一になり（1873.4.1），郵便はがき（1873.12.1）が発行され（切手は1871.3.1），日附印が使用された（1874.10.1）。郵便事業が国独占になり（1873.3.10），郵便役所・郵便取扱所が郵便局と改称され（1875.1.1），上海に日本郵便局が開設された（1876.4.15）。さらに，駅逓寮が駅逓局に改称され（1877.1.11），万国電信条約が発効した（1880.1.1）。

貯金預り規則（1875.5.2）により，貯金預所で預金が始まり，その貯金は駅逓局貯金と改称されて（1880.1.1），駅逓局が農商務省に移された（1881.4.7）。また，駅逓局貯金は全て大蔵省国債局に預け入れられることになった（1884.7.1）。郵便条例が施行され（1883.1.1），電信為替・小為替が創設された（1885.10.1）。逓信省が設置され（1885.12.22），その徽章が〒に（1887.2.8），駅逓局貯金が郵便貯金（1887.4.1）になった。上限500円とする郵便貯金条例（1891.1.1）・配達証明郵便規則・小包郵便法（1892.10.1）が施行された。

旧民事訴訟法（1891施行）136条により，訴訟書類が執達吏に加え，郵便でも送達できるようになり，受取拒否の場合には，配達すべき家に差し置く差置送達が始まった（1891）。同年に始まった引受時刻証明郵便は，訴訟書類郵便手続に，「鉱業ニ関スル書留郵便物ヲ差出ス場合ニ於テ其ノ受取証書ニ受取ノ時刻記入方差出人ヨリ請求アルトキハ其請求ニ応シ該証書ノ備考欄内ニ引受時刻ヲ記入スヘシ」と規定された。引受時刻証明郵便物を配達した時に，配達通知書を差出人に送付することが始まったのは，1908年のことだった。

また，逓信省の庁舎が京橋区木挽町に建てられ（1910.3.31），「内容証明に関する規定」の施行により（1910.11.16），内容証明が始まった。

第12 公証人による公証

　シェイクスピア（Shakespeare, 1564. 4. 23～1616. 4. 23）の喜劇「ヴェニスの商人」（The Merchant of Venice）は，1594年から1598年頃に創作され，1600年に刊行された。この中で，クリスチャンでヴェニスの商人アントニオが３千両を（ダケットは両と同じく金の貨幣単位）期限３か月で，しかも「深切づくで貸す場合には不生産的な金銀に子を産せるなんて事は決してあるまじきこと」，ただ，違約した場合には科料を取り立てられるという条件でユダヤ人の金貸しシャイロックに借用を申し込んだ。邪教信者だの人殺し犬だのと呼ばれ，足蹴にされてきたシャイロックは，「あんな奴を恕しておくやうぢゃ俺の國の者は罰當だ！」との怨念を抱いていた。
　シャイロックは，次のような債務弁済条件を付けた。
　「其深切の證據を見せませう。わしと一しょに登記所へござらつしやい，あそこで，貴下の一判で可い，證書に捺印をなさい。それから，ほんの戯談にね，かういふことを約束しておきませう，萬一貴下が云々の日限までに，云々の場所に於て，證書面の金額を御返濟なさらんやうな場合には，其科料として貴下のその白皙な肉を，丁度１ポンドだけ，貴下の肉體の何處からでも，わしの好く處から切取つても異議はないといふことを。」
　「よろしいとも。わたしは其證書に印を押して，あゝ猶太人も中々深切だといひませうよ。」とアントニオは応諾した（「　」内の台詞は早稲田大学出版部1914. 6. 18発行「坪内逍遙譯ヸニスの商人」に依った。）。
　このベニスの登記所が作成した証書の公信力は，１字たりとも忽にできない程に絶対的であった。違約後，公爵が主宰する法廷において，裁判官は，科料のアントニオの肉１ポンドを除いて，証書には何も書いていない，として，「クリスチャンの鮮血一滴でも流れたら，全ての財産を国庫に没収し，肉１ポンドに髪の毛一筋だけの量目の差を生じたら処刑し財産も没収する」と判決した。シャイロックは，（この証書作成が殺人未遂として）科料を取られ，

345

残りの財産はアントニオに渡され，シャイロックの死後はシャイロックの娘夫婦に与えられることになった。シャイロックは，キリスト教に改宗させられ，このような特種財産譲渡證書に署名するとの条件により法廷を去ることができた（署名は後日した。）。

　ここでの登記所は，「registry」の訳語で，登記の意味が，『泰西勧善訓蒙』(1873，箕作麟祥訳述)において「契約書を真正のものとなし又は子弟父母の遺物を相続する時これを官署の簿冊に登記する（かきのする）こと」と解説された。この契約書を真正なものとなすのが，公証人による公証である。

1 公証人規則（明19．8．11法2）

　明治以前には，名主・庄屋が，奥印（事実を証明して書類の終わりに押す印）して，不動産処分の私文書の内容を公証していた。明治になり，土地の売買や質入れ証文は，戸長（明5．4．9。名主・庄屋を廃して設置）役場に置かれた奥書割印帳に割印することで公証され，これを太政官は，「公正の証書」と名付けた（明8．4．10太政官布告53）。不動産の売買・担保設定には，地券の授受に加え，戸長の奥書と割印帳の割印が必要とされ，この奥書・割印による証書の公証は，公証人規則の実施（明治22年に初めて公証人116人を任命）まで続いた。

　公証人ハ人民ノ嘱託ニ応シ民事ニ関スル公正証書ヲ作ルヲ以テ職務ト為ス（公証人規則1条）。公証人ハ司法大臣之ヲ任ス（同25条）。司法大臣ニ隷属シ控訴院長・始審裁判所長ノ監督ヲ受クル（同6条）。治安裁判所ノ管轄地ヲ以テ受持区トシテ居宅ニ役場ヲ設ケテ職務ヲ行フ可シ（同4条）と規則された。

公証人規則（抄）
　第3条　公証人ノ作リタル公正証書ハ完全ノ証拠ニシテ其正本ニ依リ裁判所ノ命令ヲ得テ執行スル力アルモノトス
　第28条　公証人証書ヲ作ルニハ其嘱託人ノ氏名ヲ知リ面識アルヲ必要トシ且丁年

者一名ノ立会人ヲ要ス之ニ違ヒタルトキハ其証書ハ公正ノ効ヲ有セス
② 公証人嘱託人ノ氏名ヲ知ラス面識ナキトキハ其本籍或ハ寄留地ノ郡区長若クハ戸長ノ証明書又ハ公証人氏名ヲ知リ面識アル丁年者二人以上ヲ以テ其人ヲ証セシム可シ之ニ違ヒタルトキハ其証書ハ公正ノ効ヲ有セス
第30条　証書ニハ其本旨ノ外左ノ件々ヲ記載ス可シ
　第1　嘱託人及立会人ノ族籍住所職業氏名年齢
　第2　嘱託人代理人ナルトキハ委任状ヲ所持シタルコト及其本人ノ族籍住所職業氏名年齢
　第3　嘱託人後見人ナルトキハ後見人タルノ証書ヲ所持シタルコト及其本人ノ族籍住所職業氏名年齢
　第4　郡区長戸長ノ証明書ヲ以テ証シタルトキハ其旨又証人ヲ要シタルトキハ其族籍住所職業氏名年齢
　第5　証書ヲ作リシ場所及其年月日若シ場所ヲ記セス又ハ年月日ノ記入ヲ遺脱シタルトキハ其証書ハ公正ノ効ヲ有セス

　この公証人規則は，明治42（1909）年8月16日施行の公証人法（明41.4.14法53）附則87条により廃止された。
　ちなみに，司法職務定制（明5.8.3太政官無号達）10章〈証書人，代書人，代言人職制〉41条「各区戸長役所ニ於テ証書人ヲ置キ田畑家屋等不動産ノ売買貸借及生存中所持物ヲ人ニ贈与スル約定書ニ奥印セシム」，「証書奥印手数ノ為ニ其世話料ヲ出サシム」の証書人は，実在が確かめられないことから，この条項は実施に移されなかったとされる。

2　公正証書の作成

　公証人法は，その1条〔公証人ノ権限〕に，公証人は当事者其(そ)の他の関係人の嘱託に因り法律行為其の他私権に関する事実に付公正証書を作成し，私署証書に認証を与ふるの権限を有すと定め，施行された（明42.8.16）。
　この公証人の署名および押印は，公正証書または認証が効力を有するための不可欠の要件になっている。署名は，職名・所属および役場所在地を記載し（公証人法23条），自署であることを要す（公証人法21条1項）。職印は，18

347

㎜平方とし公証人何某(なにがし)を彫刻し（同法施行規則4条），その印影に氏名を自署して所属の法務局または地方法務局に提出しなければならない（公証人法21条1項）。

保存期間の満了した書類帳簿は（公正証書の原本なら20年，私署証書の認証のみにつき調製された認証簿なら7年），廃棄してよいが，廃棄しようとするときは，目録を作って法務局長または地方法務局長の認可を受けなければならない（同法施行規則28条）。

公証人法35条に規定する（公証人証書ヲ作成スルニハ其ノ聴取シタル陳述，其ノ目撃シタル状況其ノ他自ラ実験シタル事実ヲ録取シ且其ノ実験ノ方法ヲ記載シテ之ヲ為スコトヲ要ス）事実実験公正証書とは，出生・生存・死亡・動産や不動産の現状・供述の過程や結果などを公証人が五感の作用を使った実際の体験により作成されたものである。

公正証書は，民事執行法22条〈債務名義〉5号により強制執行力を付与され，その執行力を付与された公正証書を執行証書という。強制執行は，債務名義により行われ，「金銭の一定の額の支払又はその他の代替物若しくは有価証券の一定の数量の給付を目的とする請求について公証人が作成した公正証書で，債務者が直ちに強制執行に服する旨の陳述が記載されているもの（以下「執行証書」という。）」が債務名義として法定されている（民事執行法22条5号）。判決と同じく，執行証書により，直ちに，強制執行できることになる。

公証人法4章は，証書の作成について規定している。そのうち，主な条項は以下のとおりである。

公証人法（明41法53）4章（抄）
第26条 公証人ハ法令ニ違反シタル事項，無効ノ法律行為及行為能力ノ制限ニ因リテ取消スコトヲ得ヘキ法律行為ニ付証書ヲ作成スルコトヲ得ス
第27条 公証人ハ日本語ヲ用ウル証書ニ非サレハ之ヲ作成スルコトヲ得ス
第29条 嘱託人日本語ヲ解セザル場合又ハ聾者若ハ唖者其ノ他言語ヲ発スルコト能ハサル者ニシテ文字ヲ解セサル場合ニ於テ公証人証書ヲ作成スルニハ通事ヲ立会ハシムルコトヲ要ス

【注】　通事も署名捺印するが，外国人の場合は，「外国人ノ署名捺印及無資力証明ニ関スル法律」（明32．3．10法50，7．17施行）1条1項により，「法令ノ規定ニ依リ署名，捺印スヘキ場合ニ於テハ外国人ハ署名スルヲ以テ足ル。」とされている。

第36条本文　公証人ノ作成スル証書ニハ其ノ本旨ノ外左ノ事項ヲ記載スルコトヲ要ス
　6号　印鑑証明書ノ提出其ノ他之ニ準スヘキ確実ナル方法ニ依リ人違ナキコトヲ証明セシメ又ハ印鑑若ハ署名ニ関スル証明書ヲ提出セシメテ証書ノ真正ナルコトヲ証明セシメタルトキハ其ノ旨及其ノ事由
第37条3項　数量，年月日及番号ヲ記載スルニハ壱弐参拾ノ字ヲ用ウヘシ

3　私署証書の認証

　私署証書とは，私文書のうち作成者の署名または記名押印のあるものをいう。押印には，拇印（親指の指紋を押す印）が含まれる。戸籍謄本や住民票の写しは，公文書なので，その真正なることを公証人は認証できない。ただ，外国にこれらを提出する際に，公証人の認証を求められた場合は，その翻訳文に公証人が認証する方法が採られている。翻訳文の余白に正確に翻訳した旨を記載して翻訳者が署名したもの（証明書：Certificate）または，翻訳者が作成した翻訳宣言書（Declaration）に，公証人が認証を付与している。

　認証には，署名認証（公証人法58条1項）と謄本認証（同条2項）がある。署名認証は，目撃認証（公証人の面前で当事者が証書に署名もしくは押印する。），自認認証（公証人の面前で証書の署名もしくは押印を当事者が自認する。），代理自認（公証人の面前で証書の署名もしくは押印が本人のものであることを代理人が自認する。）の別がある。謄本認証は，公証人が私署証書の謄本が原本と相違ない旨を認証する。

　宣誓認証は，公証人法58条ノ2の新設により（平10．1．1施行），「公証人私署証書ニ認証ヲ与フル場合ニ於テ当事者其ノ面前ニ於テ証書ノ記載ノ真実ナルコトヲ宣誓シタル上証書ニ署名若ハ捺印シ又ハ証書ノ署名若ハ捺印ヲ自認シタルトキハ其ノ旨ヲ記載シテ之ヲ為スコトヲ要ス」（1項）ものである。

この宣誓認証の新設前においても，宣誓供述書（Affidavit）は，私署証書の認証で用いられてきた。記載内容が真実であることを宣誓した上で確約し署名するのは，アメリカ合衆国やイギリスの慣習法である。
　例えば，旅券は公文書なので，旅券のコピーやそれに添付した書面に公証人が認証を与えることは，外務省により禁止されていた。このため，旅券の内容を宣誓供述書や宣言書（私は，平成〇年〇月〇日，日本国政府から〇〇番の旅券の発給を受けており，同旅券には，次の記載（氏名，生年月日，発行日，有効期限）があることに相違ないことを宣言する。）にし，それらを公証人が認証してきている。
　宣誓供述書は，Affidavit（アフィダビツ）の訳で，例えば，旅券に含まれた情報と記載内容が全く同じであることを，次のように宣誓の上，供述した書面である。

(例) 旅券の場合の宣誓供述書

AFFIDAVIT

I do hereby swear that following is exactly same information contained in my passport.

Surname	YAMATO
Given name	TAKESI
Nationality	JAPAN
Date of birth	20 JAN 1945
Sex	M
Passport no	NK7033634
Date of issue	01 FEB 1997
Date of expire	01 FEB 2002
Authority	Ministry of Foreign Affairs
Date	
	Signature

　ちなみに，旅券の写しが添付された私署証書に対する公証人の認証は，禁止されていたが，「旅券の写しが添付された私署証書の公証人による認証が基本的に可能であることを前提とするものであり，今後は，他の私署証書を

認証する場合と同様に，各公証人の審査，判断により遺漏のないように取り扱うべきもの」とされた（平23．1．14日本公証人連合会理事長あて領425外務省領事局旅券課長及び同局領事サービス室長）。

　公証人は，外国語で作成された私署証書や外国で使用される私署証書を認証し，公文書のため認証できない戸籍謄本・住民票であっても，外国の提出先の求めに応じて，その翻訳文を認証している。公文書を外国語に翻訳し，翻訳者がその外国語と日本語に堪能であり，添付の公文書の記載内容を誠実に翻訳した旨を記載した宣言書を作成し署名する。公証人は，この宣言書を公文書のコピーと訳文を添付して認証することになる。また，別に，翻訳文の余白に正確に翻訳した旨を記載して翻訳者が署名する方法を求める外国の提出先もある。

(例)　**翻訳の場合の宣言書**

DECLARATION

I do hereby solemnly and sincerely declare: that I am well acquainted (ここに　厳粛に　本心から　熟知している)
with the Japanese and English language, and that the attached document (添付文書)
is a true translation into the English Language. (翻訳)
And I make this solemn declaration conscientiously believing the same (誠実に)
to be true and correct. (正確)

　　　　Date

　　　　　　signature

　この「DECLARATION」を認証する方法に加え，公文書の発行者が，添付した公文書のコピーが原本と相違ないことを証明した証明書（Certificate）を，公証人が認証する方法もある。

　なお，公証人は，日本語で証書を作成しなければならない（公証人法27条）。ただ，本条は，認証文に訳文を付することを禁じたものではない（昭33．12．1民事一発350民事局一課長回答）。訳文には，ローマ字で公証人がサインしている。また，外国の公証人はシール（スタンプ）を用いており，これを日本でも用い，ローマ字署名の後ろにシールを押している。

公証の英語表記は，「notary public」であり，公証人が公証することを，「notarize」という。公証された（notarization）文書でも，外国の提出先は，更に，その合法化（Legalization）を求めるのが通例である。このため，公証人の署名および職印は，その属すべき法務局または地方法務局の長がリーガライゼーションする（公証人押印証明）。法務局または地方法務局の長に対しては，外務省領事がリーガライゼーションする（公印確認証明）。これによって，外国の駐日領事は，日本の文書を認証する。

　このうち，在日領事官による外国公文書の認証を不要とする条約がハーグ条約である（日本では1970. 7. 27発効し，この条約の訳文はヘーグ条約と訳している。）。署名の真正，文書の署名者の資格および場合により文書に押されている印影の同一性の証明として要求することができる唯一の手続は，その文書を発する国の権限ある当局による証明文の付与とする（ハーグ条約3条1項）。前条1項の証明文は，文書自体または補箋に記載する。その証明文は，この条約の附属書の様式に合致するものとする（ハーグ条約4条1項）。この証明書の「証明（1961. 10. 5のヘーグ条約）」という標題は，フランス語で記載する（ハーグ条約4条2項）。

　証明文というフランス語が「Apostille」であり，この証明文（アポスティーユ）は，外務省が付与している。

3 私署証書の認証

(参考)

APOSTILLE

(Convention de La Haye du 5 octobre 1961)

1. Country : JAPAN

   This public document

2. has been signed by ○○○○ ○○○○

3. acting in the capacity of Mayor of ○○○ City

4. bears the seal/stamp of

   Certified

5. at Tokyo   6. SEP 1 1 1991

7. by the Ministry of Foreign Affairs

8. No. 91093392

9. Seal/stamp: 10. Signature:

For the Minister for Foreign Affairs

353

アポスティーユの付与による証明が必要な公文書は，次のとおり（ハーグ条約1条）。
- 国の司法権に係る当局または職員が発する文書（検察官，裁判所書記，または執行吏が発するものを含む。）
- 行政官庁の文書
- 公正証書
- 登記済みまたは登録済みの証明，確定日付証明，署名証明その他これらに類する公的な証明であって，私的証書に付するもの

ただし，例外として，次の公文書に対するアポスティーユの付与は不要である。
- 外交官または領事館が作成する文書
- 行政官庁の文書で商業活動または税関の事務と直接の関係があるもの

したがって，条約締結国間においては，戸籍謄本・抄本，住民票，公正証書，法人の登記簿謄本・抄本，法人の履歴事項全部（一部）証明書などは，アポスティーユが付与されていなければ翻訳証明ができないことになる。

ちなみに，公証人役場では，次のような代行業務を行っている。
- ワンストップ・サービス（東京都内及び神奈川県内のみ）

東京都内および神奈川県内の公証役場では，申請者から要請があれば，（地方）法務局の公証人押印証明，外務省の公印確認証明またはアポスティーユが付与できる。このサービスを利用すると（地方）法務局や外務省へ出向く必要はない。ただし，公印確認証明の場合は，駐日大使館（領事館）の領事認証を必ず受ける必要がある。

なお，アポスティーユの場合であっても，提出国（あるいはその書類）によっては駐日大使館（領事館）で翻訳を行うため，その提出を事前に求められる場合があるので，あらかじめ駐日大使館（領事館）や現地提出先に確認する必要がある。

提出先機関の意向で外務省の公印確認証明を必要とせず，現地にある日本大使館や総領事館の証明を求められている場合は，「ワンストップ・サービス」を受けることなく，東京（横浜）法務局に出向き公証人の押印証明を受

けることになる。

　外務省で公印確認証明を受けた書類は，現地日本大使館や総領事館で重ねて証明することはできない（同一機関による二重証明となるため）。

・次の8県では，公証人の認証と地方法務局長による公証人押印証明が一度に入手できる。

　　埼玉・茨城・栃木・群馬・千葉・長野・静岡および新潟

4 定款の認証と確定日付の付与

　定款の認証は，公証人の権限とされている（公証人法1条3号・4号）。

公証人法1条〈公証人の権限〉
　公証人ハ当事者其ノ他ノ関係人ノ嘱託ニ因リ左ノ事務ヲ行フ権限ヲ有ス
　一　法律行為其ノ他私権ニ関スル事実ニ付公正証書ヲ作成スルコト
　二　私署証書ニ認証ヲ与フルコト
　三　会社法第30条第1項及其ノ準用規定並一般社団法人及び一般財団法人に関する法律第13条及第155条ノ規定ニ依リ定款ニ認証ヲ与フルコト
　四　電磁的記録ニ認証ヲ与フルコト但シ公務員ガ職務上作成シタル電磁的記録以外ノモノニ与フル場合ニ限ル

　会社法（平17.7.26法86）の施行（平18.5.1）前，昭和13年の商法改正で167条「定款ハ公証人ノ認証ヲ受クルニ非ザレバ其ノ効力ヲ有セズ」が追条され（昭18），公証人法1条本文に「商法第百六十七条及其準用ニ依リ定款ニ認証ヲ与フル」が入り，定款の認証が公証人の権限に加わった。ただ，商法33条から500条は，「会社法の施行に伴う関係法律の整備等に関する法律（平17.7.26法87）」により削除され，有限会社法（昭13.4.5法74，昭15.1.1施行）も廃止された（同法により設立された有限会社は，特例有限会社として会社法が適用される。）。

　会社法30条〈定款の認証〉1項は，「第26条〈注：定款の作成〉第1項の定款は，公証人の認証を受けなければ，その効力を生じない」と規定してい

355

る。一般社団法人及び一般財団法人に関する法律（平18．6．2法48，平20．12．1施行）13条と155条にも，会社法30条1項と同様の規定が置かれている。

この結果，会社のうち，持分会社（合名会社，合資会社，合同会社）は，定款を作成しなければならないが，公証人による認証は必要とされていない。特定非営利活動促進法によるNPO法人も同様である（主務官庁の認証により設立される。）。学校法人・宗教法人・社会福祉法人・医療法人なども個別法により規制され，公証人による認証は不要である。

確定日附の付与は，公証人法でなく，民法施行法（明31．6．21法11，明31．7.16施行）4条〔確定日付の効果〕・5条〔確定日付のある証書〕・6条〔確定日付記入の請求〕・8条〔確定日付記入の手数料〕に定められている。

民法施行法（抄）
第4条 証書ハ確定日附アルニ非サレハ第三者ニ対シ其作成ノ日ニ付キ完全ナル証拠力ヲ有セス
第5条1項 証書ハ左ノ場合ニ限リ確定日付アルモノトス
一　公正証書ナルトキハ其日付ヲ以テ確定日付トス
二　登記所又ハ公証人役場ニ於テ私署証書ニ日付アル印章ヲ押捺シタルトキハ其印章ノ日付ヲ以テ確定日付トス
三　私署証書ノ署名者中ニ死亡シタル者アルトキハ其死亡ノ日ヨリ確定日付アルモノトス
四　確定日付アル証書中ニ私署証書ヲ引用シタルトキハ其証書ノ日付ヲ以テ引用シタル私書証書ノ確定日付トス
五　官庁又ハ公署ニ於テ私署証書ニ或事項ヲ記入シ之ニ日付ヲ記載シタルトキハ其日付ヲ以テ其証書ノ確定日付トス
六　（略）

この場合，1号の公正証書には，官公吏がその権限により作成した文書を含む。5号の官庁には，郵政民営化（平19.10.1）前，日本郵政公社を含むと規定されていた。この規定が削除されて，6号の「郵便認証司（郵便法第59条第1項ニ規定スル郵便認証司ヲ謂フ）ガ同法第58条第1号ニ規定スル内容証明ノ取扱ニ係ル認証ヲ為シタルトキハ同号ノ規定ニ従ヒテ記載シタル日付ヲ以テ確定日付トス」が新設された。

なお，民法施行法5条2項により，日付情報を付された電磁的記録の情報が確定日付ある証書とみなされ，「前項ノ場合ニ於テハ日付情報ノ日付ヲ以テ確定日付トス」（民法施行法5条3項）とされている。

　なお，紙の文書による公証が，電子文書で行われるようになったのは，2002年1月15日からである。

　商法等の一部を改正する法律の施行に伴う関係法律の整備に関する法律（平13.11.28法129，平14.4.1施行）により，商業登記法（昭38.7.9法125，昭39.4.1施行）19条の2が新設されて，設立登記の添付書類である定款の電子定款が認められるようになった。また，商業登記法等の一部を改正する法律（平12.4.19法40，平13.3.1施行）により，公証人法1条が全改されて公証人の権限が1号から4号に別れ，その4号で新たに電磁的記録への認証も加えられた。

　「指定公証人の行う電磁的記録に関する事務に関する省令」（平13.3.1法務省令24。即日施行）が定められ，公証人法における電子公証が始まった（平14.1.15）。当初は，法務大臣が指定する公証人による，電子私署証書・電子定款（平14.4.1スタート）の公証，電磁的記録に対する確定日付の付与が対象となり，公正証書の作成は除かれた。その後，法人に限られていた嘱託人（クライアント）に個人が加わり（平16.3.1），現在は，ミロク情報サービスのMIS電子証明書サービスなど6機関が発行する電子証明書を取得し，これを電磁的記録に添付し電子署名をして認証を申請している。

　さらに，省令改正により，電子公証の申請が，全てネットで行われるようになった（平19.4.1）。また，電子公証の申請方式が，法務省「登記・供託オンライン申請システム」に移行した（平24.1.10）。

　ちなみに，電子定款の認証では，自認認証に限られている（公証人法62条ノ6第1項かっこ書）。クライアントが（代理も可），公証人の面前で行う（この面前性は紙ベースも電子文書も同じ）自認認証（証書の署名もしくは捺印の自認）だけで，目撃認証（証書に署名もしくは捺印の目撃）は，これが電子公証であることから不要とされる。なお，電子公証において，宣誓認証する場合も，代理人による宣誓はできない（公証人法62条ノ6第3項）。

第13 外務証明

外務本省，大阪府庁内の外務省大阪分室，在外公館（外国にある日本大使館，総領事館）で行われている証明を外務証明という。
その概要は，外務省の公表資料によると，以下のとおりである。

1 外務本省，大阪分室における証明

外務省（外務本省，大阪分室）における証明は，公印確認（日本の公文書に押印された公印の確認証明）またはアポスティーユ（付箋による証明）の2種類で，外国での各種手続（結婚・離婚・出生，査証取得，会社設立，不動産購入など）のために日本の公文書を提出する必要が生じ，その提出先機関から，日本にある提出先国大使館（領事館）の認証（領事認証）または外務省の認証を取得するよう要求された場合に必要とされる。

公印確認かアポスティーユのどちらの証明が必要になるのか，何の書類が必要になるのかは，提出先国がハーグ（ヘーグとも訳されている）条約（領事認証不要条約）に加盟している国かどうかも含め，提出先により異なる。

なお，ハーグ条約に加盟していない国へ提出する公文書の認証は全て公印確認となり，また，同条約に加盟している国であっても，アポスティーユとなる場合と公印確認となる場合がある。

(参考)

AMBASSADE VAN BELGIE　長期滞在に伴う家族の申請必要書類

1．配偶者
　・戸籍謄本　和文＋仏文（家族であるという証明および生年月日）
　・無犯罪証明書
　・健康診断書　2部　（指定病院：○○○　病院　電話○○－○○○○－○○○○）
2．子供
　・戸籍謄本　和文＋仏文
　・健康診断書　2部
　・無犯罪証明書（18才以上のみ必要）

　　　― 戸籍謄本と無犯罪証明書は，大使館に持参する前に，必ず外務省でアポスティーユを受けること。
　　　― 戸籍謄本には各自でフランス語の翻訳をつけ，大使館に持参すること。
　　　― 無犯罪証明書は大使館で翻訳し，認証する。
　　　― 健康診断書2部は，大使館でサイン認証する。
　　　― なお，費用は，認証代と，サイン認証代

＊時間の余裕をもって申請してください。

　　　　　　　　　　　　駐日ベルギー国大使館　領事部
　　　　　　　　　　　　〒102-0084　東京都千代田区二番町5－4
　　　　　　　　　　　　電話○○－○○○○－○○○○

外務省に申請するまでに，次の4ルートにより，あらかじめリーガライゼーション（公的認証）されていなければならない。この場合，外務省では，海外からの申請は受け付けていない。海外に滞在されている方で，外務省の証明が必要な方は，国内代理人を通じて申請する。

イ　本邦公的機関の発行する公文書に対して外務省の証明が必要となる場合

　　公的機関 → 外務省

ロ　本邦公的機関の発行する公文書の翻訳に対して外務省の証明が必要となる場合

　　公的機関 → 公証役場 → （地方）法務局 → 外務省

（注）　翻訳証明ではないので，この方法でよいか提出先に確認する必要がある。

ハ　私文書に対して外務省の証明が必要となる場合

　　公証役場 → （地方）法務局 → 外務省

ニ　登記官の発行した書類（登記簿謄抄本）に対して外務省の証明が必要となる場合

　　登記官が所属する（地方）法務局 → 外務省

（注）　登記官印および（地方）法務局長印（登記官押印証明）の両方が必要になる。

(1) **証明の種類と証明できる文書**

　外務省の証明の対象は公文書であることが前提なので，証明を受けたい書類が公文書にあたるかどうか，公印確認とアポスティーユのどちらの証明が必要なのか，事前に確認する必要がある。

　外務省の証明の対象は，証明を受けようとする書類が公文書であることが前提なので，私文書（外国向け私署証書）は，対象外であるが，私文書であっ

ても公証役場において公証人の認証を受けたもので，その公証人の所属する（地方）法務局長による公証人押印証明があれば，外務省の認証を受けることができる．また，対象になる公文書は，提出先の要求するものに限られ，公文書上に公印が押されていないもの（または署名のみのもの），個人の印鑑のみが押印されているものは証明の対象にされない．

イ．公印確認（Authentication）

　留学，海外での結婚，海外への赴任などに際して，外国の関係機関に対し，卒業証明書，婚姻要件具備証明書，戸籍謄（抄）本，登記簿謄本および健康診断書などを提出する必要が生じ，関係機関によっては，この書類に駐日外国領事による認証（領事認証）を要求する場合がある．駐日外国領事に認証してもらうために外務省による証明が必要とされる際には，外務省（領事局領事サービス室証明班および大阪分室）では，日本の官公署やそれに準ずる機関（独立行政法人，特殊法人）が発行した文書に押印された公印について，公印確認の証明の付与を行っている．委任状，履歴書，定款，公文書の英語訳など，個人や会社で作成した私文書でも，公証人による公証および地方法務局長による公証人押印証明が付されていれば，公印確認することができる．

　なお，外務省における公印確認は，その後の駐日外国大使館（領事館）での駐日領事による認証が必要となる証明なので，必ず駐日外国領事による認証を受けてから外国関係機関へ提出することになる．

　また，外国の提出先機関の意向で日本外務省の公印確認証明ではなく，現地にある日本大使館や総領事館の証明が求められている場合もある．しかし，外務省で公印確認証明を受けた書類は，現地日本大使館や総領事館で重ねて証明することはできない（同一機関による二重証明となるため）．

　登記官の発行した登記簿謄抄本は，その登記官の所属する地方法務局長による登記官押印証明が必要となる．

　健康診断書は，国によって，健康診断書を発行する機関（病院）を指定する場合がある．この場合，外務省では私立病院が発行した健康診断書への公印確認証明はできない．また，国公立病院，国公立大学付属病院，赤

十字病院が発行する健康診断書を取得する際は，検査医のサインと同時に病院の公印の押印，病院名および発行日の記載が必要となる。
ロ．アポスティーユ（Apostille）

　アメリカ合衆国，イギリス，フランスなど，ハーグ条約（領事認証不要条約）に加盟している国（地域）に証明書を提出する場合には，原則，駐日外国領事による認証は不要となる。この場合，提出する公文書に外務省においてアポスティーユ（付箋による証明）の付与が行われていれば，駐日外国領事による認証はなくとも，駐日外国領事の認証があるものと同等のものとして，提出先国（地域）で使用することが可能になる。なお，加盟国であってもその用途または書類の種類によって，駐日外国領事の認証を必要とする公印確認を要求する機関もある。

　登記簿謄本，教育機関・医療機関の発行する書類などで，一部取扱いが異なっている。

　登記官の発行した登記簿謄抄本は，その登記官の所属する（地方）法務局長による登記官押印証明が必要となる。なお，登記官，（地方）法務局長のいずれにアポスティーユ証明を付与するかは外国の提出先機関によって異なる。

　2004年4月（平成16年度）より，国立大学およびその付属機関（小・中・高等学校，病院，研究所等）は独立行政法人に移行した。また，国立病院についても一部病院（ハンセン病施設）を除き，平成22年4月1日より独立行政法人に移行した。このため，独立行政法人化後に発行された旧国立大学（付属機関を含む。）の卒業証明書，学位記，成績証明書および旧国立病院の健康診断書は，ハーグ条約によりアポスティーユの対象とはならない。なお，独立行政法人化後に発行された書類は，アポスティーユ証明の代わりに公印確認証明を受けることは可能である。また，公立大学，公立の小・中・高等学校，公立大学の付属病院など公立の機関には，平成16年度以降，独立行政法人に移行しているところもあり，移行後の法人はアポスティーユの対象にならない。

　健康診断書は，国によって，健康診断書を発行する機関（病院）を指定

する場合があるが，外務省では私立病院が発行した健康診断書へのアポスティーユは付与できない。また，アポスティーユ付与の対象になる国公立病院（国立病院を称していても独立行政法人化されているところはアポスティーユ付与の対象とならない。），国公立大学付属病院および赤十字病院が発行する健康診断書を取得する際に，診断医のサインと同時に病院の公印の押印，病院名および発行日の記載が必要になる。

(2) **申請方法**

申請と受取りの方法は以下の3通りである。
1) 窓口で申請して，後日，窓口で証明書を受け取る。→イ
2) 窓口で申請して，後日，郵便で受け取る。→イ
3) 郵便で申請して，後日，郵便で受け取る（郵便で申請して，後日，窓口で証明書を受け取ることはできない。）。→ロ

イ 窓口申請

外務省（外務本省，大阪分室）に出向き，書類等に不備がなければ，認証済みの書類は申請した日の翌稼動日朝9時からの受取りが可能だが，申請当日には受取りができない。

なお，郵便での返却を希望する場合は，窓口での申請の際に必ず切手および返信用封筒（返送する証明書が入る大きさで，送付先住所が記載されているもの）を提出し，返送は任意の郵便方法を選ぶことになる。レターパック（350，500），書留，簡易書留などは追跡が可能である。

外務省での認証手続のあと，東京都内または大阪府内の外国大使館（領事館）でさらに認証を受ける必要がある人は，申請の翌稼働日以降午前9時から受取りが可能なので，郵便ではなく窓口で受け取るのが早く便利である。

公印確認またはアポスティーユをした書類を駐日外国大使館・領事館向けに外務省から直接郵送することは行っていない。

窓口に出向く際は必ず旅券，運転免許証，住基カードおよび在留カードなどの顔写真付きの公的機関が発行した身分証のいずれかを持参し，これ

ら証明書がない人は保険証を持参することになる。郵便申請の場合は，原則として申請者本人の住所への郵送返却をもって身分確認とされる。

・本人に代わって代理申請を希望する場合には，当事者の委任状（ファックス，メール（PDF形式ファイル）で取り寄せたものでも可）が必要となる。委任状の書式は自由だが，参考例（次頁）を参照の上，作成することになる。
・会社，組合などの申請で公文書に記載されている会社，組合などに所属する社員からの代理申請の場合には，同社員の社員証もしくは，名刺＋身分証明書を提示すれば委任状の提出は不要となる。
・旅行業者，行政書士，弁護士などは官公署で依頼人に代わり諸手続をすることが認められているので，委任状は必要とされない。ただし，それぞれの身分が確認できるものは，必ず持参しなければならない。

ロ　郵便申請

郵便で申請・受取りを希望する場合は，必要書類とともに，居住する所から地理的に近い郵送先（外務本省（東京），大阪分室）のいずれかに送付する。受取りまでの所要日数は概ね2週間となる。郵便で申請して，後日窓口で受け取る方法，また，海外からの郵便申請受付や海外への書類の返送は行われていない。なお，アポスティーユ申請の場合，アポスティーユという付箋による証明書の大きさは18センチメートル×18センチメートルとなる。

郵送により申請を希望する場合は，郵便申請時に外務省作成の所定の申請書（A5サイズ）を同封する必要がある。窓口申請の際は窓口に備付けの申請書を使用できる。証明の種類によって申請書が異なるので，「公印確認」または「アポスティーユ」のいずれが必要か提出先にあらかじめ確認しなければならない。

申請書は，ファックス機能付き電話機から外務省ファックスシステム（ファックスシステムへのアクセス方法は，ホームページを参照のこと。）にアクセスすることによって，ホームページが送信されるので必要な申請書を切り取るか，または申請書（PDFファイル）をホームページからダウン

ロードし，印刷して使用できる（複写して使用することもできる。）。

委任状（例）

委 任 状

平成○年○月○日（または西暦○年○月○日）

　私，○○（委任者氏名）は外務省領事局領事サービス室証明班の諸手続について○○（被委任者氏名）に委任いたします。

委任者
氏　名：
住　所：
ＴＥＬ：

被委任者
氏　名：
住　所：
ＴＥＬ：

　　　委任者署名　_____

画面上からダウンロードまたはプリントアウトができない場合は，返信用の切手を貼付した封筒を同封の上，提出先国名・必要な申請書種類（公印確認申請書・アポスティーユ申請書）および申請書の必要部数を記した書簡（様式はない）を申請窓口（外務本省（東京）または大阪分室）に郵送すれば，後日申請書が送付される。

外務省における証明に係るQ&A（外務省ホームページから抜粋）

> Q 国際結婚をするためにはどんな手続きが必要になりますか？
> A どのような手続きが必要になるのかは，日本の方式で結婚するのか，外国の方式で結婚するのかによって異なります。日本の方式で結婚する場合には，市区町村役場へ，外国の方式で結婚する場合には，日本にある当該国の大使館・領事館に手続きについて確認してください。
>
> Q 先方（外国）に書類を提出する際に，翻訳を求められていますがどうしたらよいですか？
> A 外務省では翻訳は行っておりません。申請者ご本人が翻訳したものを提出することで受理される場合もあれば，翻訳に対して公証人による公証と地方法務局長による公証人押印証明，さらに外務省の認証を必要とする場合，または翻訳業者を指定している場合等さまざまです。詳細につきましては提出先となる在本邦外国大使館・総領事館や当該外国の提出機関にお問い合わせください。
>
> Q 外国に住んでいますが，外国からの郵便申請はできますか？
> A 郵便による申請受付は国内郵便に限られます。なお，警察証明書のみは国内であっても郵便による申請・受領はできませんので，受領代理人または事務代行業者等にご依頼ください。
>
> Q 外務省で証明された書類の有効期限を教えてください。
> A 外務省では特に有効期限は定めていません。提出先となる在本邦外国大使館・総領事館等や当該外国の機関の判断によります。

2 在外公館(外国にある日本国大使館,総領事館)における証明 ──

　海外に所在する日本の在外公館では,その国で生活する日本人からの申請に基づいて,いろいろな証明書を発給している。
　主要な証明の概要は次のとおりである。

(1) 在留証明

　外国に居住する日本人がその国のどこに住所(生活の本拠)を有しているか,あるいはその国内での転居歴(過去,どこに住んでいたか)を証明するものである。また,その国以外の外国の居住歴もそれを立証する公文書があれば証明されることになる。

　在留証明は,あくまでも現在外国に居住する者(日本に住民登録のない者)が不動産登記,恩給や年金手続,在外子女の本邦学校受験の手続などで,日本の提出先機関から外国における住所証明の提出が求められている場合に発給される一種の行政証明である。

　なお,平成18年4月1日より,在留証明書の様式が変更されている。主な変更は,これまでの様式では居住場所に加えて本籍地も証明する形となっていたが,変更後は在留の事実(居住の事実)のみを証明することになった。ただ,「本籍地」の欄は提出先の意向もあり,これまでどおり残されたが,本籍地の都道府県名は必ず記入し,市区郡以下の住所は,わからない場合や提出機関より記入しなくてよいというのであれば,省略することができる。

イ　発給条件

- 日本国籍を有する者(二重国籍を含む。)のみ申請ができる。したがって,既に日本国籍を離脱した者や喪失した者,日系人を含む外国籍者は発給の対象外となる。もっとも,既に日本国籍を離脱・喪失した者であっても,例外的な措置として「居住証明」で対応する場合がある。
- 現地に既に3か月以上滞在し,現在居住していること。ただし,申請時に滞在期間が3か月未満であっても,今後3か月以上の滞在が見込まれる場合には,発給の対象となる。
- 本人申請が原則である。在留証明は遺産分割協議や不動産登記,その他

申請する者にとって重要な用途に使用されるため，在外公館で申請する者の意思と提出先機関の確認を行うと同時に本人の生存確認が行われるからである。
- このように，証明を必要とする本人が公館へ出向いて申請することが必要だが，本人が公館に行くことができないやむを得ない事情がある場合は，委任状をもって代理申請を行うことができる場合もある。

ロ　必要書類
- 日本国籍を有していることおよび本人確認ができる書類（有効な日本旅券，本邦公安員会発行の有効な運転免許証など）
- 住所を確認できる文書（例：現地の官公署が発行する滞在許可証，運転免許証，納税証明書，あるいは公共料金の請求書などの住所の記載があるもの，現地の警察が発行した居住証明など）
- 滞在開始時期（期間）を確認できるもの，また，滞在期間が３か月未満の場合は，今後３か月以上の滞在が確認できるもの（賃貸契約書，公共料金の請求書など）

ハ　申請時の留意点
- 現地の居住先が確定した場合は，「在留届」を速やかに居住先を管轄する在外公館に提出する。
- 遠隔地に居住している場合や病気など個々人の事情により，在外公館に出向いて申請することが困難な場合には，郵便による申請も受け付けている。ただし，できあがった証明書は手数料の納付後に窓口にて渡されるので，申請人本人または代理人（委任状が必要）が一度は在外公館へ出向くことになる。
- 在留証明は在外公館のみで発行している証明書である。外務省（東京，大阪分室）では在留証明の申請受理・発給の事務取扱いは行っていないので，休暇や出張等での一時帰国の際に日本で在留証明書を入手することはできない。
- 日本に帰国後，海外に在住していたことを証明する必要が生じた場合には，在留証明が発行されないので，現地公的機関が発行した納税証明書，

公共料金の領収書，現地の運転免許証あるいは旅券に押印された外国の出入国管理当局による出入国印などが考えられるが，どのような書類が在留証明の代わりとして認められるかは提出先が判断することになる。

(2) **署名証明**

日本に住民登録をしていない海外に在留している者に対し，日本の印鑑証明に代わるものとして日本での手続のために発給され，申請者の署名（および拇印）が確かに領事の面前でなされたことを証明するものである。

証明の方法は2種類で，①在外公館が発行する証明書と申請者が領事の面前で署名した私文書を綴り合わせて割り印を行うもの，②申請者の署名を単独で証明するものがある。どちらの証明方法にするかは提出先の意向による。

日本においては不動産登記，銀行ローン，自動車の名義変更などで印鑑証明の提出が求められるが，日本での住民登録を抹消して外国に居住する者は，住民登録抹消と同時に印鑑登録も抹消されてしまう。そのため法務局や銀行等は，海外に在留している日本人には印鑑証明に代わるものとして，署名証明の提出を求めている。

平成21年4月1日より，署名証明書の様式等が変更された。これまでの証明書上の様式では記載のなかった署名者の身分事項の項目（生年月日，日本旅券番号）が加わっている。

イ　発給条件
・日本国籍を有する者のみ申請できる。元日本人の場合は，失効した日本国旅券や戸籍謄本（または戸籍抄本）（もしくは除籍謄本（または除籍抄本））を持参すれば遺産相続手続や本邦にて所有する財産整理に係る手続に際し，署名証明を発給されるケースもある。
・領事の面前で署名（および拇印）を行うので，申請する本人が公館へ出向いて申請することが必要となる。代理申請や郵便申請はできない。

ロ　必要書類
・日本国籍を有していることが確認できる書類（有効な日本国旅券，本邦公安委員会発行の有効な運転免許証）
・上記①の綴り併せによる証明を希望する場合には，日本より送付されて

きた署名（および拇印）すべき書類
- 署名は領事の面前で行う必要があり，事前の署名は証明されない。なお，事前に署名（および拇印）をした文書を持参した場合は，事前の署名（および拇印）を抹消の上，領事の面前で改めて余白に署名（および拇印）することになる。

ハ　申請時の留意点
- 本人の署名を証明するのは，基本的には現地の公証人で，外国籍者は現地の公証人に依頼することになる。
- 領事官が，公証人のように私文書について申請者の署名を証明することができるわけではなく，署名証明は，あくまで海外に居住する日本人が印鑑証明を必要とする際に，印鑑証明の代わりに発給されるものである。ちなみに，在外公館でも印鑑の登録を行い，その証明を取り扱っている。

(3) **身分上の事項に関する証明**

　外国人との婚姻や外国籍を取得するなどの理由で，外国関係機関から，いつ，どこで出生したかなど，身分上の事項について証明書の提出を求められることがある。在外公館で取り扱っている身分上の事項に関する証明は以下のとおりである。
- 出生証明……いつ，どこで出生したかを証明するもの
- 婚姻要件具備証明書……独身であって，婚姻可能な年齢に達し，相手方と婚姻することにつき日本国法上何らの法律的障害がないことを証明するもの
- 婚姻証明……誰といつから正式に婚姻関係にあるかを証明するもの
- 離婚証明……いつ正式に離婚したかを証明するもの
- 死亡証明……いつ，どこで死亡したかを証明するもの
- 戸籍記載事項証明……ある特定の身分上の事項が戸籍謄本（または戸籍抄本）に記載されていることを証明するもの

　発給条件は，日本人に限られる場合と既に日本国籍を離脱・喪失した者や外国人も申請できる場合がある。必要書類は基本的には戸籍謄（抄）本（できる限り新しいもの）となっている。

(4) **翻訳証明**

申請する者が提出した翻訳文が原文書（本邦官公署が発行した公文書）の忠実な翻訳であることを証明するもので，外国関係機関から本邦における企業の登記簿謄本の翻訳が必要である場合や，どこの学校を卒業したか，あるいはどんな国家免許・資格などを所持しているかの証明が必要である場合は翻訳証明で対応することになる。

ただし，翻訳証明ではなく，印章の証明（本邦官公署またはそれに準ずる独立行政法人，特殊法人，または学校教育法1条に規定された学校等が発行した文書の発行者の印章（職印または機関印）の印影が真正であることを証明するもの）でも対応可能な場合もある。

- 有効期限のある公文書（例えば運転免許証）は有効期限内のものに限られる。有効期限が明記されていないものは，原則として発行後6か月以内とされる。ただし，学位記など再発行されないものは発行年月日にかかわりなく受理される。
- 翻訳証明の対象になる原文書は，原則として日本の官公署が発給した公文書となる。
- 私文書に対し公証人が私署証書をしたものを，その公証人が所属している（地方）法務局長が公証人押印証明をしたものは対象になる。

(5) **公文書上の印章の証明**

本邦の官公署またはそれに準ずる独立行政法人，特殊法人，または学校教育法1条に規定された学校が発行した文書の発行者の印章（職印または機関印）の印影が真正であることを証明するもので，外国の関係機関にあてて外国文で発給される。外国の公文書は翻訳人を明記した和訳文を添付することで本邦官公署において受理されるので，外国の公文書に対する印章の証明は行われない。

- 本邦の官公署の発行する公文書，または独立行政法人，特殊法人，学校教育法1条に定められた学校の発行する文書が対象になる。
- 私文書は対象外だが，私文書に対し公証人が私署証書をしたものを，その公証人が所属している（地方）法務局長が公証人押印証明をしたもの

は対象になる。
・有効期限の明記がない文書は，原則として発行後6か月以内が対象になる。なお，国家免許証，卒業証書などの1通しか発行されないものは発行年月日にかかわらず対象になり得る。
・申請人は日本人に限らない。
・申請に際しては印章の証明を受ける原文書（コピーは不可）が必要になる。

3 警察証明書（犯罪経歴証明書）

　警察証明書は日本国内では警視庁・道府県警察本部（以下「警察本部」という。）で発行される。

　海外に居住する者は在外公館（日本大使館・総領事館）が申請窓口になり，外務省が警察庁に対し発給の取次依頼をしている。

- アメリカ合衆国，カナダ，オーストラリア，ニュージーランドなどへ永住申請を行う，あるいはヨーロッパで商業活動を行うために長期滞在（就労）査証の申請をするなど，外国関係機関よりその国の法律に基づき，無犯罪証明書の提出を要求される場合がある。
- 警察証明書には犯罪の有無が，日本語・英語・フランス語・ドイツ語およびスペイン語で記載される。
- 申請人は日本人に限らない。外国人でも日本での居住歴があれば申請することができる。
- 提出機関によっては警察証明の代わりに，申請人自ら，「犯罪歴はない」旨の申述文書に，公証人が署名証明した証書で代用できる場合がある。

(1) **日本国内での手続**

　申請者 → 警察本部 → 申請者

- 住所地の市区町村を管轄する警察本部が申請の窓口になる（警察署では申請できない。）。なお，市区町村の犯罪人名簿による証明は，本人の犯歴がない場合であっても，その有無は証明できない取扱いになっている。
- 海外に居住している方が一時帰国の際に申請を行う場合は，最終住所登録のある市区町村を管轄する警察本部が窓口になる。
- 申請時に指紋が採取される。

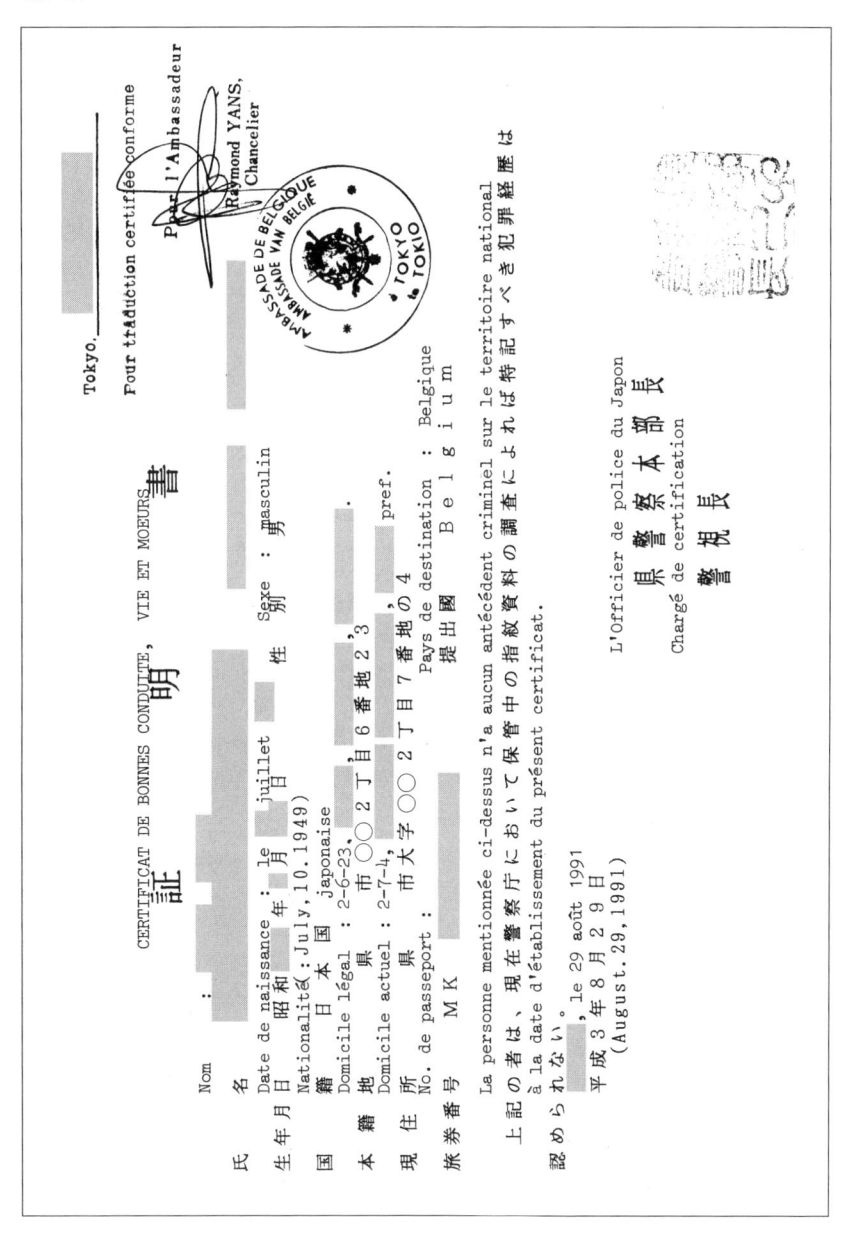

3 警察証明書（犯罪経歴証明書）

（参考）

CERTIFICAT DE BONNES CONDUITE, VIE ET MOEURS

証明書

Nom 氏名 :	
Date de naissance 生年月日 : 昭和　年　月　日	Sexe 性別 : 男 masculin
Nationalité 国籍 : 日本国 japonaise（July, 10, 1949）	
Domicile légal 本籍地 : 2-6-23, 　市○○2丁目6番地2'3	
Domicile actuel 現住所 : 2-7-4, 　県　市大字○○2丁目7番地の4 pref.	
No. de passeport 旅券番号 : MK	Pays de destination : Belgique 提出国　Ｂｅｌｇｉｕｍ

La personne mentionnée ci-dessus n'a aucun antécédent criminel sur le territoire national à la date d'établissement du présent certificat.

上記の者は、現在警察庁において保管中の指紋資料の調査によれば特記すべき犯罪経歴は認められない。

　　　le 29 août 1991
（August, 29, 1991）
平成3年8月29日

L'Officier de police du Japon
県警察本部長
Chargé de certification
警視長

Tokyo.
Pour traduction certifiée conforme
Par l'Ambassadeur
Raymond YANS,
Chancelier

AMBASSADE DE BELGIQUE TOKYO
BELGISCHE AMBASSADE VAN BELGIË TOKIO

第13 外務証明

(参考)

This certificate, which has been issued by the appropriate police authorities of Japan, certifies that the person mentioned therein has no previous criminal records in Japan as of the date of its issue.

Issuing Officer,
Japanese Police

Le présent certificat est établi par l'autorité policière du Japon et il est certifié par le présent que la personne y mentionnée n'a aucun antécédent criminel dans le territoire national à la date d'établissement du présent certificat.

L'Officier de police du Japon
chargé de certification

Durch diese von der zuständigen japanischen Polizeibehörde ausgestellte Bescheinigung wird bescheinigt, dass die aufgeführte Person in Japan strafrechtlich bis heute nicht vorbestraft ist.

Der für die Ausstellung polizeilicher
Führungszeugnisse suständige
japanische Beamte

El presente Certificado se ha expedido por las Autoridades de la Policía del Japón y certifica que la persona mencionada no tiene hasta la fecha ningún antecedente criminal en el Japón.

Oficial de la Policía del Japón
encargado del Certificado

(2) 在外公館での手続

イ　申請した在外公館から後日証明書を受け取る場合

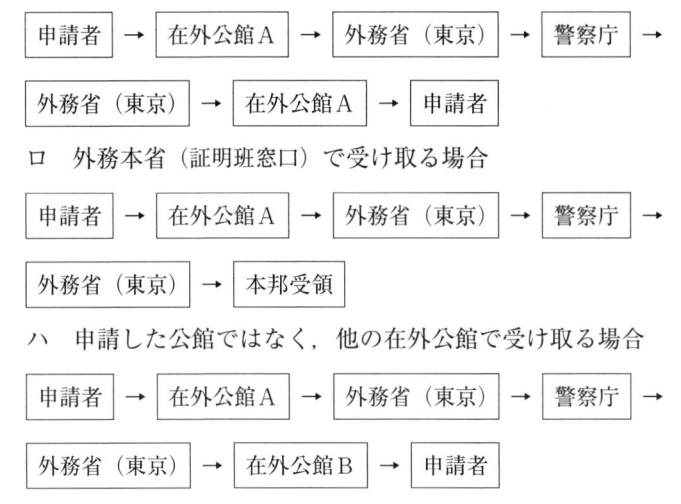

申請者 → 在外公館A → 外務省（東京）→ 警察庁 →

外務省（東京）→ 在外公館A → 申請者

ロ　外務本省（証明班窓口）で受け取る場合

申請者 → 在外公館A → 外務省（東京）→ 警察庁 →

外務省（東京）→ 本邦受領

ハ　申請した公館ではなく，他の在外公館で受け取る場合

申請者 → 在外公館A → 外務省（東京）→ 警察庁 →

外務省（東京）→ 在外公館B → 申請者

- 基本的には居住地を管轄する在外公館が申請窓口になるが，申請者の個々の事情により管轄区域外の公館でも申請することができる。
- 指紋採取は在外公館で行う場合と現地警察署などで行う場合がある。
- 在外公館から申請する場合は，外務省を経由して警察庁への発給取次を行っている関係上，入手まで概ね2か月前後かかり，証明書が手元に届くまでに3か月以上かかる場合もある。

(参考)

○**外国公文書の認証を不要とする条約**（昭和45．6．5条約8号，1970．7．27発効）

外国公文書の認証を不要とする条約をここに公布する。

　　　　外国公文書の認証を不要とする条約

この条約の署名国は，

外交官又は領事官による外国公文書の認証を不要とすることを希望し，

そのため条約を締結することに決定して，次のとおり協定した。

　　　　第1条

この条約は，いずれかの締約国の領域において作成された公文書で他のいずれかの締約国の領域において提出されるべきものにつき，適用する。

この条約の適用上，次のものを公文書とみなす。
  (a)　国の司法権に係る当局又は職員が発する文書（検察官，裁判所書記又は執行吏が発するものを含む。）
  (b)　行政官庁の文書
  (c)　公正証書
  (d)　登記済み又は登録済みの証明，確定日付証明，署名証明その他これらに類する公的な証明であつて，私署証書に付するもの
ただし，この条約は，次の文書については適用しない。
  (a)　外交官又は領事官が作成する文書
  (b)　行政官庁の文書で商業活動又は税関の事務と直接の関係があるもの

第2条

各締約国は，自国の領域において提出される文書でこの条約の適用を受けるものにつき，認証を免除する。この条約の適用上，「認証」とは，当該文書の提出されるべき国の外交官又は領事官が，署名の真正，文書の署名者の資格及び場合により文書に押されている印影の同一性を証明する手続のみをいう。

第3条

署名の真正，文書の署名者の資格及び場合により文書に押されている印影の同一性の証明として要求することができる唯一の手続は，当該文書を発する国の権限のある当局による次条の証明文の付与とする。

もつとも，文書が提出される国において効力を有する法律，規則若しくは慣行又は締約国間の取極が前項の手続を廃止し若しくは簡素化又は文書の認証を免除している場合には，その手続を要求することができない。

第4条

前条第1項の証明文は，文書自体又は補箋(せん)に記載する。その証明文は，この条約の附属書の様式に合致するものとする。

もつとも，証明文は，これを付与する当局の公用語で記載することができる。また，証明文中の文言には，他の言語を併記することができる。「証明（1961年10月5日のヘーグ条約）」という標題は，フランス語で記載する。

第5条

証明文は，文書の署名者又は所持人の請求に応じて付与する。

正当に記載された証明文は，署名の真正，文書の署名者の資格及び場合により文書に押されている印影の同一性を証明する。

証明文中の署名及び印影は，すべての証明を免除される。

第6条

各締約国は，第3条第1項の証明文を付与する権限を有する当局をその公的任務に照らして指定する。
　各締約国は，批准書若しくは加入書を寄託する時又は適用宣言を行なう時にオランダ外務省に対して前項の指定を通告するものとし，また，その指定の変更を通告する。

第7条
　前条の規定に従つて指定された各当局は，その付与した証明文について次の事項を記録する登録簿又は索引カードを備えるものとする。
(a) 証明文の番号及び日付
(b) 公文書の署名者の氏名及びその資格又は，署名がない場合には，押印した当局の表示

　証明文を付与した当局は，利害関係人の請求に応じ，証明文中の記載事項が登録簿又は索引カードの記載事項と一致しているかどうかを確認する。

第8条
　締約国間の条約又は協定が署名又は印影の証明について一定の手続を課する規定を含む場合において，その手続が第3条及び第4条の手続よりも厳格であるときは，この条約は，その規定に優先する。

第9条
　各締約国は，自国の外交官又は領事官がこの条約上認証の免除されている場合に認証を行なうことがないようにするための必要な措置をとる。

第10条
　この条約は，ヘーグ国際私法会議の第9回会期に代表者を出した国並びにアイルランド，アイスランド，リヒテンシュタイン及びトルコによる署名のため，開放される。
　この条約は，批准されなければならない。批准書は，オランダ外務省に寄託する。

第11条
　この条約は，前条第2項の批准書のうち3番目に寄託されるものの寄託の後60日目の日に効力を生ずる。
　この条約は，その後に批准する各署名国については，その批准書の寄託の後60日目の日に効力を生ずる。

第12条
　第10条の国以外の国は，この条約が前条第1項の規定に従つて効力を生じた後これに加入することができる。加入書は，オランダ外務省に寄託する。

加入は，加入国と第15条(d)の通告を受領した後6箇月以内に当該加入に対して異議を申し立てなかつた締結国との間でのみ，効力を有する。その異議は，オランダ外務省に通告する。

この条約は，加入国とその加入に対して異議を申し立てなかつた国との間で，前項に規定する6箇月の期間の満了の後60日目の日に効力を生ずる。

第13条

いずれの国も，署名，批准又は加入の時に，自国が国際関係について責任を有する領域の全部又は一部につきこの条約を適用することを宣言することができる。その宣言は，この条約がその国について効力を生ずる時に効力を生ずる。

そのような適用は，その後いつでもオランダ外務省に通告する。

この条約は，これに署名しかつこれを批准する国が適用宣言を行なう場合には，第11条の規定に従い，関係領域について効力を生ずる。この条約は，これに加入する国が適用宣言を行なう場合には，前条の規定に従い，関係領域について効力を生ずる。

第14条

この条約は，第11条第1項の規定に従つて効力を生じた日から5年間効力を有する。その日の後に批准し又は加入する国についても，同様とする。

この条約は，廃棄されない限り，5年ごとに黙示的に更新される。

廃棄は，5年の期間が満了する少なくとも6箇月前にオランダ外務省に通告する。

廃棄は，この条約が適用される領域のうち特定の部分に限定して行なうことができる。

廃棄は，これを通告した国についてのみ効力を生ずるものとし，その他の締約国については，この条約は，引き続き効力を有する。

第15条

オランダ外務省は，第10条の国及び第12条の規定に従つて加入した国に対し，次の事項を通告する。

(a) 第6条第2項の通告
(b) 第10条の署名及び批准
(c) この条約が第11条第1項の規定に従つて効力を生ずる日
(d) 第12条の加入及び異議並びにその加入が効力を生ずる日
(e) 第13条の適用宣言及びそれが効力を生ずる日
(f) 前条第3項の廃棄

以上の証拠として，下名は，正当に委任を受けてこの条約に署名した。

1961年10月5日にヘーグで，フランス語及び英語により本書1通を作成した。フランス語の本文と英語の本文との間に相違がある場合には，フランス語の本文による。本書は，オランダ政府に寄託するものとし，その認証謄本は，外交上の経路を通じて，ヘーグ国際私法会議の第9回会期に代表者を出した国並びにアイスランド，アイルランド，リヒテンシュタイン及びトルコに送付する。

　附属書　証明文の様式
　証明文は，一辺の長さが少なくとも9センチメートルの正方形とする。

```
                     証　　　　明
                （1961年10月5日のヘーグ条約）
  1．国　名＿＿＿＿＿＿＿＿＿＿
  2．この公文書は，＿＿＿＿＿＿＿＿＿＿＿によつて署名されたもの
    であり，
  3．その署名者は，＿＿＿＿＿＿＿＿＿＿＿の資格において行動する
    者であり，
  4．この公文書には，＿＿＿＿＿＿＿＿＿＿＿＿＿＿＿＿＿＿＿＿
    ＿＿＿＿＿＿＿＿の印影が押されている。
    上記のことを証明する。
  5．（場所）＿＿＿＿＿＿＿＿＿　　6．（日付）＿＿＿＿＿＿＿＿
  7．（証明者）＿＿＿＿＿＿＿＿＿＿＿＿＿＿＿＿＿＿＿＿＿＿
              ＿＿＿＿＿＿＿＿＿＿＿＿＿＿＿＿＿＿＿＿＿＿
  8．第＿＿＿＿＿号
  9．印　影　　　　　　　　　　10．署　名
        ＿＿＿＿＿＿＿＿＿＿＿　　　　＿＿＿＿＿＿＿＿＿＿＿
```

ハーグ条約（認証不要条約）の締約国（地域）

2012年10月14日現在

ア行
アイスランド
アイルランド
アゼルバイジャン
アメリカ合衆国
アルゼンチン
アルバニア
アルメニア
アンティグア・バーブーダ
アンドラ
イギリス（英国）
イスラエル
イタリア
インド
ウクライナ
ウズベキスタン
ウルグアイ
エクアドル
エストニア
エルサルバドル
オーストラリア
オーストリア
オマーン
オランダ

カ行
カザフスタン
カーボヴェルデ
キプロス
ギリシャ
キルギス
グルジア
グレナダ
クロアチア
コスタリカ
コロンビア

サ行
サモア

サンマリノ
サントメ・プリンシペ
スイス
スウェーデン
スペイン
スリナム
スロバキア
スロベニア
スワジランド
セーシェル
セルビア
セントクリストファー・ネーヴィス
セントビンセント
セントルシア

タ行
大韓民国
チェコ
デンマーク
ドイツ
ドミニカ共和国
ドミニカ国
トリニダード・トバゴ
トルコ
トンガ

ナ行
ナミビア
日本
ニュージーランド
ノルウェー

ハ行
パナマ
バヌアツ
バハマ
バルバドス
ハンガリー
フィジー

フィンランド
フランス
ブルガリア
ブルネイ
ベネズエラ
ベラルーシ
ベリーズ
ベルギー
ペルー
ボスニア・ヘルツェゴビナ
ボツワナ
ポルトガル
ポーランド
香港特別行政区
ホンジュラス

マ行
マーシャル諸島
マカオ特別行政区
マケドニア旧ユーゴスラビア共和国
マラウイ
マルタ
南アフリカ共和国
メキシコ
モーリシャス
モナコ
モルドバ
モンゴル
モンテネグロ

ラ行
ラトビア
リトアニア
リヒテンシュタイン
リベリア
ルクセンブルク
ルーマニア
レソト
ロシア

（なお上記の締約国の他，次の諸国の海外領土（県）でも使用できます。）
フランス：
　グアドループ島，仏領ギアナ，マルチニーク島，レユニオン，ニューカレドニア，ワリス・フテュナ諸島，サンピエール島，ミクロン島，仏領ポリネシア
ポルトガル：
　全海外領土
オランダ：
　アルバ島，キュラサオ島，シント・マールテン島
イギリス（英国）：
　ジャージー島，ガーンジー島，マン島，ケイマン諸島，バーミューダ諸島，フォークランド諸島，ジブラルタル，モンセラット，セントヘレナ島，アンギラ，タークス・カイコス諸島，英領バージン諸島
ニュージーランド：
　クック諸島，ニウエ

第14 東日本大震災（2011.3.11）関連証明書

　東日本大震災に関連して，市区町村長は，罹災証明書と被災証明書を発行した。罹災は物損について，被災は，人的証明に係るものである。被災地以外の市区町村においても，被災証明書を発行した。これは，この証明書がないと現地に入れなかったことと，高速道路会社が，この証明書を提示することにより，料金を臨時的に無料としたからであった。

　この震災で，とりわけ過重な負担を強いられたのは，医師である。平時においても，圧倒的に多いのは医師証明であり，出生・死亡などの身分事項も，社会保障における給付水準の決定においても，その証明により行政行為の正当性が担保されている。さらに，例えば，参考資料に掲げた入院・手術証明書（診断書）の証明事項をみると，実に詳細な事柄の証明を求めている。これは，最も簡略とされる簡保生命のものであり，他は，更に微に入り細にわたって診療内容の証明を求めている。内容といい，量といい，日本において，最も証明に時間を消費させられている。

第14　東日本大震災（2011.3.11）関連証明書

（様式例）

り　災　証　明　書（申　請　書）

市長　殿
※太線内を記入してください。　　　　　　　　　　平成　年　月　日

申　請　者 （窓口に来られた方）	住所　　　　　アパート・マンション名　　　　　　　　　号室
	現在の連絡先　　　　TEL　　（　　）
	フリガナ 氏名　　　　　　　　　　　印　り災者との関係 □本人 □親族 □その他（　　）

り　災　者 （申請者と同じ場合は記載不要）	住所
	フリガナ 氏名　　　　　　　　　　　TEL

緊急連絡先	＊固定電話または携帯電話が使用できない場合は、り災者に必ず連絡できる方の名前と電話番号を記入してください。
	フリガナ 氏名　　　　　　　　　　　TEL

り災世帯の構成員	氏　名	続柄	氏　名	続柄	氏　名	続柄
		世帯主				

り災場所等	□持家　□借家　□その他（　　　　　　）
必要枚数	枚

※本人もしくは同一世帯以外の方が申請者の場合は、下記委任状に記入してください。

委　任　状

　　　　　　　　　　　　　　　　　　　　　　平成　年　月　日
市長　殿
　上記申請者 _____ に、り災証明書の請求・受領について委任します。

　　　　　　　　　　　　　　委任者　住所
　　　　　　　　　　　　　　　　　　氏名　　　　　　　　　　印

──────《ここから下は記入しないで下さい。》──────

り災程度	□全壊　　□大規模半壊　　□半壊 □一部損壊	整理番号	
り災原因	平成23年東北地方太平洋沖地震による。		

上記のとおり、相違ないことを証明します。
　　　　　　　第　　号
　　　　　平成　年　月　日
　　　　　　　　　　　　　　　　　　　　　　市長

(裏面)

り　災　内　容
（記入上の注意事項） １．「住家（母屋）」の被災内容を記入してください。 ２．家財道具や門柱、門扉などの外構は記入しないでください。

◎　該当するものを〇で囲んでください。

1　建物全てが流出した。
2　１階が天井付近まで浸水した
3．１階が床上浸水し、建物内へ車、ガレキ等が流入した。
4．１階が床上浸水した。（床上から　　　　cm浸水）

≪上記以外の被災内容を簡潔に具体的に記入してください。
1．
2．
3．
4．
5．
6．
7．
8．
9．
10．

第14　東日本大震災（2011.3.11）関連証明書

（記入例）

罹　災　証　明　書

　　市　長　殿

　　　　　　　申請者　住　所

　　　　　　　　　　　氏　名　　　　　　　　㊞（認印で可）

　　　　　　　　　　　電　話　　（　　）

下記のとおり証明いただきたく申請します。

罹　災　日　時	平成 23 年 3 月 11 日 午前 ・㊞午後　2 時 46 分 頃
罹　災　場　所	
罹　災　物　件	家屋：自宅母屋（物置）
原因および損害状況	原因：東日本大震災 損害：母屋　屋根瓦落下、壁・基礎に亀裂 　　　（物置　全体が斜めに傾く）

上記のとおり相違ないことを証明します。

平成　　　年　　　月　　　日

　　　　　　　　　　　　　　　　　　市長　　　　　　㊞

※添付資料
・被害状況が確認できる写真。（修繕前に撮影したもの）
・修繕見積書写し（添付可能な場合）
・身分証明書（運転免許証等）

※罹災証明書の発行
　一部損壊以外は、即日発行はできません。（現場確認の場合があります。）

（様式例）

被 災 証 明 願

平成２３年　　月　　日

市　長　殿

　　　　　　住　　所

　　申請者　氏　　名

　　　　　　電話番号　　　　　（　　）

下記のとおり被災したことを証明願います。

被災年月日・原因	平成２３年３月１１日　・　東北地方太平洋沖地震		
被災時住所 （○をつけてください）	㋐　申請者住所に同じ　　　　　　　　　　　　　 イ		
被災者	氏　　名	続　柄	備　考
			明・大・昭・平 　年　　月　　日生

被 災 証 明 書

上記のとおり相違ないことを証明します。

　　平成　　年　　月　　日

　　　　　　　　　　　　　　　　市長　　　　　　　㊞

本人確認：免・保・他（　　　　　）　　交付件数　　　　　件

第14　東日本大震災（2011.3.11）関連証明書

（被災市町村以外）

受付番号

被災証明申請書

平成　年　月　日

（宛先）　市区町村長

太枠内記載不要

申請される方	ふりがな 氏　名				
	生年月日　明治・大正・昭和・平成　年　月　日				
	住所　〒　－				
	電話番号（　）－				
	あなたから見た被災された方との関係について，次のいずれかにチェック☑してください。 □配偶者　□子　□父母（養父母を含む）　□孫 □祖父母（養父母の父母および父母の養父母を含む）　□兄弟姉妹				
	確認欄 （※）	本人確認	住民票確認	戸籍確認	その他

被災された方	ふりがな 氏　名				
	生年月日　明治・大正・昭和・平成　年　月　日				
	住所				
	被災の種別　（いずれかにチェック☑してください。） □死亡　□行方不明　□住家の損壊				
	確認欄 （※）	戸籍確認	被災証明書	捜索届出	り災証明書

被災原因	平成23年　3月11日に発生した東北地方太平洋沖地震による。

上記のとおり，被災したことを証明願います。

（※）確認欄の該当項目に担当職員がサイン

(被災市町村以外)

第　　　号

被　災　証　明　書

(住　所)　_____

(氏　名)　_____

　上記の方は，平成23年3月11日発生の東北地方太平洋沖地震により被災したこを証明します。

　平成23年　　月　　日

　　　　　　市区町村長

第14　東日本大震災（2011.3.11）関連証明書

被災自動車等に係る自動車重量税の特例還付申請書（東日本大震災用）

運輸支局等収受印			
平成　年　月　日	還付申請者（所有者）	（住　所）（〒　　－　　） （電話番号　　－　　－　　） （フリガナ） （氏名又は名称及び代表者氏名）　　　　㊞	
 税務署長　殿	同上代理人	（住　所）（〒　　－　　） （電話番号　　－　　－　　） （フリガナ） （氏名又は名称及び代表者氏名）　　　　㊞	※運輸支局又は軽自動車検査協会に提出してください。（税務署回付用）

東日本大震災の被災者等に係る国税関係法律の臨時特例に関する法律第45条第１項に規定する還付を受けたいので申請します。

書類送付先	（住　所）（〒　　－　　） （電話番号　　－　　－　　） ※書類の送付先住所が「還付申請者」欄の住所と異なる場合に記載してください。
現在の連絡先	□ 携帯電話 □ その他 ※必ず日中に連絡の取れる電話番号を記載してください。

被災自動車等	自動車登録番号又は車両番号	車台番号

還付される税金の受取人	□ 還付申請者 □ 代理人	（連絡先住所）（〒　　－　　） （電話番号　　－　　－　　） （フリガナ） （氏名又は名称及び代表者氏名） ※還付される税金の受取人が代理人の場合に記載してください。

税金の受取場所	還付される		銀　行 金庫・組合 農協・漁協				本店・支店 出張所 本店・支店
		預金種類	普通　当座　納税準備　貯蓄 ○　　○　　○　　○		口座番号		
		郵便局名等		記号番号		―	

還付を受けようとする金額	被災自動車に係る自動車検査証に記載された情報から法令に基づき計算した額による。
税務署整理欄 （記載不要）	

（注意事項）
1　太枠内を記載してください。
2　「還付申請者」欄には、被災自動車の所有者の情報を記載してください。
3　「還付される税金の受取人欄」には、還付金を受け取る方の情報を記載してください。
4　代理人が還付申請手続を行う場合又は代理人に還付金の受領権限を委任する場合には、委任状の提出が必要となります。

第14　東日本大震災（2011.3.11）関連証明書

（参考）

入院・手術証明書（診断書）

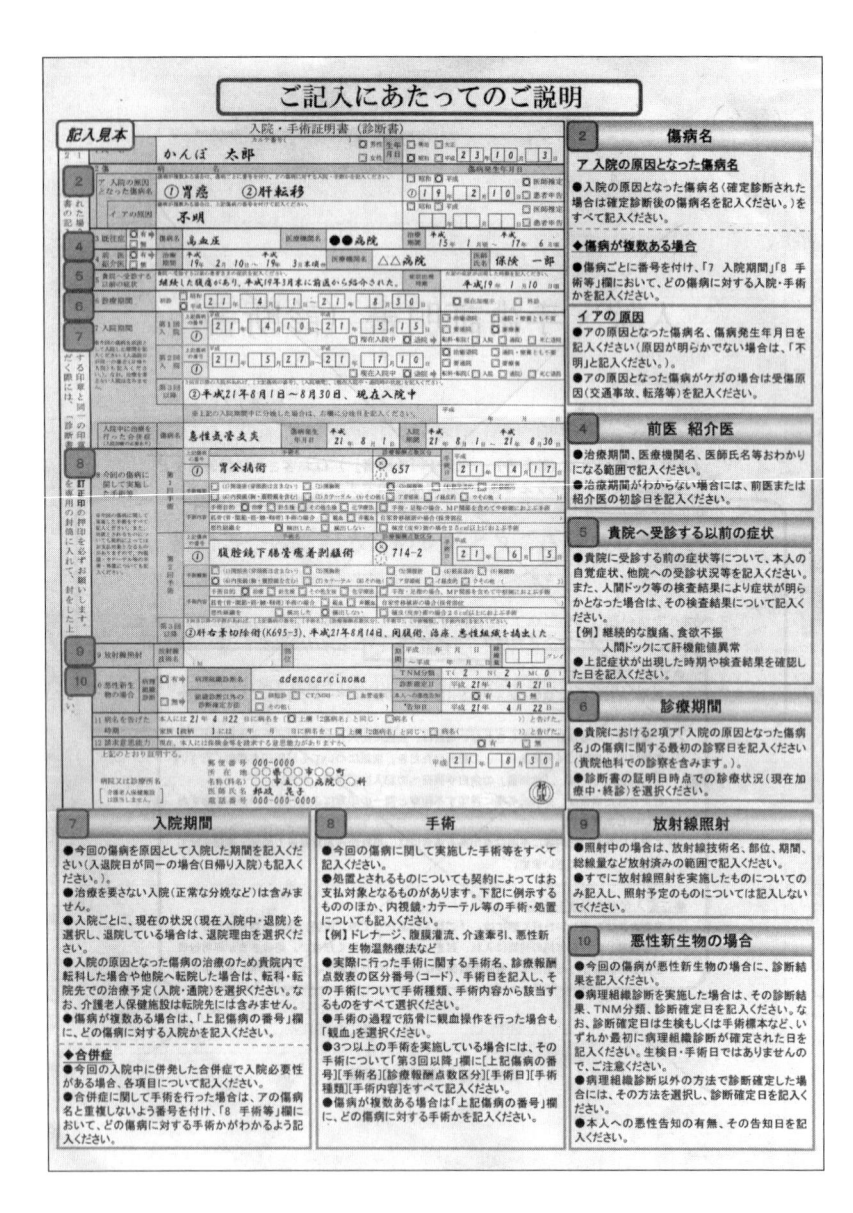

第14 東日本大震災(2011.3.11)関連証明書

〈著　者〉

長 谷 部　　謙（はせべ　けん）

　1946年生まれ。東京大学経済学部卒業後，青森県庁に入り，農政課。以降，自治省，経済企画庁，滋賀県庁を経て，青森県庁経営指導課。政策調整監，八戸県税事務所長，社会福祉研修所長。
　現在，財政・租税・社会保障について青森中央学院大学で教鞭を執っている。

公証実務の基礎知識
──行政証明と参考様式集
定価：本体3,600円（税別）

平成25年4月5日　初版発行

著　者　　長　谷　部　　　　謙
発行者　　尾　　中　　哲　　夫

発行所　　日本加除出版株式会社
本　　社　郵便番号171-8516
　　　　　東京都豊島区南長崎3丁目16番6号
　　　　　　ＴＥＬ　(03)3953-5757（代表）
　　　　　　　　　　(03)3952-5759（編集）
　　　　　　ＦＡＸ　(03)3951-8911
　　　　　　ＵＲＬ　http://www.kajo.co.jp/
営業部　　郵便番号171-8516
　　　　　東京都豊島区南長崎3丁目16番6号
　　　　　　ＴＥＬ　(03)3953-5642
　　　　　　ＦＡＸ　(03)3953-2061

組版　㈱郁文　／　印刷・製本　㈱倉田印刷

落丁本・乱丁本は本社でお取替えいたします。
Ⓒ Ken, Hasebe 2013
Printed in Japan
ISBN978-4-8178-4077-6 C3032 ¥3600E

JCOPY　〈(社)出版者著作権管理機構　委託出版物〉
本書を無断で複写複製（電子化を含む）することは、著作権法上の例外を除き、禁じられています。複写される場合は、そのつど事前に(社)出版者著作権管理機構（JCOPY）の許諾を得てください。
また本書を代行業者等の第三者に依頼してスキャンやデジタル化することは、たとえ個人や家庭内での利用であっても一切認められておりません。

〈JCOPY〉　ＨＰ：http://www.jcopy.or.jp/, e-mail：info@jcopy.or.jp
　　　　　電話：03-3513-6969, ＦＡＸ：03-3513-6979

「外国人住基事務の章を新設」。
事務処理に欠かせないバイブルの改訂版。

8訂版 住民記録の実務

東京都市町村戸籍住民基本台帳事務協議会・住民基本台帳事務手引書作成委員会 編著
2013年3月刊　A5判　704頁　定価5,460円　ISBN978-4-8178-4066-0
（商品番号：40080　略号：記録）

押さえておくべき知識を網羅した「唯一の」実務解説書。

四訂版 前科登録と犯歴事務

冨永康雄 著
2012年10月刊　A5判　444頁　定価4,200円　ISBN978-4-8178-4026-4
（商品番号：40155　略号：犯歴）

「制度説明」と「文字の知見」を一冊に。

新しい外国人住民制度の窓口業務用解説
外国人の漢字氏名の表記に関する実務

福谷孝二・高田智和・長村玄・横山詔一 編著
2012年7月刊　A5判　236頁　定価2,100円　ISBN978-4-8178-3988-6
（商品番号：40465　略号：漢字解説）

「視覚に訴える説明」が可能。備えておきたい一覧表。

在留カード等に係る漢字氏名の表記等に関する告示に基づく
簡体字等から正字への漢字置換表

日本加除出版編集部 編
2012年7月刊　A4判　1,420頁　定価7,875円　ISBN978-4-8178-3989-3
（商品番号：40464　略号：置換表）

日本加除出版
〒171-8516　東京都豊島区南長崎3丁目16番6号
営業部　TEL（03）3953-5642　FAX（03）3953-2061
http://www.kajo.co.jp/
（価格は税込）